T0169814

INTRODUCTION À LA MÉTAPHYSIQUE
DE THOMAS D'AQUIN

DU MÊME AUTEUR

Théologie négative et noms divins chez saint Thomas d'Aquin,
« Bibliothèque thomiste », Paris, Vrin, 2006 (thèse de
philosophie). Ouvrage couronné par l'Académie des Sciences
Morales et Politiques (Prix Demolombe, 2006, Institut de
France, Paris) et par l'Académie des Sciences, Inscriptions
et Belles Lettres de Toulouse (Prix Georges Bastide, 2008).

Lire saint Thomas d'Aquin, Paris, Ellipses, 2007 (2e édition mise
à jour et augmentée, 2009).

Saint Thomas d'Aquin (direction d'ouvrage), « Les Cahiers
d'Histoire de la Philosophie » (20 contributeurs), Paris, Cerf,
2010.

*Trinité et création au prisme de la voie négative chez saint Thomas
d'Aquin*, « Bibliothèque de la Revue thomiste », Paris, Parole
et Silence, 2011 (thèse de théologie).

*Thomas d'Aquin, Dieu et la métaphysique. Nature, modalités &
fonctions de la métaphysique, comprenant le rapport à Dieu
de cette science, ainsi que sa confrontation avec la doctrine
sacrée*, « Bibliothèque de la Revue thomiste », Paris, Parole
et Silence, 2021 (habilitation à diriger des recherches en
philosophie).

BIBLIOTHEQUE D'HISTOIRE DE LA PHILOSOPHIE
Fondateur Henri GOUHIER   Directeur Emmanuel CATTIN

Thierry-Dominique HUMBRECHT

INTRODUCTION À LA MÉTAPHYSIQUE DE THOMAS D'AQUIN

PARIS
LIBRAIRIE PHILOSOPHIQUE J. VRIN
6 place de la Sorbonne, V^e
2023

Remerciements à Christiane Decraene pour la saisie informatique du manuscrit et à Elsa Costantini, des Éditions Vrin, pour la réalisation des épreuves.

© *Librairie Philosophique J. VRIN*, 2023
Imprimé en France
ISSN 1968-1178
ISBN 978-2-7116-3094-3
www.vrin.fr

« Peut-être [le philosophe] ne sait-il même pas toujours au juste ce qu'est la métaphysique, car ce qu'il désigne de ce nom n'est trop souvent qu'une fiction de l'imagination prise pour une évidence de l'entendement ».

Étienne Gilson, *Introduction à la philosophie chrétienne*, Paris, Vrin (1960[1]), 2011[2], p. 93.

SOUS LES PAVÉS, LES LARMES
ET UNE ŒUVRE

C'était au Quartier latin, rue Saint-Jacques, l'antique *cardo* romain, passées la barbacane et la porte des remparts de Philippe-Auguste, au couvent des Jacobins, à l'occasion de la maîtrise en théologie de frère Thomas d'Aquin.

En un jour de mai 1256, ce trop jeune impétrant, âgé d'à peine trente-et-un ans au lieu des trente-cinq requis, se préparait à la double épreuve du discours inaugural suivi d'une question disputée, deux fois, la première séance le soir au couvent Saint-Jacques, et la seconde le lendemain matin dans la salle d'honneur de l'Archevêché (sis entre le flanc sud de la cathédrale et la Seine), l'Aula[1]. Pour un dominicain dont le talent perçait, cet exercice codifié relevait d'une formalité, malgré des jalousies maquillées en conseils de vertu qui ergotaient sur son âge[2]. Tout devait donc se passer pour le mieux, sauf que non.

---

1. L'*inceptio*, dite Vespéries, puis la *resumptio*, dite Aulique.
2. Sur le cursus des études de l'Université de Paris au XIIIe siècle, R. Imbach, *Introduction* de Thomas d'Aquin, *Le maître. Questions disputées sur la vérité, Question XI*, Paris, Vrin, 2016, p. 7-99 (remarquable synthèse des recherches récentes, où l'on mesure que les études qui conduisaient à la maîtrise en théologie exigaient deux décennies, de quinze à trente-cinq ans); p. 40 pour les cérémonies de maîtrise.

Depuis le début de l'année universitaire, le Quartier
latin était soulevé d'irritation contre les Frères mendiants.
Tout l'hiver, le roi Louis avait dû déployer ses archers pour
garder l'entrée du couvent. Ils étaient là ce soir, accourus
du Châtelet ou du palais de la Cité, carquois fourni, main
sûre, œil d'aigle, prêts à l'incident. La précaution n'était
pas inutile, tant la rue demeurait en ébullition. Bruits,
fureurs, objets lancés depuis les fenêtres des maisons, cris
d'animaux, jets de pierre et de boue, tirs de flèches sur les
frères, tout cela est consigné[1]. Une telle agitation autour
de la Sorbonne, à peine sortie de terre, est impensable
aujourd'hui, comme s'il était crédible d'y risquer des jets
de pavés d'étudiants, des défilés de grévistes, des véhicules
incendiés, ou des assauts de CRS…

Au cœur de ce tumulte, la présence de Thomas d'Aquin
n'offre rien de remarquable. Ce n'est pas à lui que l'on
s'en prend, que personne encore ne connaît ou presque,
mais à ce qu'il représente ; sous deux rapports, successifs
sinon simultanés, mais conjugués pour peindre le décor
de ce qui allait marquer les deux décennies de son activité
intellectuelle. Deux conflagrations, ces années-là, allaient
retentir sur la Montagne Sainte-Geneviève, et conditionner
l'engagement de Thomas, son œuvre même, en particulier
en métaphysique. Ce soir, la fête serait quelque peu gâchée,
mais le gâchis deviendrait corne d'abondance.

---

1. *Chartularium Universitatis Parisiensis*, t. 1, H. Denifle et
É. Châtelain (éd.), Paris, Delalain, 1889 (rééd., Cambridge, Cambridge
University Press, 2014), § 273, p. 311-312.

Sous les pavés, acte I

La première conflagration est la querelle des Séculiers et des Mendiants. Les Maîtres séculiers de l'Université de Paris (séculiers, mais clercs et prêtres) regardaient de travers le succès des Ordres mendiants, non seulement pour se voir arracher à leur profit une poignée de chaires de théologie, qui plus est par des étrangers, mais aussi en soi, en théorie pour contester la légitimité de leur vocation hybride, moines, prêcheurs, enseignants, contradiction triadique que l'on se proposait de résoudre pour eux en les chassant des collèges universitaires qui constellaient la Sorbonne, et en les renvoyant dans les monastères campagnards d'où ils n'auraient jamais dû sortir. En pratique, s'y ajoutaient des considérations financières, et aussi, de façon plus compréhensible quoiqu'à tort, la crainte de voir revenir les courants millénaristes liés à Joachim de Flore, surtout par le biais des Franciscains[1]. Seuls les Maîtres séculiers avaient le droit d'enseigner, selon les champions de cette préfiguration d'un régime sécularisé, Guillaume de Saint-Amour et Nicolas de Lisieux, d'où la tenue d'une « longue grève, décidée par les professeurs »[2]. Les Mendiants n'étaient donc les bienvenus nulle part, ni surtout à l'Université de Paris ; autre situation tout aussi impensable aujourd'hui.

---

1. H. de Lubac : *La postérité spirituelle de Joachim de Flore* (1979-1981[1]), *Œuvres complètes* XXVII-XXVIII, Paris, Cerf, 2014, p. 69-139 (le joachimisme médiéval) et p. 140-160 (Thomas d'Aquin contre Joachim de Flore).

2. M.-D. Chenu, *Introduction à l'étude de saint Thomas d'Aquin*, Paris, Vrin, 1950, p. 12. J.-P. Torrell, *Initiation à saint Thomas d'Aquin. Sa personne et son œuvre* [*Initiation 1*], Paris, Cerf, 2015[3], p. 63 *sq.*

Thomas, dans la fougue de sa jeunesse, s'engouffre dans la controverse. Avec même une fierté institutionnelle, un ton crâne, face à quiconque lui objecte qu'il n'est pas acceptable qu'un Ordre de prédicateurs enseigne avec autant de compétence que d'autres maîtres plus officiels :

> C'est pourquoi les lois promulguées dans une république (*res publica*) doivent être telles qu'elles puissent s'appliquer à toutes les personnes qui appartiennent à cette république. Il vaudrait donc mieux écarter de cette république les règles qui empêcheraient l'union des citoyens que de tolérer une fracture dans la république ; car les lois sont portées pour maintenir l'unité de la république et non le contraire[1].

Ou bien qu'il se pique de prêcher mieux qu'un évêque, « avec éloquence et élégance », au détriment de celui-ci ; tout cela avec un mordant, inhabituel chez lui, à la limite de l'ironie :

> On ne saurait interdire aux bons de faire le bien qu'ils font pour la seule raison que la comparaison avec eux pourrait tourner au désavantage de certains autres ; il faut plutôt l'interdire à ceux qui se rendent eux-mêmes méprisables[2].

Que son adversaire, lance Thomas à plusieurs reprises en défi comme un chevalier lors d'un tournoi, ne se contente pas « de caqueter devant des gamins », autrement dit de briller à peu de frais devant des étudiants captifs, mais

---

1. Thomas, *Contre les ennemis du culte de Dieu et de l'état religieux*, dans « *La perfection c'est la charité. Vie chrétienne et vie religieuse dans le Christ* », Texte latin de l'éd. Léonine, trad. fr. de J.-P. Torrell, Paris, Cerf, 2010, chap. III, § 5, p. 133.

2. *Ibid.*, chap. XII, § 7, p. 385a ; avec la réponse, ad 7ᵐ, p. 393.

qu'il « réplique à cet écrit par un écrit, s'il l'ose »[1]. Outre la référence filigranée à *Job* 31, 35[2], ce dernier trait est connu de toute l'Université, dans la mesure où il a servi de première phrase (*incipit*) au discours *De Conscientia* de Robert de Sorbon, texte diffusé depuis deux décennies. La reprise par Thomas du fondateur de la Sorbonne aura pu mettre le public dans sa poche, autant que le destinataire en difficulté. De tous temps, la critique orale est facile, la critique écrite moins aisée mais possible, et l'écriture d'un livre entier – meilleur que celui que l'on rejette, alors qu'on ne fait que lui répondre – , un obstacle difficilement franchissable. Le premier à avoir écrit sur un sujet conserve longtemps la supériorité de son coup d'avance, pour le meilleur et pour le pire.

Thomas dénonce donc les discriminations ecclésiales et universitaires, il plaide pour l'égalité des conditions et appelle une œuvre commune des chercheurs :

> Quiconque donc éloigne une certaine catégorie de personnes de la communauté des chercheurs empêche manifestement cette recherche commune. Cela vaut en particulier à l'égard des religieux qui sont d'autant plus disponibles pour l'étude qu'ils sont d'autant plus libérés des tâches séculières[3].

---

1. Cette version-là est à la fin du *De unitate intellectus contra Auerroistas*, 5, éd. Léonine, t. 43, Roma, 1976, p. 314, l. 437-38. Cf. *Thomas d'Aquin, Contre Averroès. L'unité de l'intellect contre les averroïste*s, A. de Libera (éd), Paris, Flammarion, 1994, § 120, p. 165.

2. *Job* 31, 35 (Vulgate) : « Et librum scribat ipse qui iudicat ».

3. Thomas, *Contre les ennemis du culte de Dieu et de l'état religieux*, *op. cit.*, chap. III [2], p. 123.

Sous les pavés, acte II

La seconde déflagration, qui allait laisser des traces sur le long terme et marquer l'activité de Thomas, est celle dite de l'averroïsme latin. L'angle de vue qui nous concerne ici est celui du taux de philosophie que les théologiens étaient prêts à absorber, ou bien au contraire rétifs à lui donner trop d'importance, autrement dit des différents types d'aristotélisme qui étaient en train de se constituer. Certes, les débats les plus vifs allaient concerner l'éternité du monde et l'unicité de l'âme humaine. Cependant, en amont de ces deux questions, plusieurs articulations entre philosophie et théologie se faisaient jour. De façon schématique, s'affrontaient deux positions en train de s'éloigner l'une de l'autre. La première était celle de la Faculté de théologie (de Paris), augustinienne d'enracinement, flux latin d'une tradition qui portait en son cours tous les protagonistes, pour l'assumer ou bien pour prendre quelque distance avec lui. De ce point de vue, Albert le Grand et Thomas d'Aquin, commentateurs des *Sentences* de Pierre Lombard, comme des centaines d'autres de leurs collègues, antérieurs ou bien à venir, n'étaient pas moins augustiniens que ceux qu'ils affrontaient. Ce socle commun ne saurait être oublié, car c'est à partir de lui que les tendances divergent. La seconde position était celle de plusieurs maîtres de la Faculté des Arts, plus petite et moins prestigieuse que son aînée, qui tâchaient de conférer à la philosophie le maximum d'indépendance par rapport à la théologie.

Cette volonté d'indépendance couvrait à la fois un rattachement marqué à Aristote lu par Averroès, l'annexion philosophique de thèmes venus de la théologie et même de la foi (Boèce de Dacie : la béatitude devenue idéal

terrestre, la connaissance de l'essence divine[1]) et, bien
entendu, l'enjeu institutionnel d'une revendication
d'autonomie par rapport aux maîtres de la Faculté de
théologie, décidément portés à l'envahissement. Le point
est celui de la naissance d'une métaphysique de plus en
plus indépendante de la tutelle de la théologie, par des
philosophes issus du sérail ecclésiastique. Il en advint que
ce mouvement fut sévèrement repris en main avec les
condamnations de 1277, sous l'autorité de l'évêque de
Paris Étienne Tempier, mais qui furent rédigées notamment
par Henri de Gand, parfait représentant de l'institution et
convaincu de la primauté de la théologie[2]. Voici quelques-
unes des 219 propositions condamnées, relatives à la
métaphysique :

> – Il n'y a pas de statut plus excellent que de vaquer à la
> philosophie[3] ;
> – En cette vie mortelle, nous pouvons intelliger Dieu
> selon l'essence[4] ; [avec, dans la même liste, sa proposition
> contraire] ;
> – Dieu ne connaît rien d'autre que lui[5] ;
> – Dieu fait de manière nécessaire tout ce qui est produit
> par lui immédiatement[6] ;
> – Le monde est éternel, car tout ce qui possède une nature
> par laquelle il pourrait être pour toujours dans le futur,

1. Boèce de Dacie, *Du Souverain Bien*, dans Thomas d'Aquin-Boèce
de Dacie, *Sur le bonheur*, éd. et trad. fr. R. Imbach et I. Fouche, Paris,
Vrin, 2005, p. 144-165.
2. *La condamnation parisienne de 1277*, D. Piché et C. Lafleur (éd.),
Paris, Vrin, 1999 (contexte, textes, acteurs).
3. *Ibid.*, p. 92-93, n°40 (1).
4. *Ibid.*, p. 90-91, n°36 (9).
5. *Ibid.*, p. 80-81, n°3 (13).
6. *Ibid.*, p. 96-97, n°53 (20).

possède <également> une nature par laquelle il a pu être
depuis toujours dans le passé[1] ;
– On ne sait rien de plus quand on connaît la théologie[2] ;
– On possède le bonheur en cette vie, et non dans l'autre[3].

Ces condamnations, qui allaient cautériser jusqu'à l'os
toute tentative d'indépendantisme philosophique à
l'Université, lancèrent quelques flammes qui ne furent pas
loin d'atteindre Thomas lui-même. Il en fut relevé en 1325,
du fait de sa canonisation en 1323 par un successeur de
Tempier.

Cette seconde déflagration avait créé une dangereuse
oscillation pour la philosophie, entre intégration et prurit
d'indépendance, aux noms d'Augustin et d'Aristote. Ces
deux autorités devaient pourtant apprendre à cohabiter.
Certes, la carrière de Thomas, d'enseignant (avec ses
obligations de lectures littérales de la Bible, et de Questions
disputées), et d'écrivain (avec d'autres obligations scientifiques ou didactiques, comme pour la *Somme de théologie*,
manuel pour les simples à destination des jeunes frères
dominicains italiens), eut à répondre à de multiples
sollicitations, circonstances et motifs personnels (ces
derniers, pas toujours élucidés).

Les larmes

Cependant, Thomas d'Aquin s'est trouvé devant un
choix, d'emblée et deux fois brutalement, et son choix eût
pu être tout autre.

Ce choix est principiel et juvénile. Principiel, car il
touche à ce que Thomas allait devenir : un universitaire,

1. *La condamnation parisienne de 1277*, *op. cit.*, p. 108-109,
n°98 (84).
2. *Ibid.*, p. 124-125, n°153 (182).
3. *Ibid.*, p. 132-133, n°176 (172).

un théologien, écrasé de charges d'enseignement et d'écriture. Au point d'en mourir. Vu depuis le balcon des siècles et de la réputation qu'il laisse, rien toutefois ne pourrait avoir été plus naturel. Juvénile, car selon son premier biographe, Guillaume de Tocco, Thomas a consenti d'emblée la charge qui allait devenir la sienne, dans les larmes de l'obéissance[1].

Pourquoi tant de larmes ? Elles semblent incompréhensibles. Essayons de les interpréter, à défaut de toute explication. En premier lieu, ce n'est pas parce qu'un religieux se trouve en situation d'obéir qu'il a envie de pleurer. Une décision impliquant l'obéissance a certes quelque chose qui imite l'obéissance du Christ à son Père d'accepter de tout accomplir pour la Rédemption du monde mais, si l'on peut ainsi parler, un mandat d'obéissance n'est pas toujours crucifiant. Concernant l'orientation d'un jeune religieux en fin d'études, si celui-ci est prometteur, l'invitation à se qualifier selon ses talents, ses goûts et les besoins de son Ordre n'a rien d'un contre-emploi. Une telle orientation épouse son profil, elle le dynamise. Ce sont plutôt les institutions qui vivent cette députation comme un sacrifice. Rien par conséquent qui appelle des larmes, mais plutôt la joie. La décision concernant Thomas ne présentait donc rien d'extraordinaire. Elle ne requérait nul talent prophétique de la part du supérieur, aucun charisme visionnaire, rien que du bon sens. Il est vrai que le bon sens n'est pas toujours la qualité la mieux partagée des décideurs, fussent-ils supérieurs religieux ; mais, en l'occurrence, les siens n'encourent à nos yeux aucun reproche. Thomas aurait dû s'enthousiasmer de se voir

---

1. Guillaume de Tocco, *L'histoire de Thomas d'Aquin*, trad. fr. de C. Le Brun-Gouanvic, Paris, Cerf, 2005, chap. 17, p. 51.

ainsi encouragé à cultiver son talent. Alors, pourquoi tant de larmes ?

Sans doute ces larmes sont-elles celles de la perspective d'un métier particulier et presque marginal, y compris chez les Frères prêcheurs, que l'on crédite un peu vite de tous s'y consacrer. Particulier, il restreint la palette des interventions au travail intellectuel de haut niveau et à seule destination d'un public choisi (mais l'on sait mieux désormais que Thomas a tenu à prêcher aussi au menu peuple) ; il crée une obligation d'étude constante, avec l'effort que celle-ci requiert, et la solitude apostolique ; il fait peser la triple charge de la recherche et de l'enseignement, de la controverse, et de la prédication universitaire (lire, disputer, prêcher : *legere, disputare, praedicare*) ; surtout, il députe à rien moins que la doctrine sacrée, la plus intimidante de toutes les sciences en tant qu'elle participe à la science que Dieu a de lui-même, et que cette élévation invite à l'humilité celui qui est appelé à en devenir le serviteur, provoquant alors les larmes du sentiment de son indignité ; enfin, ce métier met, littéralement, à pied d'œuvre. Les larmes de Thomas sont celles d'une œuvre à venir, entre noblesse de l'objet, création, astreinte, lectures infinies, écriture, corrections et fatigues, livre après livre. Ce serait sa vie, il pleura, elle le devint.

Guillaume de Tocco ajoute que, pour le consoler, sous les traits d'un vieillard saint Dominique apparut en songe à Thomas et lui inspira le sujet de sa conférence inaugurale, son *inceptio*, le discours *Rigans Montes* : de Dieu, comme d'une montagne, coulent les ruisseaux de la vérité. Un Dieu qui gouverne avec et selon des intermédiaires : ce discours sur la distribution catholique de la providence serait pour Thomas, à tous points de vue, inaugural.

Ce jeune napolitain blond, massif, étudiant taciturne et moqué, commence à enseigner. Le choc de la nouveauté est tel que Tocco bégaie d'admiration de le noter huit fois de suite :

> Plus que les autres, il incitait les étudiants à l'amour de la science par la clarté de son enseignement. Il introduisait de nouveaux articles dans ses leçons ; il trouvait une nouvelle manière, plus claire, de définir ; il y apportait de nouveaux arguments. Aussi toute personne qui l'entendait enseigner de nouvelles choses et lever les doutes par de nouveaux arguments ne pouvait-elle douter que Dieu l'avait éclairé des rayons d'une lumière nouvelle. Il eut dès le début un jugement si sûr qu'il ne craignait pas d'enseigner et de confier à l'écrit de nouvelles opinions, car Dieu lui avait fait la grâce d'une inspiration nouvelle[1].

Un choix et une œuvre

Quoi qu'il en soit de ces circonstances, ou plutôt du fait qu'elles ont projeté l'intéressé au cœur de sa vocation, entre frayeur à l'égard de la tâche, larmes de l'humilité et déchaînements de violence, peut-être faut-il y voir un contexte puissant qui a mû Thomas à faire ses choix.

Le premier choix est celui d'accepter sa charge d'intellectuel, ou mieux de religieux dévolu à une fonction d'enseignement, plutôt que de déclarer forfait. Deux motifs le pressaient de refuser le fardeau : le mépris public, ecclésial et universitaire de sa vocation même de Frère prêcheur, pour laquelle il avait renoncé au prestige de l'Abbaye bénédictine du Monte Cassino, mépris social qui a de quoi décourager n'importe quel jeune bien né, devenu

---

1. Guillaume de Tocco, *L'histoire de Thomas d'Aquin, op. cit.*, p. 46.

membre d'une communauté nouvelle et d'illustration encore incertaine ; et, de surcroît, le refus de reconnaître à une vocation, déjà si nulle et non avenue, sa dimension intellectuelle. C'était accepter de partir avec un double handicap, le droit refusé d'exister et celui d'exister comme universitaire ; avec, pour seule réponse, l'obligation redoublée d'exceller, et même de devenir meilleur que ses détracteurs, dans leur propre domaine et pas seulement dans le sien.

Le second choix de Thomas, plus dilaté dans le temps mais résolu dans ses grandes lignes dès le départ, touche à l'orientation intellectuelle à prendre. Surtout après ses primitives études à Paris et le souvenir des conflits des générations précédentes ; après avoir suivi les leçons de son maître Albert le Grand et en avoir recueilli le meilleur, son intégration audacieuse du corpus aristotélicien non moins que néoplatonicien, quitte à s'y employer d'une tout autre façon ; après avoir pris la mesure du danger de déséquilibre qu'Aristote fait encourir à la théologie chrétienne, et donc au pied du mur pour l'intégrer de telle façon plutôt que de telle autre, sachant qu'il enquerrait de toute façon le dédain des Sorbonniques.

En somme, Thomas a dû choisir dès ses premières années un type de métaphysique. Il lui fallait assimiler Aristote en plus qu'Avicenne ou Boèce ; jauger Denys l'Aréopagite, Maïmonide et Averroès ; ne rien accorder au manichéisme, ni à la nécessité attachée à toute forme d'émanation ; se faire une opinion sur ses prédécesseurs, à commencer par Albert, surtout en regard de leur tradition commune, celle d'Augustin, chez lequel, comme dit Gilson, la philosophie « est partout et nulle part »[1]. Cette tradition

---

1. É. Gilson, *Introduction à l'étude de saint Augustin*, Paris, Vrin, 1941[2], p. 318.

innerve en outre la matrice commune des universitaires médiévaux, par la lecture d'Augustin et aussi par l'obligation qui leur est faite de commenter ligne à ligne les quatre livres des *Sentences* de Pierre Lombard, lesquelles en sont comme un précipité à l'usage des Latins[1]. Cette culture du commentaire s'explique aussi par le fait que les livres coûtent cher à faire copier et que les étudiants pauvres ne les ont pas. Tout étudiant théologien se laisse donc former par l'augustinisme du corpus lombardien, il est pénétré de ses thèses et des autorités qu'il produit. S'il s'affronte au corpus d'Aristote, la démarche devient double : à la fois centripète, le gigantesque travail d'intégration d'une philosophie païenne à la doctrine chrétienne, et centrifuge, qui se transporte dans un domaine nouveau et inassimilable à celui dont il part, avec tous les discernements qu'il faut alors risquer, d'autant qu'ils sont porteurs l'un et l'autre de positions métaphysiques. L'entrecroisement de ces corpus allait marquer l'œuvre de Thomas d'Aquin, encouragé par la voie tracée par Albert.

Il lui fallait se déterminer sur les équilibres fondateurs, à cheval entre ce que requiert la doctrine sacrée (l'autorité de l'Écriture, les conciles, les docteurs de l'Église, la raison en théologie) et la consistance croissante à accorder à la raison philosophique. Une telle consistance traversait en effet autant la religion chrétienne que la philosophie païenne. Comment déterminer les principes des sciences, établir le partage de ce qui dépend de la foi et de ce qui n'en dépend pas, bref, passer de la théologie à la philosophie, avec aussi leurs influences mutuelles, alors

---

1. Pierre Lombard, *Sententiae in IV Libris distinctae*, 2 vol., « Spicilegium Bonaventurianum, 4 et 5 », Ed. Collegii S. Bonaventurae ad Claras Aquas, Grottaferrata, Roma, 1971 et 1981 ; *Les Quatre livres des Sentences*, trad. fr. de M. Ozilou, « Sagesses chrétiennes », Paris, Cerf, 4 vol., 2012-15.

qu'on jette ses forces dans l'acceptation de la philosophie d'Aristote, mais que l'on est un docteur chrétien?

Plusieurs solutions étaient possibles. Thomas devait choisir, s'il tenait à dire quelque chose, et choisir vite. Il aurait pu s'abstenir, ne pas monter en première ligne. Tant d'autres s'y sont tenus. À la fin du XIIIe siècle, nous dit-on, il y eut jusqu'à dix mille Dominicains. Combien furent théologiens? Une extrême minorité, presque des exceptions : que faisaient les autres? Thomas aurait pu déclarer forfait, rentrer dans sa province napolitaine, confesser des années durant les mammas des sanctuaires et faire chanter les processions agricoles. Eût-il moins pleuré? Nous ne le saurons jamais. Il aurait pu aussi se contenter d'interventions intellectuelles plus périphériques. Il aurait même pu s'agiter à critiquer, à l'instar du franciscain Roger Bacon qui n'eut de cesse, des années durant, de fulminer contre Albert le Grand, qu'il jugeait arriviste, polygraphe et mégalomane, et aussi contre Thomas lui-même, compté avec lui dans le lot de ceux qui deviennent des maîtres avant d'avoir été disciples, et même contre son confrère franciscain Alexandre de Halès, mais à un moindre degré[1]. De tels emplois de mouche du coche remplissent à ce point une vie qu'ils dissimulent la stérilité dont on se croit frappé, au lieu qu'il suffirait de tourner son ressentiment en travail d'artisan, faisant du temps son allié, et de l'œuvre son objectif; ou bien, comme pour Bacon, ils brouillent le caractère, bien qu'il fût un précurseur en termes d'apprentissage des langues et de méthode expérimentale en sciences.

1. R. Bacon, *Compendium studii philosophiae*, in *Opera*, éd. S. J. Brewer, London, 1859, chap. 5, p. 425-426. C. König-Pralong, *Le bon usage des savoirs. Scolastique, philosophie et politique culturelle*, « Études de philosophie médiévale », Paris, Vrin, 2011, p. 137-140.

Thomas, donc, aurait pu ne pas vouloir intervenir, alors que rien ne s'annonçait facile, ni en soi, ni pour lui. La pression de cette radicalité est peut-être une raison des larmes de son obéissance. Il n'aurait pas écrit de livres. Il s'y est lancé, son œuvre l'a consumé, elle demeure.

Restituer Thomas, sans le reconstruire

D'emblée, Thomas a dû choisir son lieu métaphysique, quitte à le conduire avec souplesse, à le faire évoluer, à abandonner telle idée, à en approfondir telle autre. Tout cela pour la joie du lecteur, mais aussi à son détriment car il n'en sera guère prévenu. Ses premières lectures seront aussi aisées que l'écriture thomasienne est d'une parfaite clarté. Les suivantes, en revanche, complétées par celles d'autres domaines et surtout en regard de la théologie, obscurciront un moment son ciel trop bleu. La principale difficulté consiste à *restituer Thomas sans le reconstruire*, à l'exposer sans le surcharger, en respectant liens, évolutions, contextes, interlocuteurs, genres littéraires, à découvrir à travers eux et non malgré eux les idées principales. Il s'agit, à travers l'exactitude historique, d'une évaluation de l'intention doctrinale de Thomas et de ses procédés intellectuels, non moins que de l'élucidation des attendus de ses reprises.

Reconstruire ou non ? Le débat voit s'affronter Gilson et la tradition de Louvain :

Contre : Étienne Gilson (1884-1978).

Extraire des œuvres théologiques de saint Thomas les données philosophiques qu'elles contiennent, puis les reconstruire selon l'ordre que lui-même assigne à la philosophie, ce serait faire croire qu'il ait voulu construire sa philosophie en vue de fins purement philosophiques, non en vue de fins propres du Docteur chrétien[1].

Pour : Fernand Van Steenberghen (1904-1993).

À l'aide de tous ces matériaux, l'historien de la philosophie peut et doit s'efforcer de reconstruire la synthèse philosophique qui pénètre et anime toute l'œuvre littéraire du Docteur Angélique[2].

Pour (à la suite du précédent) : John Wippel (1933-).

Comme tous ces éléments [fondamentaux de sa métaphysique] sont présents dans ses écrits, ils constituent une invitation pressante, pour l'historien contemporain de la philosophie, à prendre Thomas au mot et à les utiliser comme appui pour reconstituer (*reconstructing*) sa pensée métaphysique. C'est ce que je veux essayer de faire dans ce livre[3].

Reconstruire est plus qu'une mise en ordre. C'est plier un auteur au cadre tracé à sa place et qu'il faudrait nommer, ou bien le soumettre plus qu'il ne l'a voulu à son propre cadre.

Restituer voudrait éviter cette intervention. Outre le détail préalable de maîtriser le corpus thomasien pour se faire une idée de la proportion des choses, il faut conduire

---

1. É. Gilson, *Le Thomisme*, Paris, Vrin, 1965[6], p. 16 (le binôme *extraction* et *reconstruction* apparaît avec lui en 1942, dans *Le Thomisme*[4], *op. cit.*, p. 16) ; É. Gilson, *L'esprit de la philosophie médiévale*, Paris, Vrin, 1932, p. 34 (pour la seule extraction).

2. F. Van Steenberghen, *La philosophie au XIIIe siècle*, Leuven, Peeters, 1958[1], 1991[2], p. 318.

3. J. F. Wippel, *The Metaphysical thought of Thomas Aquinas. From Finite Being to Uncreated Being*, Washington, The Catholic University of America Press, 2000, p. XVIII ; *La métaphysique de saint Thomas d'Aquin. De l'être fini à l'être incréé*, trad. fr. P. Roy, Paris, Cerf, 2022, p. 15 (et note 1 pour signifier son désaccord avec Gilson).

chaque partie au tout, condition d'une appréciation fondée sur la vérité textuelle. Rien d'insurmontable, il suffit d'avoir la volonté d'expliquer plutôt que d'interpréter, avec aussi quelques instruments. Cette volonté en exclut d'autres : éclectisme historiographique, systématisations anachroniques, décisions préalables mais non vérifiées de continuité, décisions qui ne doivent rien à Thomas mais qui engluent trop d'exposés et rendent caduques jusqu'à leurs qualités spéculatives. Il arrive que de tels déplacements, dus au succès de Thomas d'Aquin, à son caractère d'autorité virant à l'icône, pour ne pas dire à la tentation de le traiter comme une boîte à outils, aboutissent à des hors-sujet. Un Thomas modernisé finit en figure inversée, comme aimanté par des positions qui ne sont pas les siennes. Rien ne sert de s'afficher thomiste si c'est pour dresser Thomas contre Thomas sans s'en apercevoir. On ne prolonge pas un auteur en disant le contraire de lui. Le résultat en est une scolastique indigeste par essence, quels que soient les auteurs ajoutés, parce qu'ils restent indistincts, et confuse leur généalogie, parce que leur rôle n'est pas élucidé, et parce que piégés par le pseudo-critère de la fidélité. Échec involontaire mais systématique, cela s'est vu[1]. Restituer, c'est peut-être intervenir aussi, mais avec la volonté d'éviter l'intrusion.

Thomas est devenu théologien et philosophe, au moins pour prouver que les Frères mendiants en étaient capables face aux Maîtres séculiers, et pour devenir lui-même plus excellent en métaphysique que les Artiens, discipline qu'ils configuraient à leur façon. Il n'est pas de meilleure

---

1. Sur les différents types de thomisme, *cf.* T.-D. Humbrecht, « La métaphysique de saint Thomas. *Paysages, bosquets et perspectives* », § 7-8, *Revue thomiste* 122 (1/2022), p. 135-165 ; « Les thomismes, entre modélisations et stratégies », *Revue thomiste*, 2024.

réfutation que l'excellence, mais celle-ci aboutit à une occupation du terrain qui n'est pas goûtée des adversaires. Une métaphysique de théologien pourrait-elle l'emporter sur une métaphysique de philosophe, avec les mêmes cartes en main et quelques atouts de plus ? À philosophe, philosophe et demi, mais le droit à l'erreur du théologien métaphysicien se réduit d'autant. Rien ne lui sera pardonné. Thomas a donc par deux fois franchi le Rubicon : accepter d'exister plutôt que de n'exister pas, et s'imposer là même où ses adversaires ne sont qu'honnêtes.

Son œuvre sera marquée de cet idéal d'excellence, malgré parfois une certaine hâte dans la rédaction, due à l'ampleur des synthèses ou des commentaires, donc à leur propre masse, mais aussi à la poussée des événements. Jean-Pierre Torrell parle de Thomas comme d'un « homme pressé »[1], à rebours du long fleuve tranquille que suggère l'impeccable disposition de ses questions et articles. Sur des parchemins trop bon marché pour avoir tous survécu, et quand il rédige lui-même, Thomas passionné pousse son écriture nocturne au-delà de l'illisible, Thomas fatigué laisse passer des fautes, et même des bizarreries qui ne sont que des lapsus[2].

Frère Thomas d'Aquin, assez parisien (par trois fois) pour voir achevées les deux nouvelles rosaces de la cathédrale Notre-Dame, modèles de l'art gothique et gloires de la chrétienté (rose nord édifiée en 1250, rose sud en 1260), vint-il, en voisin, les visiter ? Y fut-il sensible pour elles-mêmes en leur splendeur, pour y lire un prodige

---

1. J.-P. Torrell, *Initiation 1*, *op. cit.*, p. 133.
2. P.-M. Gils, « S. Thomas écrivain », in *Opera Omnia*, t. L, *Super Boetium de Trinitate*, Commissio Leonina, Paris, Cerf, 1992, p. 175-209, ici p. 208-209.

d'architecture et de génie mathématique, pour y inventer la raison au service de la foi, et la foi élevant la raison ? Rien, hélas, ne permet de l'attester. Ses propres textes pourtant, après maints incendies de mots et d'idées, nous arrivent intacts et lumineux, réfléchissant, comme Notre-Dame le soleil dans les visages de ses vitraux colorés, les rayons divins qui font chatoyer les pensées des hommes.

Pourquoi insister sur le terreau parisien des choix intellectuels du jeune Thomas ? Parce que c'est là que l'Université se structurait, là que les débats eurent lieu, là qu'il fut plusieurs fois pris à partie, là qu'il eut à se déterminer. Comme l'écrivait Marie-Dominique Chenu :

> L'Université en effet, création inédite de l'ordre nouveau [ordre social et urbain du XIIIe siècle], est aussi une institution de Chrétienté, peut-être la plus significative de cette Chrétienté nouvelle[1].

Pour Thomas d'Aquin, en dépit de ses autres voyages et de la brièveté de ses séjours, « Paris est son lieu naturel »[2].

---

1. M.-D. Chenu, *Introduction à l'étude de saint Thomas d'Aquin*, *op. cit.*, p. 17, p. 18.
2. *Ibid.*, p. 22 : « Saint Thomas hors Paris est inconcevable, spirituellement et institutionnellement ; Viterbe, Rome, Naples, ne sont que des épisodes dans son intellectualité, comme dans sa carrière. Paris est son lieu naturel ». Même passage repris dans son *ST Thomas d'Aquin et la théologie*, « Maîtres spirituels », Paris, Seuil, 1959, p. 27-30. Chenu présente la biographie de Thomas comme « d'une simplicité extrême : quelques déplacements au cours d'une carrière tout entière enclose dans la vie universitaire » (p. 13). En écho, R. Imbach et A. Oliva, *La philosophie de Thomas d'Aquin*, « Repères », Paris, Vrin, 2009, Avant-propos, p. 7, parlent d'un « guide de voyage » entre les différents lieux de la vie et de l'œuvre intellectuelle de Thomas.

CHAPITRE PREMIER

FIGURES ET MASQUES
DE LA MÉTAPHYSIQUE

La métaphysique comme science devrait définir son sujet, puis partir de lui et tout déployer jusqu'à son terme. Quitte à montrer au passage les liens de cette discipline avec celles qui lui sont inférieures mais néanmoins nécessaires, les sciences philosophiques, puis avec celle qui la domine mais sans la détruire, la doctrine sacrée. Avec Thomas d'Aquin, en son nom sinon en vertu de ses textes, c'est ainsi que l'on procède. Toutefois, cette trop rapide évidence ne saurait dissimuler de redoutables difficultés de principe.

LES PRINCIPES BOUGENT

La première difficulté tient justement aux principes. C'est le rôle de la métaphysique que de s'occuper – pêlemêle pour l'instant – des considérations les plus générales de l'étant, des causes premières, des principes des choses. C'est son domaine d'intervention. C'est assez dire qu'*avec elle* les autres sciences se déterminent sur les premières résolutions, et bien des positions ne font qu'en découler. C'est assez dire aussi que, *pour elle*, tout se joue dans les premiers énoncés qu'elle se donne. C'est assez dire enfin que les métaphysiciens diffèrent entre eux dès les principes.

Même s'ils utilisent ensuite des thématiques voisines, chacun les traite au nom de ses propres principes. Les ressemblances sont plus occasionnelles, et même apparentes, que réelles, tant les déplacements sont plus radicaux que visibles. Cela vaut pour l'ensemble de l'histoire de la philosophie, mais aussi entre les Médiévaux latins, enfin même chez ceux qui se réclament de Thomas d'Aquin. Il faut donc se demander s'il y a assez de *métaphysique en soi*, à même de résister à tant de modifications chez eux.

Au sens large, oui, s'il s'agit de grouper sous le terme de métaphysique un certain nombre de thèmes faciles à identifier ; mais au sens strict, non, car toute science dépend de ses principes, et chaque métaphysicien ou presque configure à sa manière les principes eux-mêmes, au minimum en les modifiant en nombre et en qualité, et au maximum avec une « refondation de la métaphysique », comme Ludger Honnefelder l'a écrit de Duns Scot[1]. Tant de métaphysiques dépendent de Scot, y compris en croyant tout recevoir de Thomas… Les apparences troublent les reprises, à moins que parfois elles les dissimulent.

La métaphysique n'est donc pas une science cumulative mais plutôt, de par son identité de centre de contrôle, sans cesse réinstaurée. Le lecteur sceptique à ce sujet n'a qu'à ouvrir plusieurs ouvrages de métaphysique et comparer leurs premières pages – tant des commentaires médiévaux

---

1. L. Honnefelder, « Der zweite Anfang der Metaphysik. Voraussetzungen, Ansätze und Folgen der Wiederbegründung der Metaphysik im 13./14. Jahrhundert », in J. P. Beckmann et al. (hrsg.), *Philosophie im Mittelalter. Entwicklungslinien und Paradigmen*, Hamburg, Felix Meiner Verlag, 1987, p. 165-186 ; L. Honnefelder, *La métaphysique comme science transcendantale*, Paris, P.U.F., 2002.

que des traités contemporains –, il sera édifié sur cette relance constante des principes. Il appartient au métaphysicien de prendre garde aux évolutions des problèmes et surtout à la détermination de la science, et donc de discerner la métaphysique de chaque métaphysique, entre généalogie des concepts, institution des principes, vérifications des glissements historico-doctrinaux, vraies et fausses continuités ou discontinuités. La métaphysique est, à gros traits, la science de ce qui est général et de ce qui est premier ; il est donc inévitable que, lorsqu'elle évolue, ce soient le général et le premier qui soient atteints. C'est sa matière même qui change quand les fondamentaux sont modifiés. Lorsqu'une métaphysique commence, tout est déjà en place, les principes sont déterminés et, le cas échéant, ce qui a voulu être modifié est déjà opératoire. Une prétention inductive des choses à étudier n'y fera rien : le métaphysicien fait part des résultats auxquels il est parvenu, il expose sa vision, celle-ci est fixée. Le lecteur entre dans un écosystème dont il comprend immédiatement les éléments et petit à petit les principes, d'abord ceux qui sont apparents, puis ceux qui n'apparaissent pas mais qui expliquent que les questions se présentent de telle façon plutôt que de telle autre. Le but guide le départ. La métaphysique présente diverses figures et ne dédaigne pas toujours les masques.

Affirmer qu'elle est la science de l'être en tant qu'être est aller vite en besogne, dans la mesure où c'est répondre à la question de son identité avant d'avoir exposé les termes du choix. Ces termes peuvent être manifestés de diverses façons, retenons-en l'essentiel.

QUELQUES BIFURCATIONS INADÉQUATES

La métaphysique pourrait être une *hénologie*, un discours sur l'un. Dans cette configuration, l'un est premier et universel. Plotin en est un illustre représentant[1]. Les dernières décennies ont même pu privilégier l'un pour remplacer toute métaphysique de l'être, mais c'était une inutile synecdoque, prenant ainsi une partie pour le tout. Un supposé au-delà de l'être, qu'il soit l'un ou même le bien, n'est pas une alternative. L'un est de l'être, le bien aussi[2].

Les métaphysiques de l'un tirent les conséquences de l'unicité du principe : outre la projection du plan du connaître sur celui de l'être, les individus ne se distinguent pas substantiellement mais accidentellement[3]. L'altérité, en conséquence, est impossible, et l'amour qui dépend de l'altérité ; la nécessité de l'unique essence est projetée sur tout ce qui émane d'elle, rendant impossible une liberté autre que de consentement à une telle nécessité ; l'émanation exprime cette nécessité. La création au contraire postule la liberté d'un créateur et autorise celle de la créature. En somme, la non-distinction de Dieu et du monde s'impose, immanence qui revient à la seule existence du monde, appelée Dieu ou non, monisme qui s'apparente à un

---

1. Plotin, *Ennéades*, VI, 7-9, sur le bien ou l'un ; en particulier 8, 19 et 9, 11 (il est « au-delà de l'essence », reprise de Platon, *République*, VI, 509b) et au-delà du langage (9, 4).
2. Sur l'appartenance de l'hénologie à la métaphysique, O. Boulnois, *Métaphysiques rebelles. Genèse et structures d'une science au Moyen Âge*, « Épiméthée », Paris, P.U.F., 2013, p. 22-25.
3. On retrouve cela chez Spinoza, *Éthique* (toute la première Partie) : les individus humains sont des modes de l'unique substance, et ne sont donc en eux-mêmes ni des substances ni des personnes.

matérialisme, malgré un éventuel discours sur l'esprit (comme chez les Manichéens).

D'aucune façon, la métaphysique de Thomas d'Aquin ne saurait se réduire à l'un, même si celui-ci est étudié, tant du fait de la reprise de Platon ou d'Aristote, que de l'unicité divine.

La métaphysique serait-elle plutôt une ousiologie? L'*ousia* grecque désigne la substance ou l'essence, à moins qu'elle embrasse les deux. En un sens, la métaphysique d'Aristote relève d'une ousiologie, dans la mesure où, selon lui, la question sans cesse reprise : « "qu'est-ce que l'étant?" revient à celle-ci : "qu'est-ce que la substance?" »[1].

Cependant, même chez Aristote, si la substance est le socle sur lequel reposent tous les accidents, dont ils dépendent essentiellement, et à propos de laquelle tout est prédiqué, la métaphysique ne s'y limite pas. Encore moins chez Thomas d'Aquin : la substance est une part indispensable, mais elle n'est pas le tout de la métaphysique. Une telle dénomination d'ousiologie n'existe ni chez l'un, ni chez l'autre ; rien n'oblige à s'en contenter.

MÉTAPHYSIQUE OU BIEN ONTOLOGIE ?

Mieux vaudrait-il parler d'ontologie? Ce terme n'a que trop servi de synonyme à celui de métaphysique, sur un malentendu historique presque cocasse. À ce titre, il n'a pas peu contribué à discréditer la métaphysique elle-même, jusqu'à une période récente, ou tout au moins à donner un nom à son discrédit. Deux angles d'attaque y ont concouru.

---

1. Aristote, *Métaphysique*, Z, 1, 1028b2-3.

Le premier angle d'attaque est la stigmatisation de toute ontothéologie depuis Martin Heidegger. L'ontothéologie désigne le discours sur l'étant et sur Dieu, tel qu'il prétende maîtriser l'un et l'autre comme des objets, c'est-à-dire des concepts produits par l'esprit et maîtrisés par lui, des concepts *représentés*. La condition en est la primauté d'un concept univoque de l'être, et la conséquence l'appartenance de Dieu lui-même à ce concept et à sa maîtrise représentatrice. Prétentions illégitimes, propres à toute métaphysique selon Heidegger, s'il est vrai que toute métaphysique est constitutivement une ontothéologie. Toutefois, les études savantes ont creusé des contrastes dans une analyse aussi totalisante. La désignation de la métaphysique comme ontothéologie (et nécessairement telle) s'étend de Duns Scot à Kant (qui la nomme et s'en dégage) ou à Nietzsche et Heidegger (qui la déconstruisent). L'ontothéologie fut le nom contemporain de ce que la période précédente appelait le rationalisme.

Se sont aussi différenciés plusieurs modèles de métaphysique, détruisant ainsi le tableau, quelque peu univoque, de l'univocité obligée du concept d'étant voulu par Heidegger. Pour la période médiévale, trois modèles de métaphysique ont été distingués (Zimmermann, puis Boulnois[1]). Ces modèles ne sont pas d'abord trois doctrines, ils sont autant de structurations présidant aux doctrines.

Le premier modèle, « théologique », s'appuie sur la nomination par Aristote de la troisième science spéculative, la « théologie ou science divine », pour déterminer le sujet de celle-ci comme Dieu, surtout, et ce qui dépend de lui (modèle adopté par Boèce, puis Averroès).

---

1. A. Zimmermann, *Ontologie oder Metaphysik ? Die Diskussion über den Gegenstand der Metaphysik im 13. und 14. Jahrhundert, Texte und Untersuchungen* (1965[1]), Leuven, Peeters, 1998[2]. O. Boulnois, *Métaphysiques rebelles* , *op. cit.*, p. 113-161.

Le deuxième modèle, « katholou-protologique » (d'après Rémi Brague), s'appuie non moins sur Aristote pour caractériser la science comme celle de l'étant en général et des causes de l'étant (modèle adopté par Avicenne, puis Albert le Grand et Thomas d'Aquin).

C'est le troisième modèle, « ontothéologique », et lui seul, qui caractérise la métaphysique à partir du concept univoque d'étant. Il est le fait du Duns Scot de la maturité. Ce concept est tel qu'il embrasse a priori tout l'étant, le Dieu infini et tous les étants finis ; il est celui dans lequel Dieu « tombe », dira Suárez[1]. Il favorise une « théologie naturelle », démarquage philosophique post-scotiste du traité théologique de Dieu dans l'unité de son essence, et théologie selon laquelle les attributs divins se déduisent d'un tel concept[2].

Ces trois modèles manifestent que l'ontothéologie (l'ontologie qui annexe Dieu), ne concerne que le troisième, et pour une période allant du XIVe au XIXe siècles. Les deux premiers modèles ne sont pas concernés par cette constitution ontothéologique, et pas davantage par le rejet de toute métaphysique au nom des excès conceptuels de la représentation.

Le second angle d'attaque a trait au terme même d'ontologie, en tant que celui-ci a été pris pour un synonyme de métaphysique, alors qu'il ne l'est que par raccroc, et même sur un malentendu. L'ontologie a été théorisée en 1606, puis nommée telle en 1613, par un certain Jacob

---

1. Francisco Suárez (1548-1617), jésuite espagnol, philosophe et théologien ; *Disputationes Metaphysicae* I, 1, n°19 : « Ergo absolute Deus cadit sub objectum hujus scientiae ».
2. O. Boulnois, *Le désir de vérité. Vie et destin de la théologie comme science d'Aristote à Galilée*, « Épiméthée », Paris, P.U.F., 2022 (la « naissance de la théologie naturelle » chez les scotistes, p. 313-348).

Lorhard, scolastique allemand calviniste, afin de définir ainsi une nouvelle configuration de la métaphysique, « la science du pensable », et non plus seulement la science de l'être. Vu de loin, le décalage semble infime ; mais vu de près et par les témoins et acteurs d'une telle instauration, il est apparu considérable, à prendre pour cela même qu'il se donnait. À tel point que les scolastiques luthériens voisins en furent épouvantés, y voyant l'introduction dans une discipline à échelle humaine d'une prérogative divine (la maîtrise du pensable et du possible est le fait de Dieu seul), et préférant, à cette ontologie orgueilleuse, revenir en désespoir de cause, eux Luthériens, à la métaphysique des Jésuites, celle de Suárez. Leibniz, plus tard, se méfiera (un brin paradoxalement) de ce qu'implique celle qu'il évite d'appeler l'« ontologie »[1].

En conséquence, soit l'on préfère ne pas trop se poser de questions, refuser l'acribie des soubresauts de la pensée et de l'histoire, et continuer à appeler ontologie toute métaphysique, à commencer par celle de Thomas d'Aquin, mauvaise habitude qui se couvre alors du prétexte de son établissement ; soit l'on affronte les ruptures, puisqu'elles ont eu lieu et qu'elles sont significatives des nominations et aussi des doctrines, et l'on s'interdit d'appeler « ontologie » une métaphysique ne répondant pas à la définition qu'elle s'est donnée, à commencer par celles qui, chronologiquement ou d'intention de signifier, précèdent 1606. C'est mieux ainsi[2].

1. Sur tout cela, le dossier « Les deux siècles de l'ontologie », *Les études philosophiques* 2020/3.

2. La distinction entre métaphysique et ontologie a été remarquée depuis longtemps, pas seulement par Gilson puis Honnefelder, et ne répond en rien à un effet de mode. Voir P. Jaroszyński, *Metaphysics or Ontology ?*, Leiden-Boston, Brill-Rodopi, 2018 (parcours historique et spéculatif sur les différentes figures de cette confrontation).

L'ontologie désigne la figure moderne de la métaphysique, lorsque les lois de l'esprit l'emportent graduellement mais résolument sur les lois de l'être, au point d'inclure Dieu dans le concept univoque et représenté d'étant (et se nomme alors ontothéologie). Son extension est impropre et doit le rester. Sous aucun prétexte, l'ontologie ne saurait nommer Thomas d'Aquin, jamais.

Ni hénologie, ni ousiologie, ni ontologie/ontothéologie, la métaphysique de Thomas d'Aquin n'a pourtant pas besoin de se chercher des noms. Plusieurs lui arrivent et la désignent, peut-être trop, si l'on se penche sur leurs origines et leurs significations respectives.

LES NOMS DE LA MÉTAPHYSIQUE APRÈS ARISTOTE

Aristote lègue « sagesse » (recherchée), « science de l'étant en tant qu'étant », « philosophie première », « théologie ou science divine ». C'est assez pour désigner tantôt l'universel, tantôt ce qui est premier. Thomas fait usage de tous ces termes. Cependant, le problème des listes, d'ordinaire, tient davantage à ce qu'elles omettent qu'à ce qu'elles consignent. Le mot même de métaphysique n'existe pas chez Aristote (sa seule présence dans le titre éponyme étant un ajout, de Nicolas de Damas, Ier siècle après Jésus-Christ), mais il entre dans le vocabulaire latin médiéval avec Dominicus Gundissalinus (vers 1110-90)[1].

Thomas en hérite comme Albert le Grand avant lui. La question sera celle du découpage de ces dénominations. Y a-t-il synonymie, complémentarité, empiètement, tout

---

1. Dominicus Gundissalinus, *De divisione philosophiae* (*Über die Einteilung der Philosophie*), A. Fidora et D. Werne (hrsg), Freiburg, Herder, 2007, p. 68 : « Tertia dicitur theologia sive scientia prima, sive philosophia prima, sive metaphysica ».

et parties ? Question délicate, qui préside à la détermination du sujet de la science, donc à ce qui lui appartient, à ce qui, au sens littéral, en fait partie. Quelques pages célèbres de Thomas vont poser ces questions et aussi les résoudre. Leur précision crée une contrainte.

Il y a davantage, plus complexe à éclaircir. Au temps de Thomas, la rivalité des deux facultés, de théologie et des arts, devient le théâtre d'une ambivalence qui ne demande qu'à s'installer. S'il est possible et même recommandé (officiellement depuis 1250) d'intégrer à la pensée chrétienne le corpus aristotélicien, la question est de savoir jusqu'à quel point (compte tenu des difficultés, comme l'éternité du monde ou l'unicité de l'âme), et surtout de quelle façon : s'agit-il de l'étudier pour lui-même comme le premier corpus philosophique païen aussi complet, dont un Médiéval latin, qui n'a ni Platon, ni Plotin, pas même la moitié de Proclus, reçoit la charge ? S'agit-il seulement de l'évaluer, de le critiquer, de le rendre compatible avec la foi chrétienne ? S'agit-il d'accomplir tout cela dans le but avoué de bénéficier d'un apport aussi exceptionnel, tant en théologie qu'en philosophie ? Un peu de cela, certes, mais tout réside dans la façon. Si certaines disciplines philosophiques conquièrent ou renforcent leur autonomie (logique, physique), d'autres, qui ne s'y essaient pas moins, se placent toutefois sous la lumière de la foi et donc aussi de la théologie (éthique, politique, métaphysique). Tout cela pose des problèmes d'identité, donc de relations entre les sciences.

C'est ainsi que la métaphysique est concernée, dans sa constitution même, entre extension, subordination ou indépendance, interactions, bref, dans sa nature et ses modalités.

LES TROIS MODALITÉS DE LA MÉTAPHYSIQUE

Cette *Introduction* reprend ici la thèse défendue dans *Thomas d'Aquin, Dieu et la métaphysique*[1]. Quoique soutenue par d'autres moyens, par des textes emblématiques autant que par des effets loupe sur les principales notions, elle pose que la métaphysique thomasienne n'est ni seulement augustinienne, ni seulement aristotélico-platonicienne. Elle cherche un équilibre entre la confusion des sciences et leur séparation méthodologique et doctrinale; ou comment intégrer la raison dans la foi, ou même Aristote dans Augustin, sans détruire ni un parti ni l'autre, tout au contraire en les magnifiant chacun de son côté.

La métaphysique est donc présente en philosophie et aussi en théologie, dans des Commentaires et dans des Sommes, tantôt maîtresse chez elle et tantôt servante d'une autre. C'est ainsi que nous distinguons chez Thomas d'Aquin *trois modalités de la métaphysique*, comme autant de façons d'en réaliser la nature et d'en constituer autant de types d'interventions, compatibles mais différenciées. *Ces modalités sont trois façons d'articuler raison et foi.*

La *première modalité*, ou *métaphysique intégrée*, désigne le travail philosophique sur des notions ou bien sur des auteurs. Elle recouvre ainsi des développements (le petit traité de jeunesse *De l'étant et de l'essence*) et bien entendu les Commentaires sur Aristote et sur certains philosophes néoplatoniciens païens (Proclus, *Le livre des*

---

1. T.-D. Humbrecht, *Thomas d'Aquin, Dieu et la métaphysique. Nature, modalités et fonctions de la métaphysique, comprenant le rapport à Dieu de cette science, ainsi que sa confrontation avec la doctrine sacrée*, « Bibliothèque de la Revue thomiste », Paris, Parole et Silence, 2021.

Causes) ou chrétiens (Boèce, Denys), sans compter nombre de discussions avec Avicenne ou Averroès. Cette première modalité désigne toute la métaphysique reçue et assumée des philosophes, certes travaillée à neuf, mais en faisant le maximum pour approfondir son apport. Thomas, après Albert, prend sur lui de considérer comme utiles à la fois les philosophes et la philosophie. Toutefois, dans un tel registre qui semble relever de la raison et d'elle seule, et cela est vrai quant aux modes argumentatifs, celui qui opère le travail est un docteur chrétien. Même si jamais la foi ne sert ni de principe ni de moyen terme, il arrive, si l'on regarde bien, que Thomas laisse entrevoir une finalisation des plus hauts résultats des philosophes en direction de la foi et, surtout, une certaine correction de ceux-ci par celle-là (ce qu'il faudra manifester dans la suite).

La *deuxième modalité*, ou *métaphysique constituée*, désigne la présence de la métaphysique dans la doctrine sacrée, et, du même coup, la manière d'être suscitée par elle. Elle recouvre toute métaphysique produite par la doctrine sacrée et pour son propre usage. Dira-t-on qu'une telle métaphysique n'est désormais rien moins que la théologie elle-même? Peut-être, mais peut-être que non. Thomas ne pose pas d'étiquettes. Cela n'aurait au demeurant qu'une importance relative si cette métaphysique produite par la doctrine sacrée ne concernait les notions les plus thomasiennes : être et essence, acte d'être, analogie, création, substance, personne, etc. La question est de savoir si de telles notions se développent du fait de la théologie ou bien de la philosophie, selon une croissance interne ou bien sous la pression d'un apport inductif.

La *troisième modalité,* ou *métaphysique manifestée,* désigne la façon dont un projet d'identité théologique, par excellence la *Somme contre les Gentils,* se développe selon des arguments rationnels, et qu'il n'est que trop facile de baptiser œuvre métaphysique. Cette *Somme,* au cours des siècles, a été reconduite vers la philosophie, à tort, mais les apparences sont trompeuses. Il s'agit plutôt, selon le projet de l'œuvre, de manifester la vérité de la foi catholique et de réfuter les erreurs contraires, et cela, pour les livres I à III, selon des raisons et donc selon les natures des choses, le livre IV se chargeant des vérités de foi qui résistent à un tel procédé.

Une manifestation rationnelle de la foi peut induire à glisser vers la philosophie. C'est pourtant impossible, eu égard à l'intention exposée de l'œuvre (*nostra intentio*[1]), et au fait que le traité du Dieu unique en son essence vient en tête de l'œuvre. Ce n'est donc pas un livre de philosophie. Qu'est-il alors ? Cela même que nous cherchons à mettre en valeur, un projet théologique unique en son genre, qui argumente non en s'appuyant sur les données de la foi, mais sur ce que celle-ci comporte aussi de rationnel ; l'Écriture est disposée à la fin des chapitres, afin de confirmer les arguments et non pour les fonder. Le domaine de la raison est donc plus vaste que celui de la philosophie. La différence couvre le champ d'une métaphysique manifestée par la raison et les raisons des choses.

Voilà trois modalités pour la métaphysique de procéder, selon les circonstances. En effet, constater la présence de la métaphysique uniquement de manière diffuse en théologie, comme un adjuvant conceptuel, serait négliger

---

1. *Somme contre les Gentils* [*SCG*] I, chap. 2, titre, § 2 et chap. 9, § 4.

les œuvres philosophiques comme les Commentaires, ainsi que refuser la force acquise d'une autonomie de la rationalité métaphysique. Inversement, se limiter aux Commentaires sous prétexte qu'ils sont philosophiques et qu'en théorie ils épuisent la discipline, serait amputer la métaphysique thomasienne d'une part décisive d'elle-même, peut-être la plus novatrice, et balayer un peu vite la question de l'opérateur : si c'est un docteur chrétien qui fait de la philosophie, celle-ci s'en trouve, sinon modifiée quant à sa méthode, du moins dirigée d'une certaine façon, entre netteté de l'origine et assurance de la fin.

PHILOSOPHIE ET THÉOLOGIE, OU BIEN RAISON ET FOI ?

Faudrait-il, pour simplifier la question, trancher ce nœud gordien d'une épée peut-être un peu trop moderne, qui répartît ces exposés en *philosophie et théologie* ? Thomas, le plus souvent, se garde d'une telle distinction, au profit d'une autre, celle de *raison et foi*.

Pour un docteur chrétien comme lui, raison et foi doivent être distinguées, et diversement réparties selon les disciplines ; mais l'une et l'autre sont toujours présentes. Les méthodes sont distinctes, elles sont même promues, mais elles entrelacent raison et foi d'une façon beaucoup plus subtile que la partition entre philosophie et théologie le laisse présager. Sans quoi nombre de notions, de développements originaux, demeureraient sans clarification. Avec même un danger d'arbitraire : il est plus facile d'appeler théologiques les reprises philosophiques dans une œuvre de théologie. Pourquoi pas ? Dans ce cas, la théologie rend théologique tout ce qu'elle touche. Symétriquement, il est plus glorieux d'enrichir les concepts philosophiques par eux-mêmes, extraits qu'ils sont d'un contexte théologique, puis réinjectés en théologie sans que celle-ci fût supposée être intervenue, alors que c'est elle au contraire qui enrichit de tels concepts. Bref, l'interaction est opératoire, sous peine de contraindre Thomas d'Aquin dans le carcan d'une philosophie séparée, analogue à celle qu'il a cherché à éviter. Du point de vue de l'histoire des doctrines, ce serait un contresens ; du point de vue d'une prétention au thomisme, ce serait partir dans une mauvaise direction.

Quant à la question de savoir si la philosophie incluse en théologie porte désormais le nom de théologie, laissons-la ouverte. Thomas n'en dit mot. Il se contente de signaler les sciences inférieures auxquelles la foi recourt à volonté, qui ont statut d'opinions, d'autorités, d'extranéité, en somme de servantes. Les servantes sont-elles à ce point de la maison, pour en porter la livrée, qu'elles se confondent avec elle ? Oui, si elles savent se rendre indispensables ; mais elles doivent rester à leur place, sans briguer quelque égalité que ce soit.

Mieux vaut renoncer à tout placer sous un seul concept, principe trop unilatéral. Il faut multiplier les points de vue. Ceux de Thomas s'annoncent de plusieurs sortes : le sujet de la métaphysique ; la confrontation de la théologie qui relève de la métaphysique avec la théologie fondée sur la révélation ; la méthode en métaphysique, et si elle couvre ou non toute la matière ; le passage d'une théologie à l'autre, et retour, avec les influences mutuelles ; les déclarations thomasiennes sur l'être, avec leur lieu natif théologique ou philosophique ; de même, pour l'analogie et la participation, conditionnées ou conditionnantes ; la création, en soi et face à l'éternité du monde ; la bonté divine et la bonté tout court, par rapport à l'être ; la providence, ses fondements et ses implications, avec le statut thomasien de la nature et de la grâce.

Cet ensemble ne constitue ni un système (anachronisme doctrinal autant qu'historique), ni même une science complète et close, ni une reconstitution qui ajouterait un ordre à ce qui avouerait en manquer ; ni, en définitive, une métaphysique seulement dite *de l'être*, tant celui-ci ne suffit pas à rendre compte de tout de ce qui le concerne.

Reconstitution, non, mais restitution, oui : le peu qui va être présenté souhaite éviter de mal dire. Ce petit livre se veut accessible à l'étudiant, mais il se refuse au manuel ; non par snobisme, mais parce que la philosophie de Thomas d'Aquin doit se dégager d'une forme scolarisée au carré, non pas de la sienne mais de celle qu'on a pu lui ajouter. Cette scolarisation ne fut pas seulement d'ordre pédagogique, elle véhiculait surtout une conception elle-même métaphysique de ce qu'elle semblait ne faire qu'exposer. Distribuer une métaphysique, c'est la supposer intégrale, mise en forme rationnelle, donc dépendante d'un principe dont tout découle, à savoir le concept d'étant, puis les transcendantaux comme autant d'abstractions, enfin Dieu dont les perfections se déduisent de son essence. C'est avoir reconnu à cette métaphysique une identité séparée par rapport aux ombres projetées de la théologie, et donc antérieure à elle, *exercice de nature pure* qu'il faudra pourtant récuser. Le lecteur commence sa lecture mais tout est déterminé. Il ne le saura jamais. La présentation en traité résulte d'une orientation doctrinale, laquelle ne convient pas à Thomas mais, en revanche, très bien à des auteurs postérieurs, selon un autre enracinement métaphysique, et dont l'influence a reflué sur lui.

Il reste beaucoup à apprendre des équilibres qui composent la pensée de Thomas d'Aquin, et dont la métaphysique est partie prenante bien plus que partie séparée. Plutôt que d'une forme scolaire, mieux vaut s'approcher d'une forme vivante, des textes dans leur contexte, et dont on n'a pas fini d'épuiser la signification. Celle-ci tient à un ensemble organiquement écrit et distribué, et non à quelques phrases érigées en principes quelque peu fabriqués.

L'ordre même de la science se présente sous un jour plus complexe qu'une définition suivie d'une distinction des disciplines. C'est pourquoi cet ordre sera repris au dernier chapitre, lorsqu'une première approche de la matière aura permis de le situer.

Il faut donc tout reprendre.

Chapitre II

LE SUJET DE LA MÉTAPHYSIQUE ET SI DIEU EN FAIT PARTIE

Le *sujet* d'une science appelle le *mode* de celle-ci, ainsi que sa différenciation d'avec d'autres domaines du savoir. Le sujet de la métaphysique doit aussi se prononcer sur la relation avec Dieu, entre inclusion et exclusion. Tant de modèles ont été proposés de la métaphysique de Thomas d'Aquin, à la fois théoriques, opératoircs ct scolaires, qu'il est nécessaire de s'interroger sur le sujet de la métaphysique au compte de son champ d'extension, de sa distribution, de ce qu'elle inclut ou bien exclut. Chercher ce qu'il faut faire implique de se prononcer sur ce qu'il ne faut pas faire.

LE SUJET DE LA SCIENCE : L'ÉTANT OU DIEU ?

Aristote, du point de vue de la représentation que sa multiple tradition a pu produire, suscite un paradoxe : en un sens, il dit tout ce qu'est la métaphysique ; en l'autre, il engendre une inventivité interprétatrice sans pareille. Si l'on en juge par ses répercussions, concernant le sujet de la science il laisse sur une indécision ou, en tout cas, sur une ambivalence, légitime ou non. Gloire à Duns Scot – et non à Thomas d'Aquin – de poser l'alternative : le sujet de la métaphysique est-il l'étant (Avicenne) ou Dieu (Averroès) ?

Question 1. L'objet propre de la métaphysique est-il l'étant en tant qu'étant ou bien Dieu et les intelligences ? À propos de l'objet de cette science, il a été montré plus haut qu'elle porte sur les transcendantaux ; il a été aussi montré qu'elle porte sur les causes les plus hautes. Lequel de ces deux [objets] doit être posé comme son objet propre ? Il y a diverses opinions. C'est pourquoi on demande d'abord à ce propos si le sujet propre de la métaphysique est l'étant en tant qu'étant (comme l'a soutenu Avicenne), ou bien Dieu et les intelligences (comme l'a soutenu le Commentateur Averroès)[1].

Chacun se détermine pour l'une ou l'autre solution. Ultimement, c'est l'étant qui l'emportera, moyennant aussi, à partir du Duns Scot *après* l'œuvre qui vient d'être citée (et qui est sa propre contribution aux Commentaires de la *Métaphysique* d'Aristote), que cet étant soit un concept univoque, capable a priori de tout embrasser, l'étant infini qu'est Dieu et tous les étants créés qui sont finis, avec aussi la distribution de « l'objet » selon les transcendantaux. Depuis Scot, l'*objet* d'une science est tel : son *sujet* s'augmente de l'acte de le connaître.

Quant à Thomas, lui aussi a choisi le sujet de la métaphysique, et s'est tenu à son choix, mais cela ne résout pas tous les problèmes. Il faut se demander si Dieu fait partie du sujet, ou bien s'il y a une théologie philosophique, et si elle se distingue de la métaphysique autant que, par hypothèse, de la doctrine sacrée. Restera ensuite à s'interroger, une première fois, sur ce qu'il faut faire pour

1. Jean Duns Scot, *Questions sur la Métaphysique*, L. I, qu. 1, trad. fr. O. Boulnois et D. Arbib, « Épiméthée », Paris, P.U.F., 2017, vol. 1, p. 80-81. H. Salinas-Real, *Duns Scot avant l'univocité de l'étant. Études logiques, sémantiques et métaphysiques*, Paris, Vrin, 2022 (p. 159-250 sur ces deux positions, et sur les deux rédactions de Scot).

présenter la métaphysique thomasienne, et sur ce qu'il ne faut pas faire.

Thomas a donc choisi, dès le départ : le sujet de la métaphysique est l'étant en tant qu'étant, ou étant en général, ainsi que les causes de l'étant. En cela, il va dans le même sens qu'Albert le Grand, et tous les deux dans celui d'Avicenne.

Pour Avicenne, le sujet d'une science est donné, il n'a pas à être cherché, mais l'on cherche seulement des modes ; or Dieu et les causes suprêmes doivent être cherchés, ils ne sont pas donnés. C'est pourquoi ni Dieu ni les causes suprêmes ne peuvent être le sujet de la métaphysique, mais l'étant, donc la substance et tout ce qui la concerne[1].

Albert le Grand, dans sa *Metaphysica* (qui est son *Commentaire* de la *Métaphysique*, aussi libre de style rédactionnel que le sera, d'une autre façon, celui de Scot), confirme cette détermination du sujet. Il est même devenu célèbre pour son coup de sang contre ceux (les gens d'Oxford, Robert Kilwardby) qui pensent qu'au contraire c'est Dieu qui doit être posé comme sujet : « je les abhorre »[2]. S'il demeure incertain de savoir quels ouvrages d'Albert Thomas a lus, car à cette époque on ne cite pas ses contemporains, il est probable qu'il ait suivi cette ligne tracée d'Avicenne à Albert, d'autant qu'elle consonne

---

1. Avicenne, *Liber de Philosophia prima sive scientia divina*, S. Van Riet (éd.), Leuven-Leiden, Peeters-Brill, I-IV, 1977, I, chap. 1-2, spéc. chap. 1, p. 4 : « Dico igitur impossibile esse ut Deus sit subiectum huius scientiae ».

2. Albert, *Metaphysica*, I, tract. 1, chap. 1, éd. Cologne, 1960, t. 16-1, p. 4a-4b, 47-55 : « Sed ego tales logicas convenientias in scientiis de rebus abhorreo, eo quod ad multos deducunt errores. Distinctionum etiam non approbo propter rationes in praehabitis inductas. Nec denominatio ideo fit, quod divina dicitur ».

davantage avec le texte d'Aristote que celle qui fait de Dieu le sujet exclusif ou même principal.

Si tel est le choix de Thomas, un obstacle se dresse d'emblée : Boèce (480-524). Celui-ci est pour un Latin une autorité, et il a laissé cinq courts traités de théologie, dont celui sur la Trinité, lequel commence par rappeler quelles sont les trois sciences spéculatives selon Aristote :

> La philosophie spéculative se divise en trois parties (*partes*). La [partie] physique s'occupe des réalités en mouvement et non abstraites de la matière (…). La [partie] mathématique, elle, s'occupe des réalités privées de mouvement, mais non abstraites [de matière] (…). La [partie] théologique (*theologica*), enfin, s'occupe de ce qui est sans mouvement, abstrait et séparable de la matière : la substance de Dieu est, en effet, privée à la fois de matière et de mouvement. Il faudra donc s'appliquer aux réalités naturelles rationnellement (*rationabiliter*), aux objets mathématiques scientifiquement (*disciplinaliter*), aux réalités divines intellectuellement (*in diuinis intellectualiter*)[1].

Avec la fougue de la jeunesse intellectuelle, Thomas consacre dans son *Commentaire de la Trinité de Boèce* (1257-59) un nombre de pages exceptionnellement élevé aux premiers paragraphes de l'opuscule de Boèce, jusqu'à ces considérations inclusivement. Elles lui sont l'occasion d'approfondir divers points (notre connaissance de Dieu, et bien sûr la physique, la mathématique et leurs modes

---

1. Boèce, « *Comment la Trinité est un Dieu et non trois dieux* », dans *Traités théologiques*, A. Tisserand (éd.), Paris, GF-Flammarion, 2000, § 3, p. 144-145.

respectifs). Puis vient le tour de la troisième science spéculative, et voilà le problème posé.

Pour Boèce, la troisième science spéculative est la « [partie] théologique », d'après la « théologie ou science divine » de la *Métaphysique* d'Aristote, d'autant plus que chez celui-ci le terme de « métaphysique » n'existe pas. Aux yeux de Boèce, cette science, comme son nom l'indique, s'occupe de ce qui est séparé de la matière, de Dieu. Dieu est le sujet de cette science qui occupe le territoire de la « métaphysique ». Pour Thomas, Boèce est une autorité, comme l'est Aristote ; mais Aristote, selon Thomas, s'occupe en métaphysique de l'étant en général, et certes aussi de Dieu, mais à la fin, comme de la cause, ainsi que l'avait diagnostiqué Avicenne. Entre Boèce et Avicenne (car sur cette question Thomas ne mentionne pas Averroès), entre Dieu et l'étant en tant qu'étant, il faut choisir. Les deux solutions sont incompatibles. Thomas a choisi l'Aristote d'Avicenne, pas celui de Boèce. Pourtant, il tient à traiter Boèce selon le maximum de vérité qui est la sienne, de manière révérencielle, quitte à le contourner, à lui faire dire ce qu'il ne dit pas, ou plutôt à déduire de son propos une possibilité d'alternative, dont Boèce choisirait la première et Thomas la seconde. Ce procédé est une façon de concéder une chose pour en préférer une autre. Plus tard, Thomas en fait usage quand il commente Denys l'Aréopagite, dont les sophistications l'obligent à un surcroît de virtuosité. Pour lors, Thomas s'attache à concilier la position de Boèce et la sienne propre :

> Ainsi donc la théologie ou science divine est double :
> l'une, dans laquelle on considère les réalités divines non
> comme le sujet de la science mais comme les principes
> du sujet, et telle est la théologie que les philosophes se
> sont attachés à étudier, que l'on appelle d'un autre nom

métaphysique ; l'autre, dans laquelle on considère les
réalités divines à cause d'elles-mêmes comme le sujet
de la science, et telle est la théologie qui est enseignée
dans l'Écriture Sacrée[1].

L'alternative soulevée est celle d'une « double théologie
(*duplex theologia*) ». Si cette théologie est celle suscitée
par la révélation de l'Écriture, alors en effet Dieu en est
le sujet, puisqu'il est ce qui est révélé et celui qui révèle ;
en revanche, si cette théologie est celle des philosophes,
alors Dieu n'en est pas le sujet mais il est au principe du
sujet. Le sujet est donc autre que Dieu, c'est de l'étant
qu'alors il s'agit.

Plusieurs remarques s'ensuivent : 1) selon Thomas,
« *theologia* » ne convient à la philosophie que selon le
second sens, pas selon le premier, qui convient plutôt à la
doctrine sacrée ; 2) Dieu désigné comme principe du sujet
n'est pas autrement expliqué ; le *Commentaire de la
Métaphysique* sera une reprise, mais avec le terme de
« cause », qui signifie la même chose ; Dieu est donc
en-dehors du sujet, parce qu'il est au-dessus de lui, autre
façon de désigner sa transcendance ; avant Thomas, Albert
le Grand avait déjà déterminé la place de Dieu comme
principe du sujet et non comme sujet[2] ; 3) la « double

1. Thomas, *Super Boetium de Trinitate*, Léonine, t. L, Paris, Cerf,
1992, qu. 5, a. 4, responsio, p. 154 : « Sic ergo theologia siue scientia
divina est duplex : una in qua considerantur res diuine non tamquam
subiectum scientie, set tamquam principia subiecti, et talis est theologia,
quam philosophi prosequntur, que alio nomine metaphisica dicitur ; alia
uero que ipsas res diuinas considerat propter se ipsas ut subiectum scientie,
et hec est theologia, que in sacra Scriptura traditur ».

2. Albert, *Metaphysica*, XI, tr. 1, c. 3, éd. Cologne, p. 463, l. 4 :
« Ipse [Deus] est causa universi esse et forma et finis ». Sur Albert et le
sujet de la métaphysique, J.-F. Courtine, *Suarez et le système de la
métaphysique*, « Épiméthée », Paris, P.U.F., 1990, p. 101-108.

théologie » est chez Thomas, dans toute son œuvre, un cas unique (un *hapax*), ce qui permet de deviner qu'il confectionne l'alternative eu égard au contexte de reprise boécienne ; après, il n'en a plus besoin en ces termes ; 4) de même, la formulation « au principe du sujet » est aussi un hapax, liée qu'elle est à la bifurcation sur l'identité du sujet de la science.

De plus, quelques lignes plus loin, Thomas revient sur la question de la séparation du sujet de la matière, et nomme la science qui en traite « théologie philosophique (*theologia philosophica*) » :

> La théologie philosophique traite donc des [réalités] séparées selon le second mode comme de sujets, et des [réalités] séparées selon le premier mode comme de principes du sujet ; la théologie de l'Écriture Sacrée, en revanche, traite des [réalités] séparées selon le premier mode comme de sujets, bien qu'on y traite certaines choses qui sont dans la matière et le mouvement, selon que l'exige la manifestation des choses divines[1].

Cette nomination est elle aussi un hapax. Pas plus que les deux autres syntagmes, Thomas ne la réemploie jamais. Arrêtons-nous un instant sur ces *trois hapax* du texte.

LES TROIS HAPAX THOMASIENS

Le corpus des œuvres de Thomas multiplie les occurrences des termes dans des proportions impressionnantes, des milliers de fois pour certains. La rareté d'une

---

1. *Super Boetium*, qu. 5, a. 4, responsio (suite et fin) : « Theologia ergo philosophica determinat de separatis secundo modo sicut de subiectis, de separatis autem primo modo sicut de principiis subiecti. Theologia vero sacrae Scripturae tractat de separatis primo modo sicut de subiectis, quamvis in ea tractentur aliqua quae sunt in materia et motu, secundum quod requirit rerum divinarum manifestatio ».

poignée de cas doit être examinée et, comme ici, celle d'un seul emploi. D'un côté, un terme figurant dans une œuvre contribue à en énoncer la doctrine, il est revêtu de sa propre légitimité ; d'un autre côté, un emploi unique, fût-il topique, s'ajoute à la considération de sa présence en début de carrière de Thomas pour soulever un doute sérieux sur son maintien. Le contexte en impose l'emploi, pour distinguer une théologie de l'autre. Pourquoi alors Thomas ne fait-il plus jamais usage de « théologie philosophique » ?

Il ne donne pas la réponse. Cherchons-la, sans être sûr de la trouver. 1) L'expression existe une fois chez Thomas, elle devient donc légitime pour nommer chez lui la réflexion rationnelle sur Dieu, et Thomas n'en a guère d'autre pour la remplacer ensuite. 2) Toutefois, elle est une partie du tout de l'alternative configurée pour assumer Boèce tout en le dépassant, et c'est pourquoi, à ce qu'il semble, elle disparaît après ce *Commentaire sur la Trinité*. 3) De même, si Thomas commente les trois adverbes de Boèce qui caractérisent les sciences spéculatives (*rationabiliter*, *disciplinaliter*, *intellectualiter*) auxquels il fait le meilleur sort possible, il ne les réemploie jamais non plus. On ne peut que le remarquer ; néanmoins un brin de familiarité avec le corpus thomasien invite à penser que ces termes ne lui conviennent pas. D'un côté, il laisse parfois transparaître son goût pour la transformation de « caméléon lexical » : il lui arrive d'utiliser la terminologie des autres lorsqu'il les commente ; mais c'est la suite qui importe car, s'il réemploie ces mots ailleurs, c'est qu'il les a adoptés ; en revanche, si la terminologie ne dépasse pas les frontières de l'auteur commenté, c'est qu'il préfère d'autres termes, ou bien aucun, selon qu'il parle des mêmes réalités ou bien qu'il juge ne pas avoir à en parler ainsi. C'est le cas des trois adverbes, qu'il abandonne, peut-être parce qu'ils n'appartiennent plus au vocabulaire technique de son temps, mais peut-être aussi pour des raisons de fond. La suite montre que Thomas ne fait pas de la métaphysique une science caractérisée par une intellectualité qui ferait fi de la matière et de la rationalité. Bref, la disparition des adverbes sert de symptôme, sinon de preuve, que si Thomas revêt un moment les couleurs de Boèce, il les délaisse ensuite hors du massif du traité de la *Trinité*. Ainsi en va-t-il de « théologie philosophique ». 4) Thomas aurait-il donc déterminé une science, la théologie philosophique, dont ensuite il ne ferait rien, qu'il laisserait vide parce qu'il préfère passer à la doctrine sacrée ?

Pour répondre à ces questions, il faut examiner deux autres lieux thomasiens sur Dieu et la philosophie, lieux qui constituent autant de moments caractéristiques de la pensée de Thomas et de son évolution. Le premier lieu ouvre la *Somme de théologie* (1265-), et le second le *Commentaire de la Métaphysique* (1270-72).

LES DEUX THÉOLOGIES DIFFÈRENT SELON LE GENRE DE SCIENCE

Le premier article de la *Somme de théologie* prend la question à front renversé : ce sont les disciplines philosophiques qui sont établies, et qui rendent inutile cette autre doctrine qu'est la doctrine sacrée[1]. Thomas établit donc la spécificité de cette dernière avec sa nécessité pour le salut de l'homme d'être révélée par Dieu. La raison laissée seule n'eût offert la vérité sur Dieu qu'à un petit nombre, après beaucoup de temps, et se fût mêlée de beaucoup d'erreurs. Cette distribution vient de Maïmonide, que Thomas corrige en n'approuvant pas son interdiction

---

1. Ia, qu. 1, a. 1.

d'ouvrir la philosophie au vulgaire[1]. La révélation était donc nécessaire, tant pour connaître ce qui dépasse la raison que pour ce que la raison peut atteindre par elle-même. S'il en est ainsi, deux sciences peuvent avoir à s'occuper des mêmes vérités, dès lors que ces sciences se distinguent selon autant de raisons de connaître :

> C'est pourquoi rien n'empêche que les mêmes choses, dont traitent les disciplines philosophiques selon qu'elles sont connaissables par la lumière de la raison naturelle, soient traitées aussi par une autre science, selon qu'elles sont connues par la lumière de la révélation divine. C'est pourquoi la théologie qui convient à la doctrine sacrée diffère selon le genre de cette théologie posée comme une partie de la philosophie[2].

L'intention de signifier de l'article est aussi d'établir deux sciences pour couvrir le même domaine, en l'occurrence la connaissance de Dieu, au moins pour une part de celle-ci, notamment tout ce qui relève de son unique essence, l'apport trinitaire demeurant chrétien. Il s'agit de permettre d'exister à la doctrine sacrée. Toutefois, par contraste, c'est aussi la place de la philosophie qui se détache.

Tout d'abord, il n'est plus question, comme annoncé, de la nomination d'une « théologie philosophique ».

---

1. Ia, qu. 1, a. 1, corpus. Moïse Maïmonide, *Guide des Égarés*, I, chap. 33-34.

2. Ia, qu. 1, a. 1, ad 2[m] : « Ad secundum dicendum quod diversa ratio cognoscibilis diversitatem scientiarum inducit (…). Unde nihil prohibet de eisdem rebus, de quibus philosophicae disciplinae tractant secundum quod sunt cognoscibilia lumine naturalis rationis, et aliam scientiam tractare secundum quod cognoscuntur lumine divinae revelationis. Unde theologia quae ad sacram doctrinam pertinet, differt secundum genus ab illa theologia quae pars philosophiae ponitur ».

Demeure « théologie », celle qui « est encore une partie de la philosophie ». Ce n'est guère éloigné, certes, mais l'accent est mis sur « partie », ce qui laisse un doute sur la constitution distincte, ou non, d'une théologie philosophique, peut-être par rapport aux « sciences philosophiques » (plusieurs fois nommées ainsi dans l'article), mais par rapport à la seule métaphysique, laquelle est la plus concernée, mais elle n'est pas envisagée. Thomas conserve « théologie » parce qu'il n'oublie pas de citer Aristote et sa « théologie ou science divine » qui est déjà qualifiée par l'objectant de « partie de la philosophie »[1]. Le vocabulaire de la partie (*pars*) pourrait lui venir d'Avicenne[2].

Si donc il n'y a aucun doute sur l'appartenance de Dieu à la philosophie, en revanche il est difficile de trancher la question de la théologie présente en philosophie en tant que science distincte, ou en tant qu'incluse en métaphysique, ou encore comme un synonyme de métaphysique, qu'Aristote nomme « théologie ou science divine ».

Le point le plus important confronte les deux théologies : elles ne relèvent plus d'une double théologie (*duplex theologia*) qui scinde la théologie et sauve ainsi l'attribution de Boèce. Elles semblent différer selon le genre : si tel est le cas, elles n'ont aucune essence commune, puisqu'une différence de genre décrit une altérité. Un tel énoncé cependant ne résiste pas à l'examen : après tout, elles parlent du même Dieu, et c'est à ce titre qu'elles sont l'une et l'autre qualifiées de théologie… Cette phrase sur leur différence de genre a longtemps donné du fil à retordre aux commentateurs, dont certains tâchèrent de niveler la

---

1. *Ibid.*, obj. 2.
2. Avicenne, *Liber...*, I, chap. 2, A14, éd. cit., p. 14.

différence de genre en opposition de deux espèces du même genre. Ne serait-ce pas plus exact ? Le genre serait nommé « théologie », les deux espèces aussi, et leur différence spécifique tiendrait au fait que, si l'une et l'autre font usage de la raison, une seule des deux a pour fondement la révélation. Une analogie bienvenue prend alors la place de l'équivocité des essences.

Thomas ne donne aucune précision après la phrase qui a été rapportée – ce n'est pas un cas unique. En revanche, avec le paragraphe entier de la seconde réponse à l'objection, tout s'éclaire.

Ce ne sont pas les théologies qui diffèrent selon le genre, mais les types de science dont les théologies dépendent[1].

D'un côté, les sciences philosophiques relèvent du modèle aristotélicien : connaissance sensible, puis rationnelle, exigence d'une explication par les causes, idéal déductif ; de l'autre côté, la doctrine sacrée, qui plonge ses racines dans la science que Dieu a de lui-même, et dont la révélation est une « certaine impression (*quaedam impressio*) » dans l'âme[2]. Autrement dit, la philosophie est œuvre humaine ; en revanche, la doctrine sacrée développe, certes rationnellement et donc tout aussi humainement, des énoncés qui ne viennent pas de l'expérience humaine mais de la révélation divine. Donc, deux modèles de science dont les origines sont trop différentes pour se structurer de la même façon. Ces deux types de science diffèrent selon le genre.

---

1. Partagent cette analyse : J.-F. Courtine, *Suarez et le système de la métaphysique*, *op. cit.*, p. 79 et 81 ; A. Oliva, « La *Somme de théologie* de Thomas d'Aquin. Introduction historique et littéraire », *Chôra, Revue d'Études Anciennes et Médiévales*, 7-8, 2009-2010, p. 241.

2. Ia, qu. 1, a. 3, ad 2^m.

Outre le fait qu'une telle altérité rende légitime d'étudier le même Dieu sous deux raisons scientifiques ainsi différenciées, elle nous renseigne aussi sur le statut de la théologie qui est « encore une partie de la philosophie ». Ce que dit Thomas, c'est que la philosophie a quelque chose à dire de Dieu et cela de façon scientifique, à la manière humaine d'envisager la science ; c'est aussi que les deux théologies, par la force des choses et en dépit de leur diversité, énoncent l'une et l'autre la vérité sur Dieu ; c'est enfin que si, selon la problématique initiale d'une suprématie des disciplines philosophiques rendant en apparence inutile la doctrine sacrée fondée sur la révélation, il n'en reste pas moins que la philosophie a pour partie d'elle-même une théologie. Quel est le statut scientifique d'une partie ? La partie est-elle une discipline à part ? La *Somme de théologie* ne répond pas.

LE PROLOGUE DU *COMMENTAIRE DE LA MÉTAPHYSIQUE D'ARISTOTE*, OU COMMENT DIEU N'EST PAS DANS LE SUJET DE LA MÉTAPHYSIQUE MAIS TOUT DE MÊME DANS LA SCIENCE

Il revient au second lieu annoncé, le Prologue du *Commentaire de la Métaphysique d'Aristote*, d'aller plus loin. Cette page essentielle mérite d'être lue en entier, construite qu'elle est avec la plus grande rigueur. Ce Prologue n'est pas un commentaire, il est une page de structure libre, propre à Thomas, d'autant plus précieuse. Voici son déroulé[1].

Comme l'enseigne le Philosophe dans ses <livres de la> Politique, quand plusieurs sont ordonnés à un seul, l'un

---

1. Thomas, *Commentaire de la Métaphysique*, Prologue, trad. fr. d'O. Boulnois, *Métaphysiques rebelles* , *op. cit.*, p. 193 *sq.*

d'entre eux doit être régulateur ou gouvernant, et les autres réglés, ou gouvernés. C'est manifeste dans l'union de l'âme et du corps : naturellement, l'âme commande et le corps obéit. De même, au sein des puissances de l'âme, l'irascible et le concupiscible sont gouvernés par la raison selon un ordre naturel. Or toutes les sciences et tous les arts sont ordonnés à un seul <but> : la perfection de l'homme, qui est son bonheur. C'est pourquoi il est nécessaire que l'un d'entre eux <science ou art> dirige tous les autres, et revendique à juste titre le nom de sagesse[1].

La science qui régule les autres, qui porte ce nom de sagesse, doit être la plus intellectuelle :

> On peut considérer ce qu'est cette science, et sur quoi elle porte, si l'on observe attentivement comment quelqu'un est apte à gouverner. Car de même que, comme Aristote le dit dans l'ouvrage cité, les hommes ayant un intellect puissant sont naturellement les gouvernants et les seigneurs (*domini*) des autres, tandis que les hommes qui sont robustes de corps, mais limités (*deficientes*) par l'intellect, sont naturellement serfs, de même, cette science doit être naturellement régulatrice des autres, qui est au plus haut point intellectuelle. Et c'est celle qui porte sur <les réalités> au plus haut point intelligibles.

L'architecture du Prologue apparaît : 1) détermination d'une science régulatrice des autres sciences ; 2) qui prend le nom de sagesse ; 3) elle couvre le triple champ de la plus haute intellectualité ; 4) cette triplicité détaille les domaines relevant de cette science ; 5) à chacun d'eux est attribué un nom, ainsi Thomas distribue-t-il les multiples noms de cette science unique.

1. Thomas, *Commentaire de la Métaphysique*, Prologue, *trad. cit.*, p. 193-195.

Tel est l'objectif du Prologue, voyons-en la succession des champs d'intellectualité, la considération du sujet de la science, et les noms qu'elle reçoit.

Premièrement, l'ordre d'intellection aboutit aux premières causes :

> Nous pouvons prendre en trois sens "au plus haut point intelligibles". *D'abord, à partir de l'ordre d'intellection.* Car <les réalités> à partir desquelles l'intellect reçoit une certitude semblent être plus intelligibles. C'est pourquoi, puisque la certitude d'une science est acquise par les causes, la connaissance des causes semble être au plus haut point intellectuelle. C'est pourquoi cette science, qui considère les premières causes, semble être au plus haut point régulatrice des autres.

Deuxièmement, le rapport de l'intellect au sens assure l'accès aux principes universels :

> *Deuxièmement, à partir du rapport de l'intellect aux sens.* Car, puisque le sens est la connaissance des particuliers, l'intellect semble en différer en ce qu'il comprend les universaux. C'est pourquoi cette science est au plus haut point intellectuelle, qui porte sur les principes au plus haut point universels. Et ce sont l'étant, et ce qui le suit (*quae consequuntur*), tels l'un et le multiple, la puissance et l'acte. Or de telles <réalités> ne doivent pas rester absolument indéterminées, parce qu'on ne peut avoir sans elles une connaissance complète de ce qui est propre à un genre ou à une espèce. Et réciproquement, elles ne doivent pas être traitées dans une science particulière : car puisque, pour n'importe quel genre d'étants, il est nécessaire de les connaître, pour la même raison, il faudrait qu'elles soient étudiées dans chaque science particulière. Il reste donc que ces <réalités> soient traitées dans une science commune,

qui, parce qu'elle est la plus intellectuelle, est régulatrice des autres.

Troisièmement, la connaissance de l'intellect s'attache à ce qui est séparé de la matière, et séparé quant à l'être, pas seulement abstrait selon la raison :

> *Troisièmement, à partir de la connaissance de l'intellect.* Car, puisque chaque chose possède une puissance intellective dans la mesure où elle est exempte de matière, il faut que soient au plus haut point intelligibles les <réalités> qui sont au plus haut point séparées de la matière. En effet, il faut que l'intelligible et l'intellect soient proportionnés et de même genre, puisque l'intellect et l'intelligible sont un en acte. Et sont au plus haut point séparées de la matière, <les réalités> qui sont abstraites (*abstrahunt*), non seulement de la matière scellée (*signata*) <=individuelle>, comme les formes naturelles prises dans leur universalité, dont traite la science physique (*naturalis*), mais encore <celles qui sont abstraites> absolument de <toute> matière sensible. Et <elles sont abstraites> non seulement selon la raison, comme les <réalités> mathématiques, mais encore selon l'être, comme Dieu et les intelligences. C'est pourquoi la science qui considère ces choses semble être au plus haut point intellectuelle, et princesse ou maîtresse des autres <sciences>.

Thomas détermine la manière d'accéder aux réalités au plus haut point intelligibles, celles qu'étudie la science la plus intellectuelle, appelées à être régulatrice des autres. C'est la première section de sa démonstration, la distinction des principes d'intelligibilité, lesquels permettent de caractériser les trois domaines qui en résultent. Thomas en donne l'intelligibilité, mais il ne les nomme pas encore.

La section suivante porte sur le sujet de la science. Elle est peut-être le passage aux conséquences les plus capitales pour la compréhension de la métaphysique thomasienne. Il se décompose en deux moments. Le premier moment tire les conclusions de la triple détermination qui précède :

> Or cette triple considération ne doit pas être attribuée à des sciences différentes, mais à une seule. Car les substances séparées que nous avons nommées sont universelles et sont les premières causes de l'être. Or il revient à la même science de considérer les causes propres d'un genre donné et le genre en question : c'est ainsi que le physicien considère les principes du corps naturel. C'est pourquoi il faut qu'il revienne à la même science de considérer les substances séparées et l'étant commun, car c'est le genre dont ces substances sont les causes communes et universelles.

Il s'agit donc, malgré la multiplicité, d'*une même science* : Thomas tient à déclarer unique la science qui pourrait sans cela être considérée comme triple, en soulignant les articulations mutuelles des trois domaines obtenus : les *premières causes*, *l'étant commun* et les *substances séparées*. Avec cet autre principe, plus capital encore :

> Il revient à la même science de considérer les causes propres d'un genre donné et le genre en question[1].

---

1. Thomas, *Commentaire de la Métaphysique*, Prologue, trad. cit., p. 195 ; « Eiusdem autem scientiae est considerare causas proprias alicuius generis et genus ipsum ». Parmi les auteurs qui ont remarqué l'importance de cette distinction, A. Zimmermann, *Ontologie oder Metaphysik ?, op. cit.*, p. 214-223 ; J. C. Doig, *Aquinas on Metaphysics, A historical-doctrinal study of the Commentary on the Metaphysics*, The Hague, Martinus Nijhoff, 1972, p. 57. J. F. Wippel, *La métaphysique de saint Thomas d'Aquin, op. cit.*, p. 49-50. R. Imbach et A. Oliva, *La philosophie de Thomas d'Aquin, op. cit.*, p. 40.

Pour Thomas comme pour Aristote, l'étant n'est pas un genre (qui postulât essence identique et univoque, et toute science se fonde sur ces conditions-là, or selon Aristote l'étant se dit de façon multiple), mais la pointe de la phrase est ailleurs. Elle annonce que l'identité de science porte sur son sujet et aussi sur les causes de son sujet. Les conséquences vont se rencontrer tout à l'heure, mais retenons d'autant plus l'appartenance des causes du sujet d'une science à la science elle-même que le sujet va être déterminé de façon limitative. Une telle déclaration, qui sonne comme de l'Aristote, n'en vient pas ; davantage, comme de l'Avicenne, mais n'en est pas non plus ; elle est le fait de Thomas lui-même, comme une cristallisation des deux auteurs précédents, et ne se trouve que dans le présent *Commentaire de la Métaphysique* (ici puis à quelques autres reprises). Retenons-le.

Le second moment consiste à considérer ensemble les trois domaines de cette même science, et pourtant à n'en garder qu'un seul comme son sujet :

> Il en découle que, bien que cette science considère ces trois <objets> mentionnés, elle ne considère pas chacun d'eux comme son sujet, mais seulement l'étant commun. En effet, dans une science, le sujet est ce dont nous cherchons les causes et les propriétés, et non les causes du genre recherché. Car la connaissance des causes d'un genre donné est la fin à laquelle parvient la considération d'une science. Or quoique le sujet de cette science soit l'étant commun, elle tout entière est dite de ces <réalités> qui sont séparées de la matière selon l'être et la raison. Car sont dits séparés selon l'être et la raison, non seulement <les réalités> qui ne peuvent jamais être dans une matière, comme Dieu et les substances intellectuelles, mais encore celles qui peuvent être sans matière, comme

l'étant commun. Cela n'arriverait pas, si elles dépendaient de la matière selon l'être[1].

La première assertion est remarquable. En effet, si les causes premières, Dieu et les substances séparées, et l'étant commun, relèvent tous trois de la même science, seul le troisième, l'étant commun, étant en général ou en tant qu'étant, est le sujet dont s'occupe la science, pas les autres. Autrement dit, la métaphysique est cette science qui a pour sujet l'étant commun, mais *qui n'a pas* pour sujet les causes premières, Dieu et les substances séparées.

Thomas conserve la ligne qu'il a choisie, celle issue de la lecture d'Aristote par Avicenne. Chez ce dernier, le sujet d'une science est donné, or les causes ne sont pas données, elles sont cherchées. L'empreinte avicennienne est sensible dans ces deux autres phrases, ici rappelées :

> En effet, dans une science, le sujet est ce dont nous cherchons les causes et les propriétés, et non les causes du genre recherché. Car la connaissance des causes d'un genre donné est la fin à laquelle parvient la considération d'une science[2].

Avicenne déclare en effet que « la connaissance Dieu est la fin de cette science »[3], fin comme but mais aussi comme terme. Thomas ne cite pas ce passage, mais il y a

---

1. Thomas, *Commentaire de la Métaphysique*, trad. cit., p. 195 ; « Ex quo apparet, quod quamvis ista scientia praedicta tria consideret, non tamen considerat quodlibet eorum ut subiectum, sed ipsum solum ens commune ».

2. *Ibid.*, p. 195 ; « Hoc enim est subiectum in scientia, cuius causas et passiones quaerimus, non autem ipsae causae alicuius generis quaesiti. Nam cognitio causarum alicuius generis, est finis ad quem consideratio scientiae pertingit ».

3. Avicenne, *Liber...*, I, chap. III, A23, *op. cit.*, p. 26 : « Cognitio enim Dei finis est huius scientiae ».

lieu de penser qu'il s'en inspire dans la *Somme contre les Gentils* :

> La philosophie première est quant à elle tout entière ordonnée à la connaissance de Dieu comme à sa fin ultime, ce qui fait qu'on l'appelle aussi la science divine[1].

Pourtant, le dégagement primitif du sujet de la science et des causes de ce sujet est le fait de Thomas, dans des énoncés supérieurement synthétiques qui sont sa marque de fabrique.

Une conséquence de ce Prologue est décisive : Dieu n'appartient pas à l'étant commun, lequel est le *sujet de la science*, du fait de sa transcendance, cependant il appartient à cette *science*, en tant qu'il est cause (transcendante) de tous les étants, donc du sujet lui-même.

Décisive donc, cette instauration postule en même temps que Dieu n'est pas maîtrisé par la métaphysique ; qu'il entretient vis-à-vis de tout ce qui est étant un rapport de transcendance ; qu'il n'appartient pas à l'étant commun ; mais que, toutefois, il n'est pas évacué de tout lien avec l'être, en tant qu'il est la cause de tout ce qui est étant ; qu'il est mesure sans être mesuré.

Si Dieu est transcendant, il échappe à la maîtrise de notre raison ; la métaphysique n'est qu'une science comme les autres, à taille de raison, elle peut prétendre connaître ce dont elle s'occupe. Si elle n'y peut prétendre, c'est que ce dont elle s'occupe est placé au-dessus de la raison.

---

1. *SCG* III, chap. 25, § 9, trad. fr. de V. Aubin, Paris, GF-Flammarion, 1999, t. 3, p. 116 : « Ipsaque prima philosophia tota ordinatur ad Dei cognitionem sicut ad ultimum finem, unde et scientia divina nominatur ». Cf. *SCG* I, chap. 4, § 2.

La métaphysique selon Thomas se présente donc avec *deux cercles* d'appartenance. Le premier cercle est celui du *sujet*, il en exclut donc la théologie ; mais le second cercle est celui de la *science*, il s'attache Dieu par mode de causalité, comme celui qui établit le sujet.

Thomas n'en dit pas plus, il faut s'en contenter, mais l'essentiel est énoncé du statut de la ci-devant théologie philosophique : elle n'est pas le sujet de la métaphysique, elle cause ce sujet, selon un ordre de causalité extérieur et transcendant. Si, quant à l'ordre de constitution de la science, Dieu est placé à la fin comme la cause cherchée et trouvée de la science, en revanche il apparaît ensuite comme la cause efficiente du sujet, si avec Avicenne la création est désormais abordée en métaphysique, avec toutefois chez Thomas l'adjonction de la volonté libre de Dieu.

Ces deux cercles en tant que distingués sont, de notre point de vue, une réponse exceptionnelle, par mode d'anticipation, à nombre de questions contemporaines sur le rapport de Dieu à la métaphysique. Chez Thomas d'Aquin, Dieu n'est pas englobé dans l'être commun. Il est donc situé au-delà de l'étant, connu et commun, mais il ne l'est pas au-delà de l'être. Il n'appartient pas au sujet de la métaphysique, mais tout de même à la science de l'étant, au titre exceptionnel d'une cause en acte de ce sujet, qui n'en dépend aucunement mais dont au contraire tout dépend. S'il est leur cause, il est à la perfection ce qu'ils ont reçu, selon la double mesure de leur statut créé et de leurs essences respectives.

Thomas le théologien dirait : Dieu est la cause des créatures (autre nom de l'étant commun), et celles-ci dépendent de lui selon une relation réelle, au lieu que lui n'est relié aux créatures que selon une relation de raison,

autrement dit sans dépendre d'elles[1]. La dépendance est
effective, mais asymétrique.

C'est ainsi que ces trois façons de considérer la
perfection de cette science font qu'elle reçoit trois noms.

Enfin, Thomas conclut son Prologue ainsi, en nommant
ce qu'il a déterminé :

> Conformément, donc, aux trois <angles> mentionnés,
> selon lesquels on considère la perfection de cette science,
> elle reçoit trois noms. On l'appelle en effet *science divine*
> *ou théologie*, en tant qu'elle considère les substances
> dont nous avons parlé ; *métaphysique*, en tant qu'elle
> considère l'étant et ce qui en découle (car ces réalités
> *transphysiques* sont trouvées par voie d'analyse, comme
> les réalités plus communes après les moins communes) ;
> on l'appelle encore *philosophie première*, en tant qu'elle
> considère les premières causes des choses. Ainsi donc
> est manifeste : ce qu'est le sujet de cette science, comment
> elle se rapporte aux autres sciences, et par quel nom elle
> est nommée[2].

Le texte répartit les choses selon les noms qui leur
conviennent, au point que l'on est fondé à penser que le
Prologue entier était comme arc-bouté vers cette triple
nomination, selon le modèle médiéval de la détermination
d'une science par son sujet et son nom. Cette modélisation

---

1. Ia, qu. 45, a. 3, corpus et ad 1[m].
2. *Ibid.*, trad. cit., p. 195 ; « Secundum igitur tria praedicta, ex quibus
perfectio huius scientiae attenditur, sortitur tria nomina. Dicitur enim
scientia divina sive theologia, inquantum praedictas substantias considerat.
Metaphysica, inquantum considerat ens et ea quae consequuntur ipsum.
Haec enim transphysica inveniuntur in via resolutionis, sicut magis
communia post minus communia. Dicitur autem prima philosophia,
inquantum primas rerum causas considerat. Sic igitur patet quid sit
subiectum huius scientiae, et qualiter se habeat ad alias scientias, et quo
nomine nominetur ».

explique le fait que Thomas conclut par le fait d'avoir attribué un nom à la science, alors qu'il vient de lui en reconnaître trois. Certaines difficultés sont donc levées : tous les noms aristotéliciens sont intégrés, et celui de « métaphysique » leur est ajouté sans heurts ; Thomas est sans doute satisfait de sa répartition, à ses yeux plus pertinente que celle d'Avicenne, qui incluait « sagesse » parmi ses quatre noms finaux, au lieu que Thomas place « sagesse » au début, comme ce qui préside à tout, car la sagesse n'est pas une fonction parmi d'autres de la métaphysique, elle est au contraire pour elle un principe de constitution et un idéal constant[1].

La « science divine ou théologie » est donc l'un des noms de la même science, selon qu'elle s'occupe des réalités séparées de la matière, Dieu et les intelligences séparées. La théologie de la philosophie n'est pas une théologie philosophique, comme si ce nom augurait une science à part, mais elle appartient (sans plus être nommée partie, comme dans la *Somme de théologie*) à la métaphysique elle-même.

Chez Thomas d'Aquin, *il n'y a donc pas d'autre théologie philosophique que celle de la métaphysique*, quoique sans prendre la place de son sujet ni même l'équivaloir, puisque la théologie n'est pas le sujet de la métaphysique à laquelle pourtant elle appartient.

---

1. *Cf.* Avicenne, *Liber...*, I, chap. 2, A15, p. 15-16.

CHAPITRE III

DERECHEF, DE DIEU, QU'IL EXISTE

La métaphysique comporte une théologie, un discours sur Dieu selon la raison philosophante, mais de telle sorte que Dieu ne soit pas le sujet de la métaphysique, puisque c'est l'étant en général, et qu'il ne soit pas non plus traité dans une discipline à part, une théologie philosophique qui serait une autre science que la métaphysique.

Le Thomas ultime dissipe les questions que le Thomas initial pouvait soulever sur l'identité de cette « théologie philosophique ». Il est établi que la métaphysique, par son sujet même, s'occupe d'autre chose que de Dieu. Dieu n'est pas au début pour la fonder, il n'est qu'à la fin pour en causer le sujet. Il conviendrait donc pour nous d'abandonner Dieu pour le moment et de le retrouver au dernier chapitre.

Toutefois, ce serait trop simple. Il a paru expédient de s'attarder sur lui dès maintenant, non pour lui faire reconquérir le territoire qu'il semble avoir perdu, mais pour d'autres raisons.

INTERFÉRENCES OU FRONTIÈRES

Thomas parle du Dieu de la philosophie, et il en parle philosophiquement ou, plutôt, rationnellement ; mais c'est Thomas, il est chrétien et théologien, qui est donc informé doublement des mêmes choses. Ce redoublement incarne une difficulté nouvelle touchant à la constitution et à l'écriture de la métaphysique chez lui. La détermination du sujet de celle-ci ne suffit pas. Il y a des choses dont Thomas parle, il y a pour lui un double motif d'en parler, et il y a aussi lui-même comme celui qui en parle.

Pour comprendre un tableau de maître, il faut considérer le sujet traité, la manière de le traiter et aussi le point de vue de celui qui peint le tableau. Celui que l'on ne voit pas, le peintre, préside à tout ; son regard retrouvé, avec lequel le spectateur regarde à son tour, explique l'image.

Thomas est un docteur chrétien qui fait de la métaphysique. Si ce théologien fait de la philosophie honnêtement, les arguments ne devraient pas en être changés. La raison est la même pour tout le monde, et Thomas ne manque pas de rappeler combien elle est le point commun entre le chrétien et celui qui pour divers motifs ne l'est pas : elle est celle « à laquelle tous sont contraints de donner leur assentiment »[1].

Cependant, si le poids des arguments est censé être le même pour tous, dans une démonstration les arguments ne font pas tout. Beaucoup de choses en philosophie dépendent de la manière de les produire et, surtout, de l'intention qui préside à l'exposé. Si le paysage est le même, il y a autant de cadrages et de pinceaux que de peintres. Tout s'en trouve changé.

EXTRACTION ET RECONSTRUCTION
COMME EXERCICE DE NATURE PURE

La métaphysique comporte une théologie, donc, mais l'inverse est vrai aussi. Chez Thomas, rien n'est confus, mais certaines choses distinctes sont mêlées. Ce phénomène est inévitable, en vertu du fait que, s'il y a deux sortes de

---

1. *SCG* I, chap. 2, § 3.

théologie, c'est sur le même Dieu qu'elles portent, avec à peu près le même lexique (les exceptions sont d'autant plus remarquables), et avec des interactions de multiples ordres. Interactions culturelles, lorsque la doctrine sacrée se saisit de la théologie métaphysique ; interactions conceptuelles, par voie de conséquence ; mais surtout interactions de stimulation spéculative. En effet, le théologien peut aller plus loin en métaphysique grâce à l'instrumentation que celle-ci lui confère ; réciproquement, le surplomb qui est le sien renforce, de la métaphysique, son assise et sa destination. Il sait d'où il vient et où il va. En somme, l'aller et retour du docteur chrétien qui fait de la doctrine sacrée en philosophe, et aussi de la métaphysique en théologien, stimule le domaine ainsi deux fois traversé. En revanche, la doctrine qui en résulte commence à poser des problèmes d'identification. Résoudre en déclarant avec Fernand Van Steenberghen que la philosophie est « préalablement constituée » avant la théologie est le résultat d'une volonté de reconstruction et par conséquent de philosophie séparée. Ruedi Imbach en conteste le « découpage artificiel »[1].

Toute la question est là. L'alternative gouverne la restitution de la philosophie thomasienne : faut-il l'*extraire* de la théologie qui la contient, et séance tenante la *reconstruire* ? Faut-il même considérer qu'elle se présente antérieurement à toute théologie, ou bien au contraire se refuser à l'extraction ct à la séparation, et la présenter intégrée, là où elle est, comme elle s'expose ? Il se pourrait que toute philosophie se présentant comme préalable fût

---

1. F. Van Steenberghen, *La philosophie au XIIIᵉ siècle*, Leuven, Peeters (1958[1]), 1991[2], p. 315. R. Imbach et le « découpage artificiel », dans P. Vignaux, *Philosophie au Moyen Âge*, Paris, Vrin, 2004[3], Présentation, p. 23.

en réalité un *exercice de nature pure* : tel ancrage religieux et théologique étant supposé, au besoin dissimulé, la philosophie se prétend solitaire, au seul nom de sa capacité de procéder par induction et puis d'argumenter, au mieux désireuse d'atteindre à son sommet le début de la théologie. L'artifice d'intention, et donc de modalité, commence à apparaître.

Il faut le pousser à son terme : quelque chose de constitutif, dans la philosophie occidentale issue de la fin du Moyen Âge puis de la Renaissance, montre une succession d'avatars de la nature pure qui fut inventée par les théologiens. Henri de Lubac avait posé la question :

> Le nouveau système [de la nature pure] n'a-t-il pas réalisé, de la nature au surnaturel, une séparation qui devait finalement être meurtrière ? L'autonomisation relative qu'il accordait à la nature n'était-elle pas, telle qu'il la définissait, une tentation d'indépendance ? N'encourageait-il pas ainsi le mouvement de "laïcisation" déclenché dès la Renaissance ?[1].

La philosophie moderne, qui trace la frontière la plus stricte entre philosophie et théologie apparaît, elle aussi, une fille (prodigue, certes) de la nature pure des théologiens catholiques de la Contre-Réforme, qui n'ont rien moins qu'ouvert la boîte de Pandore : une nature posée entière *avant* la grâce finit par se revendiquer, certes par mode de rupture, *sans* ou même *contre* la grâce. La Raison des Lumières parvient à sa majorité, selon Kant, débarrassée de sa marâtre qu'est la foi.

---

1. H. de Lubac, *Surnaturel. Études historiques*, Paris, Aubier-Montaigne, 1946[1] ; dans *Œuvres complètes* XI, M. Sales et S. Icard (éd.), Paris, Cerf, 2021[3], p. 153 ; p. 174-175 (lorsque les théologiens, « pris à leur jeu », passent pour la nature pure de l'hypothèse au système).

La métaphysique est concernée au premier chef par cette question, eu égard au domaine qu'elle partage avec la doctrine sacrée. Soit elle se présente consistante, complète et surtout pour cela antérieure à la théologie qui relève de la doctrine sacrée, dans le but de magnifier les pouvoirs et l'indépendance de la raison, soit pour ce même objectif la métaphysique ne prétend pas à une telle indépendance et ne refuse pas le jeu des interférences. C'est avec ce degré de complexité que les choses se présentent chez Thomas. Des deux sortes de théologie, tantôt celui-ci sépare les plans, tantôt il n'entre pas dans cette considération. C'est alors qu'il fait de la métaphysique en docteur chrétien, et aussi de la philosophie en philosophe, quoique sans instituer de séparation[1].

Mieux vaut juger sur pièces, à partir de plusieurs lieux thomasiens différents d'inspiration.

THOMAS ET LES DEUX PREMIERS MOTEURS D'ARISTOTE

Au début de la *Somme contre les Gentils*, après les neuf chapitres sur l'œuvre de sagesse (I, 1-9, porche d'un intérêt exceptionnel et qui pourrait constituer pour le débutant une entrée dans la lecture de Thomas d'Aquin), et l'annonce du dessein et du plan, Thomas traite du Dieu unique. Pour cela, il s'interroge sur son existence, avant de passer aux perfections de son essence (*an sit*, puis *quid sit*, ordre classique depuis Aristote et Cicéron). Dans la mesure où l'ouvrage s'attache à rendre manifestes les raisons de la vérité catholique, et à confondre les raisons fausses des

---

1. É. Gilson, *Le philosophe et la théologie*, (1960[1]), Paris, Vrin, 2005[2], p. 173 : « Les maîtres du moyen âge ont dû, eux aussi, faire de la philosophie en philosophes, parce qu'ils n'avaient pas d'autre moyen d'apprendre à philosopher pour servir utilement la vérité chrétienne ».

Gentils, concernant les voies de l'existence de Dieu Aristote bénéficie d'un traitement privilégié, qualitativement et quantitativement (en proportion de l'ouvrage, le chapitre I, 13 est quatre fois plus long que les autres). Le principe de présentation est le suivant :

> Après avoir montré qu'il n'est pas inutile de s'efforcer de démontrer que Dieu est, passons maintenant à l'exposé des arguments par lesquels aussi bien les philosophes que les docteurs catholiques ont prouvé que Dieu est. Nous exposerons d'abord les arguments utilisés par Aristote pour prouver que Dieu est[1].

Thomas subdivise les propos selon les œuvres d'Aristote, d'abord dans la *Physique*, puis dans la *Métaphysique*. La *Physique* argumente « à partir du mouvement, selon deux voies »[2]. La *Métaphysique*, quant à elle, préside aux troisième et quatrième voies, la cinquième relevant de Damascène (donc des « docteurs catholiques »)[3].

Revenons à la seconde voie reconnue par Thomas à Aristote ; il la partage elle-même entre la *Physique* et la *Métaphysique*, et passe donc de l'une à l'autre. C'est ce passage qui s'avère un moment extraordinaire, sans équivalent, qu'il faut exposer puis tâcher de situer.

La démonstration selon la première voie consiste à poser un premier moteur par impossibilité de remonter à l'infini dans la chaîne des moteurs et des mûs ; et la démonstration selon la deuxième voie pose qu'il est nécessaire de « poser un premier moteur qui n'est pas mû

---

1. *SCG* I, chap. 13, § 1-2, trad. cit., de C. Michon, t. 1, p. 165.
2. *Ibid.*, § 2, p. 165.
3. *Ibid.*, § 34-36, p. 174-175.

par un autre moteur extérieur »[1]. Ce premier moteur, non mû par aucun autre, est donc, en ce sens, immobile ; mais la question est de savoir s'il se meut soi-même ou bien s'il est absolument immobile. Or, chez Aristote selon Thomas, il est « probable » que ce moteur se meuve lui-même[2]. Il faut donc, ajoute Thomas, qu'il y ait un « moteur de soi perpétuel »[3]. Le premier moteur de la *Physique* est donc immobile sous l'un de ses deux rapports (il n'est mû par aucun autre) mais pas sous le second (il se meut lui-même).

Thomas énonce la transition d'une œuvre à l'autre :

> Mais parce que Dieu n'est pas la partie d'un moteur de soi, Aristote, dans sa *Métaphysique* [XII, 1072a23-30], pousse plus loin : il cherche, à partir du moteur qui est une partie du moteur de soi, un autre moteur absolument séparé, qui est Dieu[4].

Thomas part de l'identité de Dieu pour discerner celle du premier moteur capable de le désigner : Dieu est « absolument immobile », par conséquent le premier moteur de la *Physique* n'est pas Dieu, qui est moteur de soi. Thomas lit chez Aristote le passage d'un premier moteur (automoteur) à un *autre* moteur (immobile), et ce passage s'effectue de la *Physique* à la *Métaphysique*. Le premier moteur de cette dernière œuvre, en effet, est immobile dans les deux sens, et il est nommé Dieu. Thomas, lecteur d'Aristote, a donc compris la disparité des moteurs

1. *Ibid.*, § 20, p. 171.
2. *Ibid.*, § 21, p. 171.
3. *Ibid.*, § 26, p. 172.
4. *Ibid.*, *SCG* I, chap. 13, § 29, trad. cit., p. 173 ; « Sed quia Deus non est pars alicuius moventis seipsum, ulterius Aristoteles, in sua metaphysica, investigat ex hoc motore qui est pars moventis seipsum, alium motorem separatum omnino, qui est Deus ».

respectifs de la *Physique* et de la *Métaphysique*. Il a perçu que l'immobilité du premier était incomplète, et que, celle du second étant complète, il était nommé Dieu, alors qu'il n'est pas nommé tel dans la *Physique*.

Thomas, au milieu de sa carrière avec la *Somme contre les Gentils*, alors qu'il n'a pas encore commenté Aristote, manifeste qu'il l'a lu avec acuité, mais ce qui est extraordinaire (puisque nous avons annoncé que ce serait le cas) est qu'il le dise. Thomas se fait l'exégète d'Aristote au point de manifester les disparités de sa doctrine : le premier moteur de la *Physique* n'est pas Dieu (il y a lu aussi qu'en revanche il se mouvait d'un mouvement circulaire…).

Une telle lecture, dont l'exigence critique rejoint nombre de contemporains sur le sujet (Gilson, Brague, Berti), laisse voir ce que Thomas retient d'Aristote. Les anti-aristotéliciens de l'Université de Paris comme Bonaventure étaient lucides sur l'Aristote historique. Thomas ne l'est pas moins, ici il le laisse transparaître, dans un paragraphe qui semble n'être qu'une transition. Le caractère extraordinaire de ce passage réside toutefois non seulement dans cette lecture disjonctive, mais aussi dans le fait que jamais plus Thomas ne parlera de la sorte. Dans son *Commentaire de la Physique* au contraire, une douzaine d'années plus tard, il ne perd pas une occasion d'énoncer que le premier moteur de la *Physique* est Dieu, qu'il est cause efficiente de tout l'étant, et que tout cela consonne avec la foi catholique.

Pourquoi un tel revirement, trop appuyé pour n'être pas voulu ? Il suffit de conserver, rétroactivement, à partir de la période du *Commentaire* qui lisse le problème en divinisant le premier moteur de la *Physique*, le souvenir de la *Somme contre les Gentils* où Thomas, avec une acribie autant critique que spéculative, dit ce qu'il a lu. Au lieu que, plus tard, il dit ce qui doit en être au nom de la vérité,

vérité d'Aristote, vérité de la raison et vérité catholique. Si le premier moteur d'Aristote en *Physique* n'est pas Dieu, il y a deux premiers moteurs, l'un cosmique et donc matériel, et l'autre, immobile et immatériel, qui est Dieu ; or il n'y a aucun intérêt à reconnaître en Aristote le père fondateur du manichéisme. Le moment où Thomas commente la *Physique* sera aussi celui de sa lutte sur les questions liées à l'éternité du monde. Nous y reviendrons.

La reprise d'Aristote au début de la *Somme contre les Gentils* comporte donc une réception philosophiquement des plus rigoureuses, en l'occurrence sur la démonstration de Dieu comme premier moteur. L'analyse est à ce point exigeante qu'elle débusque une difficulté majeure et ose la nommer, sans pour autant l'ériger en obstacle. Tout est dit comme en une transition d'une œuvre à l'autre. Thomas a donc pris la mesure de la puissance de l'œuvre d'Aristote, et aussi de ses limites. La question est pour lui de savoir ce qu'il compte en faire. L'exploitation d'un premier moteur physique suffirait à alimenter le danger qui représente ce qu'il implique ; au contraire, sa minoration, laquelle peut se réclamer de plusieurs accommodements interprétatifs reçus comme une tradition, permet de dégager sinon la vérité d'Aristote, du moins la vérité par (ou malgré) Aristote. Tel est le choix de Thomas.

AMBIGUÏTÉS DE *ROMAINS* 1, 20 ET ENTRÉE MANQUÉE DE L'ANALOGIE

Thomas appuie la question de l'accès à Dieu par ses effets sur *Romains* 1, 20 :

> Les perfections invisibles de Dieu sont rendues visibles à l'intelligence par le moyen de ses œuvres.

Il sait néanmoins que le contexte de ce passage paulinien renvoie les Païens à leur idolâtrie plutôt qu'à la découverte du vrai Dieu[1]. Son *Commentaire* lui est l'occasion de produire en même temps plusieurs marqueurs : 1) Ce qu'est Dieu reste totalement inconnu à l'homme pendant cette vie, car les créatures n'offrent aucune proportion pour représenter l'essence divine[2]. 2) Cependant, et Thomas fait appel à Denys pour cela, l'homme peut connaître Dieu de trois manières : par la *causalité* (qui le conduit à son existence), par la voie d'*éminence* (vers une cause commune et supérieure), et par la *négation* (rien de ce qui constitue les créatures ne peut lui convenir)[3]. 4) Or Dieu a manifesté tout cela aux Païens, « comme dans une sorte de livre »[4]. 5) À défaut de saisie de l'essence divine, quelques similitudes nous sont en effet manifestées : l'unité de Dieu, sa puissance, sa divinité[5]. 5) Cependant, les Païens sont « inexcusables » (selon saint Paul), car malgré tout cela ils n'ont pas rendu à Dieu le culte qui lui était dû[6].

Thomas rappelle en outre la reprise par Paul du thème de *Sagesse* 13, 5, le Nouveau Testament faisant ainsi écho à l'Ancien :

---

1. Thomas, *Commentaire de l'Épître aux Romains*, trad. fr. J.-É. Stroobant de Saint-Éloy, Paris, Cerf, 1999, n°113-145, p. 106-118. O. Boulnois, « Théologie naturelle et révélation de Dieu. *Thomas d'Aquin, commentateur de Romains 1, 20* » dans *Recueil en hommage à Gilbert Dahan* (à paraître). E. Durand, « L'analogie du visible aux *invisibilia Dei*. Exégèse et usages de *Romains* 1, 19-20 par Thomas d'Aquin », *RSPT* 105, 2021, p. 3-72.

2. *Commentaire de l'Épître aux Romains*, op. cit., n°114, 120.

3. *Ibid.*, n°115.

4. *Ibid.*, n°116.

5. *Ibid.*, n°117.

6. *Ibid.*, n°127-131.

> Car, par la grandeur et la beauté de la créature, le Créateur de ces choses pourra être vu de manière à être connu (*cognoscibiliter*)[1].

Le latin de la Vulgate ne laisse pas deviner à un théologien du XIIIᵉ siècle l'original grec ἀναλόγως, l'adverbe « par analogie », qui figure dans la Septante et qui est la première attestation historique (et donc doctrinale) de l'analogie appliquée à Dieu, même avec un sens sans doute faible en grec, qui explique la neutralité du latin[2]. Le terme d'analogie, à peine institué pour désigner la connaissance humaine de Dieu, disparaît de la Bible latine, perte considérable qui ôte ainsi aux Médiévaux le support révélé dont ils auraient fait un généreux usage. Quand Thomas cite comme par instinct ce texte de *Sagesse* pour fonder l'analogie, il y trouve la réalité signifiée, mais pas le mot.

LES CINQ VOIES DE L'EXISTENCE DE DIEU AU DÉBUT DE LA *SOMME DE THÉOLOGIE* (I)

Les cinq voies de l'existence de Dieu sont peut-être la page la plus célèbre de la *Somme de théologie*. Il est légitime de se demander pourquoi, non pour en contester l'importance, mais pour en analyser l'impact. Leur doctrine a fait l'objet d'innombrables commentaires, qui ne se ressemblent ni par l'inspiration ni par la destination. Ce n'est pas seulement d'*interprétation* qu'il s'agit, mais aussi de *représentation*. Sérions les moments de cette représentation.

---

1. *Ibid.*, n°118, p. 109 (traduction d'après la Vulgate).
2. Septuaginta, A. Rahlfs (éd.), Stuttgart, 1949, t. II, p. 364 : « ἐκ γὰρ μεγέθους καὶ καλλονῆς κτισμάτων ἀναλόγως ὁ γενεσιουργὸς αὐτῶν θεωρεῖται ».

Pourquoi les considère-t-on aussi importantes? Sans nul doute, en vertu de l'enjeu : la capacité d'accéder par la raison jusqu'à Dieu, plutôt que son impossibilité ou son renvoi à une foi religieuse. Elles touchent à un sujet sensible, qui conditionne presque tous les autres. Pourtant, chez Thomas, il ne s'agit de triompher ni de l'athéisme par la raison, ni de rendre contraignantes les capacités de la raison par la réussite de ses arguments, mais bien plutôt de contester la position selon laquelle l'existence de Dieu est évidente. C'est le cas dans les deux Sommes. Voici en quels termes, chez Thomas, elle se pose.

L'évidence n'est pas la visibilité de l'objet connu, Dieu, mais la conviction d'origine théologique que, pour quiconque vit sous la grâce, Dieu est évident comme celui qui inspire tous les actes de l'homme. C'est l'évidence d'une présence de grâce, semblable à celle du converti Augustin. On la retrouve chez Bonaventure[1]. Elle semble donc rendre inutile de revenir à la lourde démarche d'une induction rationnelle. Point n'est besoin de refaire avec peine et par soi-même le chemin que Dieu infuse d'une irrésistible grâce. C'est contre cette contestation que Thomas se dresse, ainsi que contre celle, qu'il reconfigure d'après saint Anselme, d'une évidence qui tiendrait à l'évidence du concept de Dieu, grand au point d'exister dans la réalité, et non pas seulement dans l'esprit[2].

Pour Thomas, si l'existence de Dieu est évidente en soi, elle ne l'est pas pour nous, car nous ne connaissons

---

1. Pour s'en faire une idée : É. Gilson, *La philosophie de saint Bonaventure*, Paris, Vrin, 1924, p. 101-118.
2. Ia, qu. 2, a. 1, obj. 1 et 2. L'Anselme de Thomas se présente toutefois comme plus rationnel que son augustinisme l'y prédispose : Thomas façonne en argument dit aujourd'hui « ontologique », et pour le réfuter, un Dieu anselmien connu davantage par l'intériorité de la grâce chrétienne.

pas l'essence de Dieu, selon une limite dont Thomas proclame la radicalité et les exigences[1]. L'existence de Dieu n'est donc pas une évidence pour notre esprit. Elle est pourtant un article de foi, et les articles de foi ne se démontrent pas. Aussi, n'est-ce pas la foi qu'il s'agit de démontrer, mais l'existence de Dieu prise à partir de ses œuvres.

Il y a deux sortes de démonstrations. La première, et la meilleure, part de ce qui est antérieur à ce qui est démontré et qui, justement, le démontre, l'éclaire, l'établit; elle démontre une chose par sa cause (démonstration dite *propter quid*). Impossible pour Dieu, car il nous est impossible de partir de lui, et il n'a pas de cause. Nous ne pouvons pas partir de ce qu'est Dieu, son essence, sa divinité en tant que connue, car de lui, nous ne pouvons pas savoir ce qu'il est, mais seulement ce qu'il n'est pas[2]. Il faut donc se replier sur la seconde sorte de démonstration, qui n'en est pas moins rationnelle et nécessitante, mais qui ne bénéficie plus de l'évidence causale. Elle part au contraire de ce qui est postérieur, de ces êtres dont la raison identifie qu'ils ne se suffisent pas et qu'ils sont des effets, effets qui ne peuvent exister – ce qui est constaté – que si leur cause existe, ce qui est l'objet de la démonstration (démonstration dite *quia*). C'est le lien de dépendance des effets à leur cause, donc ici des créatures à Dieu, qui constitue la force nécessitante de la preuve. Toute démonstration requiert de s'appuyer sur une définition, attestatrice d'une essence. Dans l'impossibilité de disposer d'une définition de Dieu[3], il est donc nécessaire d'utiliser

---

1. *Ibid.*, corpus; *SCG* I, chap. 12, § 7; chap. 30, § 4.
2. Ia, qu. 2, a. 2, obj. 1 et 2.
3. *SCG* I, chap. 25, § 7. Sur l'impossibilité de définir Dieu selon Thomas, *cf.* chapitre 4.

au mieux les définitions des effets, d'exploiter rationnellement la condition de dépendance des créatures. Certes,
ajoute Thomas, la disproportion entre les effets et leur
cause est celle de la transcendance de Dieu ; la connaissance
obtenue ne sera pas parfaite, mais elle sera suffisante pour
démontrer l'existence d'un Dieu dont on continuera à
ignorer l'essence[1].

Thomas établit dans ses premiers articles de la Ia, qu. 2
la connaissance de Dieu dans la foi, la non-évidence qui
demeure la sienne pour l'esprit humain et la nécessité de
démontrer son existence dès lors qu'il s'agit de s'appuyer
sur la raison naturelle, puisque « la grâce présuppose la
nature »[2]. Une telle présupposition ne signifie cependant
pas qu'il faille démontrer Dieu (avec la raison) pour croire
en lui (selon la foi). Ce sont deux démarches différentes
par essence, mais l'intérêt de les caractériser réside aussi
dans le fait qu'elles ne s'annulent pas.

LES CINQ VOIES II : LEUR SITUATION

Voilà donc comment Thomas en vient à exposer les
voies rationnelles de l'existence de Dieu. Toutefois, avant
que d'y entrer, il faut se demander ce qu'elles font là, à
l'orée d'une *Somme de théologie*. Absentes encore de
l'*Écrit sur les Sentences*, elles bénéficient d'un premier
examen dans la *Somme contre les Gentils*, avec un
maximum de poids accordé à l'héritage aristotélicien, pour
les raisons qui tiennent au projet de cette œuvre-là ; avec
aussi un écho dans le *Compendium theologiae*[3]. À plus
forte raison, que viennent-elles faire dans la galère d'un
ouvrage de doctrine sacrée, la *Somme de théologie*, où la

1. *SCG* I, chap. 25, § 7, corpus, et ad 1^m-3^m.
2. Ia, qu. 2, a. 2, ad 1^m.
3. *Compendium theologiae*, I, chap. 3.

révélation est cette fois première sans partage ? Pour charger la galère, un tel exposé aurait pu trouver sa place dans des œuvres philosophiques, par exemple pour achever le *Commentaire de la Métaphysique*, à l'occasion du Dieu d'Aristote. Il n'en est rien. Thomas ne distribue les voies rationnelles de l'existence de Dieu que dans un projet théologique. Là est le point. À notre sens, il importe au moins autant que le détail démonstratif de chacune des voies, objet de toutes les sollicitudes.

Certes, il est légitime de préciser chacune de ses démonstrations, non moins que la présence de plusieurs sources que Thomas produit, ou bien sous-entend (Aristote, Avicenne, Maïmonide, Averroès, Jean Damascène), manifestant ainsi qu'il récapitule grâce à elles ce que les philosophes ont dit de Dieu.

Il est tout aussi bénéfique de mentionner au préalable la puissance des deux objections qui s'opposent à l'existence de Dieu, tant elles en résument cent autres, ainsi qu'elles traversent les siècles. La première objection s'achève ainsi : « Si Dieu existait, il n'y aurait plus de mal. Or on trouve du mal dans le monde. Donc Dieu n'existe pas ». La seconde objection en appelle à l'économie des principes pour récuser le besoin de recourir à un principe supérieur, alors que tout ce qui se passe dans le monde s'explique par la nature, et les actes libres, par la raison ou la volonté. Il n'y a donc aucune nécessité à poser que Dieu existe[1]. Le mal d'un côté, la nature qui se suffit de l'autre, sont donc les deux plus lourdes objections adressées à un Dieu, dont l'existence conditionne pourtant les milliers de pages qui suivent. Thomas répond à ces objections de la façon suivante. Quant à la première :

1. Ia, qu. 3, a. 2, obj. 1-2.

Il faut dire que, comme le dit Augustin dans l'*Enchiridion* [qu. 7] : "Puisque Dieu est le bien suprême, il ne permettrait d'aucune façon qu'il y eût quelque mal dans ses œuvres, s'il n'était tellement tout-puissant et bon que, du mal même, il pût faire du bien". Il relève donc de l'infinie bonté de Dieu de permettre qu'existent des maux, dont il tire des biens[1].

Cette réponse est remarquable par la reprise d'Augustin (selon une résolution fort peu argumentée, et qui se prête malheureusement à bien des abus dans les applications qui en sont faites). Elle surprend par l'absence d'un autre lieu argumentatif, celui-là dû à Boèce, que Thomas a produit dans la *Somme contre les Gentils*, et là seulement, mais qui eût été aussi pertinent :

Ainsi Boèce dans la *Consolation de philosophie* [I, 8, Prose 4], introduit un philosophe qui demande : "Si Dieu existe, d'où vient le mal ?". Il faudrait au contraire raisonner ainsi : *si le mal existe, Dieu existe*. Il n'y aurait pas de mal, en effet, s'il n'y avait un ordre du bien, dont la privation est le mal. Or cet ordre ne serait pas, si Dieu n'était pas[2].

L'argument de Boèce, « si le mal existe, Dieu existe », présente une allure plus philosophique, au lieu que celui d'Augustin paraît plus théologique. Toutefois, même celui de Boèce se rattache à l'idée d'un Dieu ordonnateur du monde et du bien, dont alors le mal le met en valeur par le contraste de la privation qu'il introduit ; mais l'ordre du

---

1. Ia, qu. 3, a. 2, ad 1^m.
2. *SCG* III, chap. 71, § 10, trad. fr. cit., p. 253 ; « Per haec autem excluditur quorundam error qui, propter hoc quod mala in mundo evenire videbant, dicebant Deum non esse : sicut Boetius, in I *de Cons.*, introducit quendam philosophum quaerentem : si Deus est, unde malum ? Esset autem e contrario arguendum : si malum est, Deus est. Non enim esset malum sublato ordine boni, cuius privatio est malum. Hic autem ordo non esset, si Deus non esset ».

bien n'est tel que s'il est voulu par Dieu, renvoyant ainsi à un plan providentiel. La raison de bien, et la non-raison qu'est le mal, n'y trouvent leur place qu'enchâssées dans la théologie issue de la révélation.

La seconde réponse bénéficie de l'établissement de la cinquième voie sur la direction vers sa fin de toute la nature par un agent supérieur :

> Puisque la nature n'agit en vue d'une fin déterminée que sous la direction de quelque agent supérieur, il est nécessaire de faire remonter même ce que la nature réalise, à Dieu comme à la cause première. Il en va de même des choses qui relèvent d'une décision qui ne soit pas la raison et la volonté humaines, mais qu'il est nécessaire de faire remonter à une cause plus élevée : car elles sont variables et faillibles ; or il est nécessaire de rapporter toutes choses mobiles et faillibles, à quelque premier principe immobile et nécessaire par soi, comme on l'a montré [dans le corps de l'article, pour la troisième voie][1].

Sans l'assurance préalable qu'il existe en effet un Dieu cause première qui ordonne toutes choses vers leur bien, et qui par conséquent les pense et les veut ainsi, il n'y aurait aucun motif de postuler qu'à tout ce qui est indécis au plan de la nature et surtout de la liberté correspond en effet un premier principe parfait et cause de toute perfection. Ce serait une pétition de principe, ou une dialectique platonicienne d'ascension vers un supposé premier de série : mais ce qui pourrait à la limite se concevoir d'une hiérarchie des essences (mais avec bien des postulats) ne peut franchir la frontière de la liberté. La volonté divine ne se démontre pas, elle se constate. Boèce de Dacie, rival de Thomas (mais qui le copie tout autant) est d'accord sur ce point avec son émule : vouloir démontrer ce que Dieu

---

1. *Ibid.*, ad 2m.

veut, ce serait « de la démence »[1]. Le dessein divin relève d'un don de sa volonté, et non de la nécessité de son essence.

Ces quelques propos sur les objections et leurs réponses ne font pas que témoigner de la stature du débat. Ils laissent entrevoir ce qui sous-tend l'établissement des voies de l'existence de Dieu. Thomas manifeste qu'il déborde de tous côtés les limites de la philosophie. Ainsi risque-t-il d'en être du corps de l'article. La question est alors de savoir si les voies sont philosophiques, théologiques, ou bien encore rationnelles de part en part, mais d'une raison parcourue par le regard surplombant du docteur chrétien.

Sur les cinq voies, voici quelques clefs de lecture, au sens strict de cette métaphore usée : autant d'indications permettant de les lire par soi-même. Pourquoi y a-t-il cinq voies et non pas une seule, laquelle, si elle prouve, suffit ? Thomas, dans l'une et l'autre Sommes, n'en fait pas mystère : il récapitule ce que les autres ont découvert[2]. Il

---

1. Boèce de Dacie, *L'éternité du monde* (1271-72), dans *Thomas d'Aquin et la controverse sur l'Éternité du monde*, C. Michon (éd.), Paris, GF-Flammarion, 2005, p. 201 : « De même, celui qui ne peut démontrer que ce fut le contenu de la volonté divine que de vouloir, de toute éternité, produire le monde à l'heure à laquelle il a été fait, ne peut pas non plus démontrer que le monde est nouveau, ni qu'il est coéternel à la volonté divine, parce que ce qui est voulu procède de celui qui veut selon le contenu de sa volonté. Mais le métaphysicien ne peut démontrer que telle fut le contenu de la volonté divine de toute éternité ; car dire que le métaphysicien peut le démontrer ressemble non seulement à de la fiction, mais à de la démence, à mon avis ; d'où l'homme tiendrait-il la raison par laquelle il pourrait parfaitement scruter la volonté divine ? ».

2. *SCG* I, chap. 13, § 1, trad. cit., p. 165 : « Après avoir montré qu'il n'est pas inutile de s'efforcer de démontrer que Dieu est, passons maintenant à l'exposé des arguments par lesquels aussi bien les philosophes que les docteurs catholiques ont prouvé que Dieu est ». Dans la *Somme de théologie*, l'annonce est plus sobre, Ia, qu. 2, a. 3, corpus : « On peut prouver que Dieu existe par cinq voies ».

s'agit de voies, ce ne sont pas des démonstrations *a priori* (à partir de Dieu) mais *a posteriori* (à partir des créatures). À ce titre, Dieu est atteint au terme et non au principe, donc il y a un chemin démonstratif. En revanche, si le nominatif thomasien est celui de « voie (*via*) », le verbe est : « prouver (*probari*) ».

Toutefois, il y a lieu d'y regarder à deux fois en fait de récapitulation. Certes, les sources sont visibles ou inventoriées, mais elles sont parfois mixées ou bien sollicitées. Thomas modifie tout ce qu'il touche, au sens où, lorsqu'il assume, il éclaircit l'auteur réemployé, lui restituant toute son intelligibilité, au besoin en améliorant celle-ci.

Les cinq voies se trouvent avec Thomas pour la première fois établies *ensemble* (avec la *Somme contre les Gentils*, puis avec la *Somme de théologie*). Cette collection est aussi un acte philosophique qui exige d'emblée de les différencier. Par exemple, la première et la deuxième voie, qui sans cela seraient identiques : le premier moteur d'Aristote (1e) et la cause efficiente première (2e) ne sont donc pas la même chose. Un tel souci de différenciation tient donc au moins autant à celui qui distingue les voies qu'aux voies elles-mêmes prises dans leur origine ; même s'il est vrai, en l'occurrence, que le premier moteur aristotélicien n'est pas cause efficiente du monde. Il en va de même d'autres reprises quelque peu transfigurées par Thomas, y compris d'Aristote : la phrase énigmatique de ce dernier, dissidente par son appartenance platonicienne, d'un premier de série qui se trouve être, du fait de sa perfection, cause de tous ceux qui appartiennent à la série[1], et phrase utilisée par Thomas pour traduire un Dieu cause

---

1. Aristote, *Métaphysique*, α, 1, 993b30.

pour tous les étants d'être, de bonté et de toute perfection, est de toute évidence une surinterprétation d'Aristote. Thomas n'est pas le premier à se saisir de ce qu'on a appelé naguère la « causalité du maximum » (Couesnongle), mais il montre ainsi que son travail de récapitulation est tout autant une refonte, procédant d'une intention de signifier[1].

Une telle intention n'en est que plus remarquable. Jamais les voies de l'existence de Dieu, historiquement identifiées, n'ont paru plus clairement exposées, avec un sens de la synthèse qui trahit la main de Thomas. Encore ne s'agit-il pas seulement de maîtrise ou de style. Il y a autre chose, un point de vue supérieur. C'est un docteur chrétien qui investit les voies philosophiques, et c'est Thomas d'Aquin. Deux éléments décisifs déterminent le type de son intervention.

Primo, l'exposé des cinq voies est précédé et surplombé, avec le *sed contra* de l'article, par la citation d'*Exode* 3, 14, proférée, dit Thomas, par Dieu lui-même : « Je suis celui qui est »[2]. C'est un lieu classique pour un Médiéval latin depuis notamment Augustin, mais l'intérêt de sa production est à la fois son emplacement (comme pour présider aux voies portant sur l'existence de Dieu) et sa configuration (Dieu révèle son Nom en un terme d'être d'amplitude éternelle), toutes choses qui valident par avance les voies rationnelles qui suivent, parce qu'elles en indiquent la vérité (Dieu existe) et l'origine (il se nomme lui-même).

Secundo, chacune des voies témoigne de notre capacité à découvrir Dieu (les voies sont le fait de notre raison) et

---

1. Ia, qu. 2, a. 3, corpus, quatrième voie.
2. Ia, qu. 2, a. 3, sed contra : « Sed contra est quod dicitur Exodi 3 [14], ex persona Dei : "Ego sum qui sum" ».

de ceci que, au terme de chacune, nous le nommons Dieu (et non plus lui).

Thomas exploite donc un double contraste, entre l'origine de la connaissance (Dieu révèle ou bien nous procédons à partir des créatures) et l'origine, consécutive, de la nomination (Dieu se nomme, puis nous le nommons). S'agirait-il de la *Somme contre les Gentils*, il serait peut-être possible de parler d'une telle citation comme d'une confirmation (par Dieu des capacités de la raison), à condition toutefois que celle d'*Exod*e 3, 14 fût placée juste après la démonstration. Ce n'est pas le cas, car la phrase n'intervient que dans le chapitre 22, § 10, et non avant, comme ici. Dans la *Somme de théologie*, le Dieu qui se nomme précède notre raison qui le nomme.

LES CINQ VOIES III : LEUR STRUCTURE

Considérons la structure des voies. Chacune part des créatures, en pose le caractère dépendant, les déclare effets, et donc postule la cause de ces effets. C'est une démonstration, elle prouve, car elle part d'un point incontestable, les choses mêmes, et ne peut en rendre compte que dans la mesure où ces choses sont les effets de leur cause première, Dieu.

Première voie : le mouvement des choses postule un premier moteur immobile, sans lequel il n'y aurait pas non plus d'autres moteurs (d'après Aristote).

Deuxième voie : il y a dans les choses sensibles un ordre entre les causes efficientes. La remontée à l'infini dans les causes étant impossible, il y a une première cause efficiente, sans laquelle il n'y aurait aucune autre cause, ni dernière ni intermédiaire.

Troisième voie : il y a du possible dans les choses, mais aussi du nécessaire. Si tout n'était que possible, à un moment donné rien n'existerait, et rien ne commencerait d'exister. Le nécessaire dans les choses ne peut donc recevoir sa nécessité que d'un être nécessaire qui ne tire pas d'ailleurs sa nécessité mais au contraire cause la nécessité des choses (d'après Avicenne).

Quatrième voie : elle se tire des degrés que l'on trouve dans les choses, lesquels degrés postulent un premier qui soit au sommet de toutes les perfections, et qui soit aussi la cause des degrés de perfection dans les autres. Il y a donc un étant qui est, pour les autres, cause d'être, de bonté et de toute perfection. C'est avec cette voie que Thomas exploite le passage dissident d'Aristote, devenu celui d'une causalité exercée par le premier, en fait de tonalité platonicienne[1].

Cinquième voie : tirée du gouvernement des choses, elle constate que les êtres privés de connaissance agissent en vue d'une fin, et qui agissent de la même façon et pour le meilleur ; ce n'est pas par hasard mais en vertu d'une intention ; puisque celle-ci leur fait défaut, il y a donc quelqu'un d'intelligent et de connaissant qui ordonne toutes choses à leur fin. Cet argument est repris (sans citation dans la *Somme de théologie*) de Jean Damascène. Auteur chrétien, il sait pouvoir compter sur le gouvernement divin des êtres, ce qu'un philosophe païen n'eût pas su obtenir. Thomas traduit cet apport théologique en termes rationnels.

Tels sont, pour l'essentiel, les points de départ et le déroulement respectifs des cinq voies.

---

1. R. Imbach et A. Oliva, *La philosophie de Thomas d'Aquin*, *op. cit.*, p. 75 : « Malgré la référence explicite à Aristote, la quatrième voie peut par contre être décrite comme platonicienne ».

Il faut aussi prendre garde à la façon dont elles se terminent : « Tous comprennent que c'est Dieu » (1ᵉ) ; « que tous appellent Dieu » (2ᵉ) ; « que tous appellent Dieu » (3ᵉ) ; « et nous disons que c'est Dieu » (4ᵉ) ; « et nous disons que c'est Dieu » (5ᵉ).

Qui sont ces « tous » et ces « nous » ? Plusieurs hypothèses ont sollicité la sagacité des lecteurs. Il ne saurait être question d'un consentement universel, mais de l'unanimité de ceux qui par définition ont parcouru ces voies, c'est-à-dire des philosophes qui les ont produites. Quant au passage de « tous » à « nous », il est aventureux de savoir s'il signifie quelque chose, comme celui des philosophes païens aux croyants théologiens. Peut-être ne faut-il pas forcer le texte. En revanche, c'est l'ensemble des voies qui est l'objet d'un double enracinement, philosophique de provenance et chrétien de distribution.

Entendons-nous bien : ces voies présentent des arguments qui d'aucune manière ne font intervenir la foi comme moyen terme du raisonnement. Leur destination et l'obligation d'y avoir recours manifestent au contraire leur structuration rationnelle. Celle-ci explique d'ailleurs leur succès contemporain (notamment chez les philosophes analytiques, attachés à la validité des démonstrations), sinon d'ailleurs leur réputation passée, lorsque, au prix d'un singulier contre-emploi, les thomistes baroques leur préféraient des démonstrations a priori, parce que plus certaines. Igor Agostini parle à leur propos d'une « transformation qui, en son sein, frappe la position de saint Thomas », par attraction-répulsion de Duns Scot[1].

---

1. I. Agostini, *La démonstration de l'existence de Dieu. Les conclusions des cinq voies de saint Thomas d'Aquin et la preuve a priori dans le thomisme du XVIIᵉ siècle*, Turnhout, Brepols, 2016, p. 252-279. L'évolution commence avec Capreolus avec l'atteinte d'un certain concept

En revanche, ces voies, tirées des philosophes au moins pour les quatre premières, sont pensées ensemble et écrites par un seul, ce qui n'a jamais été le cas pour elles, par un docteur chrétien avec le surplomb biblique qui les introduit, et par Thomas d'Aquin qui, en les établissant ainsi, porte leur degré de rationalité presqu'au-delà de leur production originelle, au moins pour la reprise de certains éléments. Après tout, Avicenne avait commencé une telle lecture en faisant du Dieu nécessaire la cause de ce qu'il y a de nécessité dans les êtres ; Thomas va plus loin en identifiant comme Dieu le premier de série et cause de la série d'Aristote, à quoi celui-ci n'avait pu penser, ou bien en faisant de la remarque du Damascène une voie par des effets, alors qu'il faut être instruit par la révélation du gouvernement divin pour ensuite le retrouver rationnellement dans les choses. C'est ainsi que s'éclaire le travail de Thomas : ce qui compte, c'est la distinction entre raison et foi, et aussi le poids de rationalité des choses qui sont connues pour une part des philosophes et pour une autre part des croyants.

Les cinq voies sont-elles de la métaphysique, de la théologie philosophique, une œuvre de la raison, ou bien l'œuvre rétroactive d'un théologien sur ce que la raison à son sommet a démontré et qu'il se plaît à magnifier ? Un peu de tout cela, et si les cinq voies n'ont jamais paru si rationnelles, c'est parce qu'elles sont issues des philosophes, et surtout parce qu'elles sont lues par un docteur chrétien, qui confirme au nom de l'Écriture leur réussite argumentative, et renforce au compte de la philosophie elle-même ce qu'elles comportent de raison, au besoin en portant

commun de Dieu (p. 256). Sur Hervé de Nédellec, p. 259-267. Sylvestre de Ferrare et Cajetan creusent la voie du *quid est* de Dieu, avec une opposition verbale avec Scot (p. 277-279).

nombre de matériaux réemployés au-delà de leur signification originelle.

Une telle *interprétation* tourne à la *représentation*. Elle ne se contente pas d'argumenter, elle assigne un cadre aux arguments, une identité pour chacun, une différenciation mutuelle, une origine et un terme confirmés par un double registre de nomination, celui de Dieu lui-même dans l'Écriture, et celui du consensus des philosophes à l'appui de chacune des voies. Sans cette représentation thomasienne, mixte de rigueur démonstrative et d'assomption des arguments, certains d'entre eux laissés à eux-mêmes, disons à leur signification primitive, résisteraient sans défaillir (la première voie), mais d'autres beaucoup moins (la quatrième).

C'est donc un théologien qui donne à la philosophie toutes ses couleurs. C'est la grâce qui rend la nature naturelle. La nature, restée seule, n'y fût pas aussi bien parvenue[1].

DIEU DANS LE *COMMENTAIRE DE LA MÉTAPHYSIQUE* : ÊTRE ET AGIR

Le chapitre précédent a exposé, avec le Prologue du *Commentaire de la Métaphysique*, la place de Dieu en regard du sujet de la métaphysique comme science : extérieur à lui par mode de transcendance, toutefois relié à l'étant commun, qui, lui, est sujet, à titre de principe.

---

1. M.-D. Chenu, *ST Thomas d'Aquin et la théologie, op. cit.*, p. 17 (de façon générale chez Thomas, pas au seul propos des cinq voies) : « Ainsi la grâce rend la nature à elle-même et la mène à sa perfection, dans les communautés comme dans les personnes, dans l'action comme dans la contemplation : c'est le paradoxe évangélique, c'est, dans sa formule même, la doctrine de saint Thomas. Ainsi la foi rend la raison à elle-même, tant en son ordre que dans l'intelligence même de cette foi ».

À l'autre extrémité du *Commentaire*, Thomas tire le maximum de ce qu'Aristote dit de Dieu, avec ce premier paradoxe apparent qu'il ne se saisit pas non plus de l'occasion pour asseoir un traité du Dieu de la philosophie, mais qu'il contient son exposé dans les proportions et la plupart des limites du texte aristotélicien; avec aussi ce second paradoxe qu'il en sait davantage qu'Aristote sur ce même Dieu, et qu'à petites touches il en extrait la vérité de la chose même, davantage que vérité du texte et même de l'esprit. Thomas commente, en un savant mélange de réception et de projection.

Pour la méthode à suivre, il reçoit celle du texte sans difficultés. La science première, dit Thomas, qui est autrement nommée sagesse, s'enquiert des premiers principes des étants, et donc à titre principal des principes et des causes des substances :

> C'est pourquoi la science première doit, à titre principal, déterminer ce qu'il en est du premier étant[1].

Après avoir distingué avec Aristote plusieurs sortes de substances (et débattu avec Averroès à ce sujet)[2], Thomas s'enquiert des substances séparées[3]. Il en vient à la substance dont la caractéristique est d'être acte, nécessaire à tout mouvement sempiternel :

> Il reste donc qu'est nécessaire quelque premier principe du mouvement, dont la substance ne soit pas en puissance, mais qui est acte seulement[4].

1. Thomas, *Sententia libri Metaphysicorum* [*Commentaire de la Métaphysique*], éd. Marietti n°2417.

2. *Ibid.*, n°2417-2423; n°2427.

3. *Ibid.*, n°2475, n°2483.

4. *Ibid.*, n°2494; n°2518. La nécessité dont Aristote charge le premier mû n'est pour Thomas une nécessité que dans la mesure où elle est placée sous la volonté de Dieu : « Sequitur quod tota necessitas primi motus subiaceat voluntati Dei » (n°2535). Si le monde comporte une part de

Dans la mesure où Aristote nomme Dieu (ὁ θεός, *ô theos*) dans le livre Lambda[1], Thomas n'a aucune difficulté à épouser le fil des idées (pour ne pas dire celui des arguments, car les énoncés ne sont pas toujours argumentatifs). Dieu est la substance qui subsiste par soi (*per se subsistens*)[2], sempiternelle et immobile, séparée des réalités sensibles, il est la vie même[3]. Sa substance est son penser[4].

Jusque-là, tout allait bien. Surgit la difficulté relative à l'extension de la science divine. Le Dieu d'Aristote se pense lui-même, il se contemple éternellement, mais il ne connaît que soi :

> Il est donc évident qu'elle [l'intelligence divine] pense ce qu'il y a de plus divin et de plus digne et qu'elle ne change pas d'objet, car ce serait un changement vers le pire et une pareille chose serait déjà un mouvement[5].

Depuis Thémistius (v. 317-v. 388), il s'est agi de contourner cette difficulté d'un Dieu ignorant du monde, par le truchement d'une reprise transformée d'un argument de Plotin : en se connaissant lui-même (ou sa propre essence), Dieu connaît aussi toutes choses[6].

---

nécessité, celle-ci est consécutive à une volonté, donc elle est relative, c'est-à-dire selon un certain ordre, une dépendance d'un acte libre de Dieu. Le monde n'est pas soumis au hasard et à la nécessité absolus. *Cf.* n°2631.

1. Aristote, *Métaphysique*, Λ, 7, 1072b24.

2. *Commentaire de la Métaphysique*, n°2542.

3. *Ibid.*, n°2545.

4. *Ibid.*, n°2601.

5. Aristote, *Métaphysique*, Λ, 9, 1074b26-28, trad. fr. J. Tricot, Paris, Vrin, 1991, vol. 2, p. 186.

6. Plotin, *Ennéades*, IV, 4 (28), 2, 11 ; V, 3 (49), 6, 5 *sq.* ; VI, 7 (38), 37, 3. Themistius, *Paraphrase de la Métaphysique d'Aristote (livre Lambda)*, traduit de l'hébreu et de l'arabe, intro., notes et indices par R. Brague, Paris, Vrin, 1999, chap. VII, § 26, p. 92-93 : l'intellect

Thomas reçoit l'argument de tous côtés, et ne peut faire autrement que de s'appuyer sur ce qui est devenu une adjonction autorisée. Dieu selon Aristote ne pense rien d'autre que lui-même, commente-t-il, du fait qu'il ne peut rien penser d'autre que la perfection de son penser,

> mais il ne s'ensuit pas que toutes les autres choses lui soient inconnues ; car, en se pensant lui-même, il pense toutes les autres choses[1].

Thomas rapporte la phrase d'Aristote selon laquelle Dieu est principe de toutes choses (mais au titre de leur cause finale), et qu'à « un tel principe sont suspendus le ciel et la nature »[2], au fait que Dieu, en se connaissant, connaît toutes choses[3]. Tout cela est vrai pour Thomas,

---

divin « intellige les intelligés qui sont existants en lui » ; *cf.* IX, 6, p. 109 ; IX, 10-11, p. 111. Introduction de R. Brague, p. 37 : « Thémistius expose une solution élégante, et qui restera classique. Il adapte au Dieu d'Aristote une théorie exposée par Plotin à propos de l'Intellect (νοῦς). Dieu connaît autre chose que lui sans pour autant "sortir" de soi ».

1. *Commentaire de la Métaphysique*, n°2614 : « Considerandum est autem quod philosophus intendit ostendere, quod Deus non intelligit aliud, sed seipsum, inquantum intellectum est perfectio intelligentis, et eius, quod est intelligere. Manifestum est autem quod nihil aliud sic potest intelligi a Deo, quod sit perfectio intellectus eius. Nec tamen sequitur quod omnia alia a se sint ei ignota ; nam intelligendo se, intelligit omnia alia ».

2. Aristote, *Métaphysique*, Λ, 7, 1072b14.

3. *Commentaire de la Métaphysique*, n°2615 : « Quod sic patet. Cum enim ipse sit ipsum suum intelligere, ipsum autem est dignissimum et potentissimum, necesse est quod suum intelligere sit perfectissimum : perfectissime ergo intelligit seipsum. Quanto autem aliquod principium perfectius intelligitur, tanto magis intelligitur in eo effectus eius : nam principiata continentur in virtute principii. Cum igitur a primo principio, quod est Deus, dependeat caelum et tota natura, ut dictum est, patet, quod Deus cognoscendo seipsum, omnia cognoscit ». *Cf.* n°64 : Dieu se connaît comme principe des choses.

mais outrepasse l'intention d'Aristote[1]. Thomas équilibre donc en quelques lignes le portrait de Dieu laissé par Aristote. Que fait-il en commentant ainsi ? De toute évidence, il ne fait pas que magnifier la lettre du livre Lambda, bien que la plupart des énoncés aristotéliciens soient assez puissants pour lui servir d'appui, et qu'une tradition interprétative soit attestée, même composite, pour aménager la vérité du texte en fonction d'une vérité plus totale et même plus rectifiée que celle d'Aristote. Il est impossible d'admettre que le Dieu du Philosophe – qui devient pour Thomas, par antonomase, le Dieu des philosophes – , ignore le monde. Encore faut-il trouver un moyen terme rationnellement acceptable (c'est fait depuis longtemps), pour le rendre compatible avec le Dieu créateur de la révélation biblique. Tout semble se conclure pour le mieux. Toutefois, Thomas, à l'époque (tardive pour lui) de ses Commentaires, n'ignore pas la valeur nécessitante qu'Aristote accorde à l'éternité du monde. Un Dieu aristotélicien qui fût ignorant d'un monde incréé par lui serait certes cohérent, mais confronté à un rival intolérable, celui d'un monde autosuffisant de façon absolue, un Dieu matériel.

---

1. De même, dans son *Commentaire du Livre des Causes*, leçon 13, Thomas ajoute que si chez Aristote le premier intellect ne pense que lui-même, « ce n'est pas qu'il soit privé de la connaissance des autres choses, mais parce que son intellect n'est pas informé par une espèce intelligible distincte de lui-même », trad. fr. de B. et J. Decossas, Paris, Vrin, 2005, p. 89.

CHAPITRE IV

DIEU ET L'ÊTRE

La désignation de Dieu comme être a donné lieu, dans la seconde moitié du XXᵉ siècle, à des contestations. Par la force des choses, de tels débats impliquaient la tradition chrétienne, notamment latine, pour la comparer à elle-même, parfois pour en confronter les autorités (Augustin, Denys, Damascène, Thomas, Scot, Eckhart), souvent pour mettre cette tradition en accusation, surtout dans le cadre de la critique par Heidegger de toute métaphysique : a-t-on le droit de désigner Dieu comme être et, réciproquement, d'étendre le domaine de l'être jusqu'à Dieu?[1]. Plus finement, ne devrait-on pas parler de l'être à partir de Dieu et après lui, plutôt qu'avant lui et pour l'y inclure ?

Avec le recul, les confrontations historiographiques, augmentées d'interprétations sur le destin de la métaphysique, au-delà des épisodes et des acteurs, ont permis des approfondissements, d'intention poursuivie ou bien par accident. En définitive, ces événements ont

---

1. M. Heidegger : « Être et Dieu ne sont pas identiques et je ne tenterais jamais de penser l'essence de Dieu au moyen de l'être », *Séminaire de Zürich* de 1951 ; *cf.* J.-L. Marion, *Dieu sans l'être*, Paris, P.U.F., 2002⁴, p. 92-94 ; *Heidegger et la question de Dieu*, R. Kearney et J. O'Leary (éd.), Paris, Grasset, 1980¹ ; « Quadrige », Paris, P.U.F., 2009².

précipité une connaissance plus rigoureuse des auteurs qu'ils impliquaient, du double point de vue de la précision de certaines notions et d'une mise en perspective interprétative.

La question est donc de savoir ce qui gouverne la désignation la plus aboutie de Dieu comme être : la montée philosophique ou bien la descente théologique ; le premier mot qu'est le Nom divin d'*Exode* 3, 14, ou bien l'expression d'Être même subsistant ; à moins que la simplicité de Dieu coiffe tout, avec laquelle toutes les notions sont encore identiques, avant que de se diffracter dans les compositions qui caractérisent les créatures. À moins, somme toute, que se fécondent les apports de la raison et ceux de la foi.

DE BAS EN HAUT OU BIEN DE HAUT EN BAS ?

Pour Thomas d'Aquin, la philosophie procède de bas en haut, à partir de l'expérience sensible et de la réflexion rationnelle, sans aucune intervention de la foi. Cette démarche que l'on peut nommer inductive conditionne les différentes méthodes afférentes aux sciences philosophiques. Il n'est donc aucunement question d'attendre de lui une considération de Dieu qui précédât l'étude de la nature, a fortiori non plus une déduction des propriétés des créatures à compter de Dieu. La philosophie thomasienne n'est donc pas un résidu de sa théologie.

Cependant, prenons garde à ce que nous avons nommé à son sujet la *deuxième modalité* de la métaphysique, cette part de la métaphysique qui est suscitée par la théologie et à l'usage de celle-ci, cette fois-ci de haut en bas[1]. La métaphysique ainsi élargie ne se fonde pas sur la foi comme

---

1. Pour N. Kretzmann, *The Metaphysics of Theism. Aquinas's natural Theology in Summa contra Gentiles I*, Oxford, Clarendon Press, 1997, p. 22-53, c'est une théologie naturelle, une « philosophie de haut en bas ».

telle, mais elle répond aux besoins de la théologie pour traduire la foi en termes rationnels. Chez Thomas, nombre de notions, ou d'approfondissements de notions, se trouvent dans les traités théologiques, comme ceux consacrés à Dieu ou bien à la création, avec une ampleur et une nouveauté dont, par comparaison, les ouvrages comme les Commentaires d'Aristote ou des auteurs néoplatoniciens ne donnent qu'une idée imparfaite et même lacunaire, quoique sur fond de cohérence au moins filigranée de toutes ces œuvres. Se maintenir dans le déni d'une telle interférence consacrerait une amputation textuelle et un aveuglement interprétatif. Mieux vaut considérer la question de face. Revenons donc à la suggestion du début de ce chapitre : d'une part, Dieu n'appartient pas au sujet de la métaphysique, il surplombe l'étant commun, il est transcendant aux étants (tous créés). D'autre part, la façon dont Dieu est être précède et cause la façon dont les étants reçoivent l'être autant que l'essence.

Du point de vue du métaphysicien au travail, il y a donc une double opération de bascule, ascendante puis descendante. D'un côté, l'intellect accède à Dieu comme premier étant à partir des effets, de bas en haut, au titre unique de sa situation éminente et parfaite, bref, de la transcendance de sa divinité ; de l'autre, ce statut transcendant de la divinité impose, de haut en bas, une certaine façon de parler de l'être (toutes déclinaisons confondues), pour lui d'abord et ensuite pour tous les autres, par contraste et par conséquence. Selon l'ordre de l'être, c'est ce qu'il faudrait pouvoir exposer, mais selon notre mode de connaître, c'est plus que problématique.

En d'autres termes, si la métaphysique peut certaines choses, elle en voit d'autres lui échapper. Elle peut se consacrer à l'étude de l'étant, de ses structures et modalités (comme substance et accidents, forme et matière, acte et puissance, un et multiple) ; elle peut aussi s'élever à un Dieu premier moteur, substance, acte pur, vie, intellect, contemplation éternelle de soi, et cause finale des étants. En revanche, lui échappent l'idée pour Dieu d'une création libre, donc une causalité efficiente complète, laquelle soit aussi une cause exemplaire, selon une action créatrice à même de donner l'être et de créer à sa ressemblance ; donc la distinction, dans les étants communs (que le théologien appelle créatures), de l'être et de l'essence ; lui échappe aussi, en conséquence de l'acte divin créateur, l'acte d'être de chaque étant, qui est l'effet propre de cet acte créateur et possédé par cet étant ; ainsi que les opérations qui découlent pour chaque étant de son être, lesquelles sont mues par Dieu, domaine de l'acte second qui est selon Thomas plus parfait que celui de l'acte premier ; enfin, la considération de Dieu comme le bien librement agissant, donc son action providentielle et son gouvernement des créatures. Ce sont autant de points qui doivent être interrogés.

Considérons pour lors le mouvement descendant, le plus problématique, en tant qu'il semble imposer depuis la théologie une métaphysique à la métaphysique même, ou comment et jusqu'à quel point la considération de Dieu est à l'origine de la considération de l'être. Il sera ensuite loisible de s'interroger sur l'interaction ascendante puis descendante, et retour, des concepts et des énoncés[1].

---

1. É. Gilson, *Introduction à la philosophie chrétienne*, Paris, Vrin, 1960[1], 2011[3], p. 93 : « Si surprenant que cela paraisse à ceux qui ne l'ont pas essayé, il est très profitable d'aborder la notion de connaissance métaphysique à partir de la théologie, car on en découvre mieux les limites, et cela non point du tout en la rapetissant, car elle reste la plus haute sagesse de l'homme en tant qu'homme, mais en la comparant à la sagesse de Dieu ».

La « métaphysique de l'Exode »

En 1932, Étienne Gilson fait paraître son maître-livre intitulé *L'esprit de la philosophie médiévale*[1]. L'ouvrage se présente comme la participation de son auteur au débat sur la philosophie chrétienne, à ceci près que, selon l'aveu postérieur de Gilson, les deux premiers chapitres sur la notion de philosophie chrétienne sont presque un collage de dernière minute sur un ouvrage portant sur les principaux thèmes de la philosophie médiévale[2].

Il ne s'agit pas de relancer un débat qui eut des termes, des acteurs et des circonstances. En revanche, on ne saurait omettre de mentionner cette idée promise à un certain retentissement, laquelle parcourt l'ouvrage (et seulement celui-là, car Gilson ne la réemploie pas ensuite), celle de « métaphysique de l'Exode ». L'oxymore était éclatant, le concept a promené son succès et suscité des contestations, jusqu'à aujourd'hui.

Gilson s'exprime ainsi :

> Pour savoir ce qu'est Dieu, c'est à Dieu lui-même que Moïse s'adresse [dans le Buisson ardent]. Voulant connaître son nom, il le lui demande, et voici la réponse :

---

1. É. Gilson, *L'esprit de la philosophie médiévale*, Paris, Vrin, 1932[1] (la pagination est celle de l'édition définitive, 1944[2]).

2. É. Gilson, *Christianisme et philosophie*, Paris, Vrin, 1936, p. 129 : « J'ai écrit (…) l'*Esprit de la philosophie médiévale*, de ce qui en est devenu le chapitre III jusqu'à la fin, sans penser à la notion de philosophie chrétienne ; c'est alors que je l'ai rencontrée et comme elle me semblait donner une unité à la philosophie que j'étais en train de décrire, j'ai écrit sur cette notion les deux premiers chapitres ». La philosophie chrétienne, entendue comme Maritain et lui-même l'entendent, ne désigne pas une essence chrétienne de la philosophie (ce qui serait contradictoire), mais un certain état de fait, une situation historique, la compénétration constatée depuis deux millénaires de la foi et de la philosophie (*ibid.*, p. 32-33) ; elle revient à un « exercice chrétien de la raison » (p. 11).

> *"Ego sum qui sum. Ait : sic dices filiis Israël : qui est misit me ad vos"* [Exode 3, 14 : "Je suis celui qui est. Il dit : tu parleras ainsi aux fils d'Israël : Celui qui est m'a envoyé vers vous"]. Ici encore, pas un mot de métaphysique, mais Dieu a parlé, la cause est entendue, et c'est l'Exode qui pose le principe auquel la philosophie chrétienne tout entière sera désormais suspendue[1].

Avec la célèbre note qui lui est attachée :

> Il ne s'agit naturellement pas de soutenir que le texte de l'Exode apportait aux hommes une définition métaphysique de Dieu ; mais s'il n'y a pas de métaphysique *dans* l'Exode, il y a une métaphysique *de* l'Exode et on la voit se constituer de très bonne heure chez les Pères de l'Église (…)[2].

L'apport biblique, selon Gilson, est donc celui de la nomination de Dieu comme être, de surcroît par lui-même. Un tel énoncé n'avait pas été le fait des philosophes, pas même de Platon et d'Aristote. L'Écriture, reçue par les juifs et les chrétiens, devient pour ceux-ci une stimulation exceptionnelle, et amorce une évolution décisive de la pensée. L'origine de l'énoncé n'est pas philosophique, mais sa postérité va le devenir, avec un point de non-retour.

Gilson en montre ensuite les déploiements. Plusieurs réserves n'ont pas manqué par la suite d'être formulées à l'encontre de cette thèse d'une auto-nomination biblique de Dieu comme être. Elles reviennent à trois.

La première touche à la signification biblique du Nom divin, et en comporte deux. *D'une part*, l'affirmation par

---

1. É. Gilson, *L'esprit de la philosophie médiévale, op. cit.*, p. 50.
2. *Ibid.*, note 1, p. 50. Reprise du thème de la « métaphysique de l'Exode » : p. 95, 117, 137, 153, 169, 210.

Dieu de lui-même manifeste moins une déclaration où viendrait se détacher son être divin et éternel qu'une promesse d'assistance à son peuple, au moment où celui qui se donne à reconnaître comme le Dieu d'Abraham, d'Isaac et de Jacob veut convaincre Moïse et le peuple hébreu en esclavage en Égypte de sa volonté de l'en faire sortir. *D'autre part*, on a objecté que le Nom du Buisson ardent n'était pas tant une affirmation qu'un refus de le donner, une réponse allusive et qui se défausse, dans le style « je suis ce que je suis ».

D'un mot, il convient de donner quelques éléments de réponse.

Primo, s'il ne s'agit pas d'ajouter une signification réduisant le Nom de Dieu à une désignation comme être – et ce fut un temps l'accusation portée d'« hellénisation du christianisme » – ; tout au contraire, les traductions successives en grec (Εγώ εἰμι ὁ ὤν) puis en latin (*ego sum qui sum*) ont plutôt appauvri le sens biblique du Nom qu'elles ne l'ont surchargé. En effet, elles n'ajoutent pas le caractère éternel du Nom avec un emploi surinterprété du thème de l'être (ce caractère éminent et éternel, donc résumé à Dieu, est contenu dans l'énoncé du Nom, quoi qu'il en soit de la manière de le qualifier comme être) ; au contraire, elles minorent plutôt le caractère d'assistance postulé par le texte hébreu (*Je suis avec vous*). Elles n'ont pas ajouté l'être, elles ont estompé l'agir.

Secundo, on ne voit pas pourquoi Dieu mettrait au point une telle mise en scène du Buisson pour en faire échouer l'objectif. Pour elle, il mobilise plusieurs effets : un buisson qui sur la montagne brûle sans se consumer, les paroles qu'il prononce devant Moïse, la mission qu'il lui confie, et la nécessité de se faire reconnaître par le peuple auquel il l'envoie comme le Dieu des Pères. Comment pourrait-il,

au moment de fournir à Moïse l'attestation de sa divinité,
la lui refuser ? Le contexte biblique et la cohérence de la
scène imposent une donation de son Nom par Dieu, et non
un refus de le donner. Dieu a l'initiative, et Moïse lui
demande de rendre manifeste l'origine divine du message
qu'il est chargé de transmettre.

Toute différente était la scène de la lutte de Jacob avec
« l'Ange » (*Genèse* 32, 30), où il n'est pas question d'un
ange, mais de « quelqu'un » ou d'« un homme » qui lutte
avec lui toute la nuit, que Jacob reconnaît comme Dieu,
et auquel il finit par demander de lui révéler son nom, pour
s'entendre rétorquer : « Et pourquoi me demandes-tu mon
nom ? ». Dieu, contraint de révéler son Nom, ne le donne
pas. C'est à Moïse, qui se serait bien passé de sa mission,
qu'il le destine.

Gilson s'est interrogé par la suite sur les exégèses
contemporaines du Nom divin, aussi parle-t-il plutôt,
d'ailleurs une seule fois, de « théologie de l'Exode »[1].

Le second type de réserve est d'ordre philosophique.
Pierre Hadot a établi que l'attribution de l'être à Dieu
excédait le message biblique, et concernait aussi bien la
philosophie grecque (Porphyre) que latine (Boèce)[2].

---

1. É. Gilson, *Constantes philosophiques de l'être*, Paris, Vrin, 1983,
p. 44 : « La jonction de la métaphysique de l'être et de la théologie de
l'*Exode* a mis des siècles à s'opérer. Elle exigeait la position d'une notion
de l'être applicable au Dieu qui s'était lui-même appelé de ce nom ».
2. P. Hadot, « Dieu comme acte d'être. À propos des théories
d'Étienne Gilson sur la "métaphysique de l'Exode" », selon deux versions
presque identiques : dans *Gilson et nous*, Paris, Vrin, 1979, p. 117-121,
ou bien *Dieu et l'être, Exégèses d'Exode 3, 14 et de Coran 20, 11-24*,
A. de. Libera et É. Zum Brunn (éd.), Paris, Institut d'Études
Augustiniennes, 1978, p. 57-63. S.-T. Bonino, *Dieu, « Celui qui est »
(De Deo ut Uno)*, « Bibliothèque de la Revue thomiste », Paris,
Parole et Silence, 2016, p. 274-275.

Toutefois, on peut objecter que l'Un de Porphyre est sans doute un être mais qu'il n'est pas un Dieu, et que le Dieu de Boèce est le fait d'un auteur chrétien… L'objection de Hadot contre Gilson porte donc seulement à moitié.

Le plus important est peut-être ailleurs. Même si l'on admet que la rencontre du Dieu de l'Exode et de la métaphysique de l'être se laisse tourner, tout dépend en définitive de la doctrine qui s'en dégage. Or, si l'interprétation du Dieu de l'Exode fut surtout marquée, à l'instar d'Augustin, comme une caractérisation de l'essence divine, et de le rappeler Gilson n'a pas été contesté, Thomas d'Aquin marque une étape autant qu'une exception en faisant porter cet être sur un acte et non plus seulement sur une essence, en l'occurrence un acte d'être divin, et celui-ci identique en Dieu à son essence.

Thomas aurait-il puisé sa doctrine de l'acte d'être dans le texte même de l'Exode ? Gilson le suggère, pour autant qu'en 1932 dans l'*Esprit de la philosophie médiévale* il ait dégagé la spécificité thomasienne de l'acte d'être. Or, cela est vrai textuellement (l'expression d'acte d'être y apparaît plusieurs fois) mais pas encore tout à fait quant à l'intention de la thématiser (Gilson ne se reconnaîtra après-coup une telle prise en compte du spécifique thomasien qu'à compter de 1939-40). Il y a donc chez lui comme un temps d'incubation de sa plus importante découverte, déjà présente mais pas encore parvenue au dégagement de sa maturité. Il n'empêche que Gilson ne s'écarte pas de l'idée qu'*Exode* 3, 14 guide Thomas.

Toutefois, sur ce point peut-être est-ce Fernand Van Steenberghen qui a raison, contre Gilson, de tenir que Thomas a moins été inspiré pour sa propre doctrine de l'être par la signification du texte biblique, qu'il ne l'a

lui-même projetée sur *Exode* 3, 14, interprétant ainsi à sa
façon et l'Écriture et sa propre tradition latine :

> M. Gilson sait tout cela et ne cache pas son embarras
> devant cette situation. Pour moi la chose est claire : la
> métaphysique de l'*actus essendi* est l'œuvre personnelle
> de S. Thomas, le fruit de son génie ; elle relève tout entière
> de la critique philosophique et elle peut être acceptée par
> tout philosophe, chrétien ou non, qui en saisit les principes
> et les démonstrations. Thomas a peut-être été mis sur la
> voie de cette découverte par la lecture de l'*Exode* ; mais
> il me paraît plus probable qu'il y a été conduit par la
> lecture d'Avicenne, de Guillaume d'Auvergne, d'Albert
> le Grand ou d'autres philosophes qui exploitent
> abondamment les notions d'*esse* et d'*essentia*. En tout
> cas, c'est lui Thomas qui a projeté dans le texte sacré sa
> notion métaphysique de l'*Esse subsistens*, il ne l'y a pas
> trouvée. La genèse psychologique de sa pensée
> métaphysique n'en change, d'ailleurs, ni la nature, ni la
> valeur. Il a repensé personnellement les idées reçues de
> son milieu par différents canaux et il les a incorporées
> dans une synthèse métaphysique nouvelle. Rien ne permet
> de qualifier cette métaphysique de "juive" ou de
> "chrétienne" parce qu'il s'en est servi pour interpréter
> un passage de l'*Exode*, livre saint des Juifs, adopté par
> les chrétiens[1].

Il n'y a aucun motif de nier cet apport réciproque de
l'Écriture et de son lecteur, ou mieux ce rebond qui
provoque le docteur chrétien à trouver dans la nomination
par Dieu en termes d'être de son Nom la signification que
lui-même reconnaît à l'être divin. Dans la mesure où la
prédication sur Dieu en termes d'être est sans qualification
qui viendrait la déterminer, elle est capable de supporter

---

1. F. Van Steenberghen, *Introduction à la philosophie médiévale*,
Leuven-Paris, Publications Universitaires-Nauwelaerts, 1974, p. 100-101.

une métaphysique se chargeant de la traduire, et même plusieurs métaphysiques. Ce n'est rien enlever aux potentialités de la « métaphysique de l'Exode » telle que Gilson l'a baptisée (laquelle n'est pas *dans* l'Exode mais *de* l'Exode), que de lui ajouter, au contraire, une métaphysique *grâce à* l'Exode, qui est le fait des docteurs chrétiens et, en l'occurrence, de saint Thomas.

La question n'est plus de savoir si l'interprétation médiévale doit tout ou non au texte de l'*Exode*, mais davantage de prendre la mesure de sa capacité de développement à partir d'une référence commune. Thomas cherche la vérité d'un texte biblique, dans la totalité de son exactitude exégétique (avec la primauté du sens littéral, et même des éventuels multiples sens littéraux), exactitude exégétique comprise dans les termes et les limites de l'exégèse médiévale. Une telle exactitude autorise une vérité de signification qui, à nos yeux contemporains, peut outrepasser la littéralité du texte. Ce supplément de signification peut alors être identifié et étudié pour lui-même.

C'est ainsi que Thomas fonde sur l'être divin quelque chose de sa distribution des significations des formes et des degrés de l'être, ce dont il faut étudier les considérants et les conséquences.

LA SIMPLICITÉ DE DIEU ET LA DIFFRACTION DES ÊTRES

Est-ce l'être qui englobe Dieu, ou bien au contraire l'être divin qui lui impose sa loi ? Pour en prendre la mesure, chez Thomas, deux points sont supposés acquis : *primo*, les choses ne se présentent pas en forme d'inclusion de Dieu dans un concept a priori d'étant ; et, *secundo*, il est impossible à notre mode de connaître de se hisser jusqu'au mode d'être de Dieu. Tout discours dont l'intention

serait d'exposer les choses à partir du mode d'être divin
s'égarerait, car il demeure lié à notre mode humain de
l'appréhender. Voyons alors comment les choses se
présentent.

Dans la *Somme de théologie*, après une question 1
consacrée à présenter ce qu'est la doctrine sacrée, puis une
question 2 à établir démonstrativement l'existence de Dieu,
la question 3 s'enquiert des perfections divines et
commence pour cela par la simplicité.

> Lorsqu'on connaît de quelque chose qu'il est, il reste à
> rechercher comment il est, pour savoir ce qu'il est. Mais
> parce que de Dieu nous ne pouvons pas savoir ce qu'il
> est, ce qu'il n'est pas, nous ne pouvons pas considérer
> au sujet de Dieu comment il est, mais plutôt comment il
> n'est pas. Il faut donc considérer, premièrement, comment
> il n'est pas ; deuxièmement, comment il est connu par
> nous ; troisièmement, comment il est nommé. Or on peut
> montrer comment Dieu n'est pas, en écartant de lui les
> choses qui ne lui conviennent pas, comme la composition,
> le mouvement, et les autres du même genre. Il faut donc
> s'enquérir de sa simplicité, par laquelle on écarte de lui
> toute composition[1].

La question 3 se consacre donc à écarter de Dieu toute
sorte de composition : de parties relevant de la quantité
corporelle (a. 1), de matière et de forme (a. 2), d'essence

---

1. Ia, qu. 3, prologue : « Cognito de aliquo an sit, inquirendum restat
quomodo sit, ut sciatur de eo quid sit. Sed quia de Deo scire non possumus
quid sit, sed quid non sit, non possumus considerare de Deo quomodo
sit, sed potius quomodo non sit. Primo ergo considerandum est quomodo
non sit ; secundo, quomodo a nobis cognoscatur ; tertio, quomodo
nominetur. Potest autem ostendi de Deo quomodo non sit, removendo
ab eo ea quae ei non conveniunt, utpote compositionem, motum, et alia
huiusmodi. Primo ergo inquiratur de simplicitate ipsius, per quam
removetur ab eo compositio ».

ou de nature, et de sujet (a. 3), d'essence et d'être (a. 4), de genre et de différence (a. 5), de sujet et d'accident (a. 6), bref, de toutes les formes de composition, immanentes (a. 7) ou avec d'autres êtres (a. 8).

Pourquoi se poser au sujet de Dieu de telles questions ? Pour le motif qui vient d'être énoncé, qui consiste à écarter de Dieu tout ce qui ne lui convient pas, du fait de constituer une certaine limite liée à la condition des créatures, voire a fortiori à la matière. Écarter de Dieu toute composition, c'est déclarer sa simplicité, autrement dit la non-multiplicité de son être et la perfection de celui-ci, ainsi que l'identité chez lui d'éléments structurants qui dans les créatures ne sont pas leur être même. C'est ainsi que, pour ces dernières, l'être et l'essence entrent en composition. En Dieu l'être et l'essence ne sont pas autres mais une même chose. Voici un texte devenu célèbre en réponse à l'objection suivante :

> De Dieu, nous pouvons savoir qu'il est, comme on l'a dit plus haut [qu. 2, a. 2]. Or nous ne pouvons pas savoir ce qu'il est. Ne sont donc pas le même l'être de Dieu, et son ce qu'il est, à savoir sa quiddité ou nature[1].

Thomas répond ainsi :

> Il faut dire que l'être se dit de deux façons, d'une première façon, il signifie l'acte d'être, de l'autre façon, il signifie la composition de la proposition que l'âme constitue en liant un prédicat à son sujet. Donc, selon le premier mode de réception de l'être, nous ne pouvons connaître l'être de Dieu, comme nous ne connaissons pas non plus son essence : mais seulement selon le second mode. En effet, nous savons que cette proposition que nous formons au sujet de Dieu, quand nous disons "Dieu existe" est vraie.

1. Ia, qu. 3, a. 4, obj. 2 : « Praeterea, de Deo scire possumus an sit, ut supra dictum est. Non autem possumus scire quid sit. Ergo non est idem esse Dei, et quod quid est eius, sive quidditas vel natura ».

Et nous le savons à partir de ses effets, comme on l'a dit plus haut[1].

Dans cette réponse, Thomas pose une distinction, puis l'applique à Dieu. Seule la seconde possibilité de cette distinction est ouverte à la petitesse de notre intellect. Plaçons-nous successivement du côté de Dieu et puis du nôtre. Du côté de Dieu, la première possibilité désigne son être en tant que tel, son acte d'être identique à son essence. De notre côté, la seconde demeure dans l'impossibilité de connaître autant son être que son essence. Ce point, sur lequel Thomas ne transige jamais, rappelle que, au moment de s'interroger sur l'être, l'inconnaissabilité de l'essence est acquise. Tout ce qu'il est possible de dire à son sujet doit donc se placer du côté de l'énonciation, du côté de notre mode de discours, de la vérité de la signification que procurent les effets, à savoir les perfections des créatures. L'accès à l'être de Dieu nous est donc interdit, mais ne l'est pas la formulation vraie de cet être. Cette formulation n'est pas la maîtrise des *concepts* attribués à Dieu (car nos concepts ne dépassent pas leur mode créé de signifier), mais la *vérité* des attributions conceptuelles (avec l'acceptation du fait que notre intention de signifier dépasse notre maîtrise de la signification).

Dans cette perspective, la distinction d'être et d'essence en Dieu est inopérante en Dieu lui-même, puisque tout en lui est identique, mais indispensable du côté de notre mode

---

1. Ia, qu. 3, a. 4, obj. 2, ad 2^m : « Ad secundum dicendum quod esse dupliciter dicitur, uno modo, significat actum essendi ; alio modo, significat compositionem propositionis, quam anima adinvenit coniungens praedicatum subiecto. Primo igitur modo accipiendo esse, non possumus scire esse Dei, sicut nec eius essentiam, sed solum secundo modo. Scimus enim quod haec propositio quam formamus de Deo, cum dicimus Deus est, vera est. Et hoc scimus ex eius effectibus, ut supra dictum est ».

de signifier, puisque, de notre côté, être et essence ne signifient pas les mêmes réalités. De sorte que l'établissement de la simplicité divine (car ce qui vaut du binôme entre être et essence vaut de la même façon pour les autres) consiste à dégager la vérité des concepts attribués. Cela conduit à en éliminer certains, comme tout ce qui touche à la matière et donc au devenir, et à poser leur non-distinction en Dieu autant que leur distinction du côté de notre mode de connaître, tout cela reconnu comme un en Dieu, selon son mode d'être. La simplicité divine chez Thomas, selon la *Somme de théologie*, se caractérise donc par ce jeu de miroirs entre l'être divin et notre mode de le signifier. Celui-ci n'empêche pas celui-là, il en est au contraire le moyen de discernement. À considérer que la question soit de signifier Dieu lui-même, et à partir de lui, pour ensuite se pencher par contraste sur le statut des créatures, l'ensemble doit toutefois s'entendre en entier du côté de notre mode de connaître. S'agit-il de théologie ou bien de métaphysique mise au service de la foi ? Thomas ne se prononce pas, il se contente de mettre cet appareillage conceptuel au service de la doctrine sacrée.

Une page comme celle-là, ainsi que les autres articles de la question 3, fournissent par contrecoup autant d'instruments conceptuels pour examiner le statut des créatures. Tout ce qui est simple en Dieu devient composé avec elles, et de différentes façons. C'est ainsi que l'on en vient à s'interroger sur l'être et l'essence dans l'étant commun. L'interrogation sur l'être et l'essence présente donc une double exigence : celle de diffracter désormais dans les créatures ce qui est un en Dieu, et celle de n'envisager cette diffraction que par contraposition avec la situation de Dieu, premier envisagé, et, pour tout dire, forge de ces concepts-là. Par exemple, l'être est chez les créatures un acte qui se déploie dans le temps, mais il est éternel en Dieu.

La QUESTION 3 expose les situations qui témoignent de la situation exceptionnelle de Dieu, en lui-même en vertu de sa transcendance, et donc aussi par rapport aux créatures, en évitant de le définir ou bien d'en faire un principe de série homogène à la série. Dieu n'est pas une mesure proportionnée à quoi que ce soit, il se place donc hors de toute série. Il est encore moins réduit à l'immanence avec les créatures : Thomas, en fin de question, proscrit toute composition entre Dieu et le monde. Cela, contre les théories sur « l'Âme du monde », contre aussi ces deux fantômes spéculatifs du début du XIIIᵉ siècle, condamnés, dont seuls les noms sont restés, mais ni les œuvres ni les doctrines : Amaury de Bène, selon lequel Dieu est le principe formel de toutes choses, et David de Dinant, selon lequel Dieu est « stupidement (*stultissime*) » la matière première[1]. Amaury et David présentent les deux conceptualisations symétriques, en apparence inconciliables mais presque identiques quant à l'intuition, d'une identification, par immanence, de Dieu au monde. Thomas au contraire peut citer Augustin, Denys ou le *Livre des Causes* pour thématiser la transcendance de Dieu par rapport au monde. Ce qui importe est qu'il mobilise à cet effet une cause efficiente complète, laquelle est aussi cause exemplaire. Dieu est cause efficiente première en tant qu'il est celui qui agit et qui agit par lui-même. Ce qui ne peut être le cas de ce qui entre comme une partie dans un composé entier qui agit.

Si donc Dieu est dit l'être de toutes choses, c'est comme cause efficiente et comme cause exemplaire, non comme

1. Ia, qu. 3, a. 8.

une partie de leur essence[1]. D'aucune façon, Dieu n'est l'autre nom de la nature. Il en est la cause libre : efficiente (qui donne l'être), exemplaire (à sa ressemblance) agissante (il donne par sa volonté et non par nécessité de sa nature) et, en outre, cause finale (il attire toutes choses à lui).

Ainsi est posée la transcendance de Dieu, son statut créateur comme cause, et en définitive l'impossibilité de toute composition quant à l'être de Dieu et du monde.

DIEU PRÉSENT AU PLUS INTIME

Pourtant, Dieu est présent à l'intime des êtres, plus intime aux êtres que les êtres eux-mêmes. Comment Thomas articule-t-il transcendance et immanence ? Il semble en effet, selon un objectant de la Ia, qu. 8, que ce qui est au-dessus de tout ne soit pas en toutes choses[2]. La réponse de Thomas place la présence de Dieu dans les choses du point de vue de l'opération et non pas de celui d'une identité d'essence :

> Dieu est en toutes choses non certes comme une partie de l'essence, ni comme un accident, mais comme l'agent présent en ce dans quoi il agit[3].

Comment s'énonce cette présence ? Dieu, dit Thomas, est être par son essence ; par conséquent l'être créé est son

1. Ia, qu. 3, a. 8, corpus et ad 1m. Thomas le disait en *SCG* I, chap. 26, § 13 : Dieu est en toute chose, pas comme la partie d'une chose, mais comme la cause : « Quartum etiam quod eos ad hoc inducere potuit, est modus loquendi quo dicimus Deum in omnibus rebus esse : non intelligentes quod non sic est in rebus quasi aliquid rei, sed sicut rei causa quae nullo modo suo effectui deest ».
2. Ia, qu. 8, a. 1, obj. 1.
3. Ia, qu. 8, a. 1, respondeo : « Respondeo dicendum quod Deus est in omnibus rebus, non quidem sicut pars essentiae, vel sicut accidens, sed sicut agens adest ei in quod agit ».

effet propre. Un tel acte de causer n'est pas tel seulement quand les choses commencent d'être, mais aussi longtemps qu'elles possèdent l'être. Ainsi Dieu comme cause est-il relié aux choses, lesquelles sont ses effets. C'est ici que Thomas produit une mineure qui est un argument majeur :

> Or l'être est ce qu'il y a de plus intime à chaque chose, et qui appartient plus profondément à toute chose : parce qu'il est formel en regard de toutes choses qui existent[1].

C'est ainsi que Dieu est présent à l'intime des choses, à leur être, *non comme une partie mais comme leur cause* : en tant qu'il produit leur être et le conserve, car l'être est ce que les choses ont de plus intime.

Le plus caractéristique dans cet exposé est la façon dont Thomas d'Aquin reprend une idée augustinienne pour lui conférer le poids d'un argument métaphysique. Tout un chacun connaît le « Dieu plus intime à moi-même que moi-même » d'Augustin, mais ce trait de génie désigne plutôt la présence divine de grâce dans les âmes : Dieu y est présent comme créateur et sauveur, alors même que l'homme pécheur, lui, s'est absenté de l'intimité de soi et de Dieu en soi[2]. Thomas, pourtant peu friand de termes métaphoriques, trahit sa reprise augustinienne par l'allusion à l'intimité, mais en la déplaçant du côté de l'agir créateur de Dieu[3].

---

1. Ia, qu. 8, a. 1, corpus : « Esse autem est illud quod est magis intimum cuilibet, et quod profundius omnibus inest ».
2. Augustin, *Les Confessions*, III, VI, 11 : « Tu autem eras interior intimo meo et superior summo meo » ; trad. fr. J.-Y. Boriaud et *al.*, « Bibliothèque de la Pléiade », Paris, Gallimard, 1998, t. 1, p. 825. *Cf. Enarrationes in Psalmos* LXXIV, 6-8, n°9.
3. *De Veritate*, qu. 8, a. 16, ad 12^m : « Ad duodecimum dicendum, quod ipse Deus est propria et immediata causa uniuscuiusque rei, et quodammodo magis intima unicuique quam ipsum sit intimum sibi, ut Augustinus dicit ».

Thomas exprime en termes métaphysiques certains considérants de Dieu en lui-même et en relation avec le monde. Ces termes sont d'origine philosophique autant que d'usage ; pourtant les situations qu'ils énoncent selon la raison ne viennent pas de la philosophie. La métaphysique, qui devrait précéder le discours théologique, lui est ici consécutive.

L'ÊTRE MÊME SUBSISTANT

Selon Thomas d'Aquin, Dieu est l'être même, « Être même subsistant (*Ipsum esse subsistens*) ». Quelle est la signification de cette expression, et où la trouve-t-on ?

Thomas est le seul à produire cette forme déployée en trois mots. Certes, la tradition néoplatonicienne païenne (Proclus, *Le livre des Causes*) ou chrétienne (Denys), lui apporte « l'être même (*ipsum esse*) », lequel peut s'interpréter diversement. En outre, Albert le Grand et Bonaventure qualifient Dieu en des termes voisins mais non identiques[1]. Dès l'*Écrit sur les Sentences* et tout au long de son œuvre, Thomas est donc l'inventeur et l'usager de l'Être même subsistant, bien entendu pour en réserver l'attribution à Dieu.

Lorsque Thomas produit le syntagme, c'est pour manifester le caractère unique de Dieu, en lui-même et par opposition aux créatures. S'il est l'Être même subsistant, c'est qu'il subsiste, en vertu de son essence, qu'il contient

---

1. Bonaventure, *Sententiarum* I, d. VIII, P. II, qu. IV, respondeo : « Deus autem est habens in se ens distinctum a rebus, et habens esse simplex et infinitum » ; *Les Sentences. Questions sur Dieu, Commentaire du premier livre des* Sentences *de Pierre Lombard*, trad. fr. M. Ozilou, « Épiméthée », Paris, P.U.F., 2002, p. 151. Albert, *Super I Librum Sententiarum*, M. Burger (éd.), Münster, Aschendorff Verlag, 2015, d. 2, cap. 3, p. 55b, l. 56-58 : « Ad hoc dicendum quod esse pure et simplici intellectu entis deo proprium est ».

en soi la perfection de l'être, que nulle perfection de l'être ne lui manque, et qu'aucune ne peut lui être ajoutée[1]. C'est ainsi que connaître l'Être même subsistant est connaturel au seul intellect divin[2]. Tout cela est une autre façon de désigner la simplicité divine, et aussi son unicité : seul Dieu peut être qualifié ainsi[3].

En revanche, l'être de la créature est tout sauf ce qu'est Dieu. Lui est « l'être pur » parce qu'il est son être subsistant, au lieu que la créature a « un être reçu et participé »[4]. Ce double statut de l'être créé, à la fois reçu et participé, est constant chez Thomas[5]. Tout autre être que Dieu est limité et fini selon la capacité de sa nature, ce qui confirme le caractère universel, illimité et infini de l'être divin[6]. Dieu est donc, en tant qu'Être même subsistant, la mesure, non mesurée elle-même, de tout l'être. Tous les autres dérivent de lui et y participent. Il est remarquable à cet égard que Thomas, dans les pages qui viennent d'être référencées de son *Commentaire des Noms divins* de Denys (immédiatement antérieur à la *Prima Pars* et pour en préparer la question correspondante), établisse la différence entre Dieu et les créatures, en somme sa transcendance, en termes de différence d'être plutôt que de participation des essences créées à Dieu. C'est à l'être divin qu'il revient d'être pour tous les « existants » (terme dionysien) le « principe de l'être et la fin »[7]. Thomas fait

---

1. *SCG* II, chap. 52, § 2 ; Ia qu. 4, a. 2, corpus.

2. Ia, qu. 12, a. 4, corpus.

3. Ia, qu. 44, a. 1, corpus.

4. *De Veritate*, qu. 21, a. 5, corpus.

5. *SCG* III, chap. 19, § 3. *De Potentia*, qu. 7, a. 2, ad 5[m] ; Ia, qu. 7, a. 1, corpus.

6. *In De Divinis Nominibus*, chap. 5, l. 1, n°606-650, notamment n°629.

7. *Ibid.*, n°650.

de l'Être même subsistant l'attribut exclusif de Dieu et la façon de le distinguer des créatures : elles ne sont pas lui, reçoivent tout de lui, et chacune selon sa mesure. Lui est au-delà, son Être même divin est la « mesure de tous les siècles » mesure non pas proportionnée mais « par mode d'excès »[1].

Le marqueur de transcendance ne consiste pas pour Thomas à exempter Dieu de l'être, afin de l'extraire du mode des étants et de l'étant commun, mais au contraire à le poser comme être, étant entendu que Dieu n'est pas un être comme les autres, fût-il le premier d'entre eux, car il n'est pas parmi eux. C'est au contraire son être même qui établit sa transcendance. Comme Thomas l'affirme dans le *De Potentia* (contemporain du *Commentaire des Noms divins* et laboratoire notamment de la simplicité divine de la *Somme de théologie*) :

C'est par son être même que Dieu diffère de tout autre étant[2].

Où trouve-t-on, chez saint Thomas, la mention de Dieu comme Être même subsistant ? À peu près partout en théologie, sinon souvent, dès lors qu'il s'agit de Dieu, mais pas comme une reprise d'Aristote et, lorsqu'il est présent dans les Commentaires sur les Néoplatoniciens (Denys, *Le Livre des Causes*), comme une assertion thomasienne au secours du texte commenté, plutôt qu'au titre d'une reprise de ces textes-là. Thomas parle, même lorsqu'il

---

1. *Ibid.*, n°627 : « Ipsum ergo divinum Esse est mesura omnium saeculorum, non quidem adaequata, sed excedens ».
2. *De Potentia* : qu. 7, a. 2, ad 4^m : « Esse divinum, quod est eius substantia, non est esse commune, sed est esse distinctum a quolibet alio esse. Unde per ipsum suum esse Deus differt a quolibet alio ente ».

commente, et sous sa plume le docteur chrétien s'exprime, même lorsqu'il fait de la philosophie.

Inversement, jamais les exposés consacrés aux voies de l'existence de Dieu, tels que ceux des deux Sommes, ne disent aboutir à l'Être même subsistant. Ils partent des effets, argumentent, prouvent l'existence d'un premier moteur (1e voie), d'une cause efficiente première (2e), d'un être nécessaire par lui-même (3e), d'une cause première pour tous les étants, de l'être, de la bonté et de toute perfection (4e), ou enfin d'un être intelligent par lequel toutes choses naturelles sont ordonnées à leur fin, (5e), bref de celui auquel tous donnent le nom de Dieu, mais sans lui donner le nom d'Être même subsistant. Non qu'ils le lui refusent, mais ce n'est pas ainsi qu'ils le nomment. Seul Thomas le nomme ainsi, non par souci d'exclusivité, mais pour y concentrer tout ce qu'il reçoit et la façon dont on conçoit le résultat.

Dieu est « être même » et non être par participation, ce qui récapitule la dénomination néoplatonicienne commune et ce qu'elle désigne en fait de la situation unique de Dieu par rapports aux étants, qui participent à lui. Il est « Être même subsistant », dans cette forme déployée par Thomas, que l'on pourrait croire redondante : si Dieu est l'être même, il est aussi substance, et réciproquement. Toutefois, l'adjonction de « subsistant », pourrait signifier – car Thomas n'explique jamais sa locution – que l'être même est néanmoins substance, par lui-même et absolument, mais dans le Néoplatonisme rien n'est moins assuré. En effet, Denys alerte Thomas sur la possibilité d'un Dieu suressentiel, donc placé au-delà de toute substantialité, celle-ci fût-elle dégagée de toute appartenance au genre substance, puisque Dieu n'est soumis à aucun genre selon Thomas[1]. Or celui-ci ne veut d'aucune façon placer Dieu au-delà de l'être. Il n'en a pas besoin, puisque sa position consiste à le placer au-delà de l'être commun (ou étant commun), en vertu de la distinction dont il dispose – Denys ne l'avait pas – entre le mode d'être divin et notre mode de le connaître. En d'autres termes, l'expression « Être même subsistant » est une nomination propre à Dieu, comme pour remplacer le Tétragramme manquant, prénom singulier absolu qui manque aux Latins du XIIIᵉ siècle. Ils ne peuvent pas connaître YHWH (remplacé par « Dominus »), ni même reconnaître en « Iehova », que Thomas voit passer dans la *Catena Aurea* sans l'identifier, la forme archaïque de « Je suis »[2]. Elle est aussi une façon de fusionner le néoplatonisme de l'être même et l'aristotélisme de la substance.

En Dieu, pour Thomas, être, essence, substance et nature sont identiques, et il convient d'unifier les sources

---

1. *De Potentia*, qu. 7, a. 3, ad 7ᵐ : « On peut cependant dire qu'il est dans le genre substance par réduction, comme principe (…) ; et de cette façon, il est la mesure de toutes les substances, comme l'unité est celle des nombres ».

2. Ia, qu. 13, a. 11. Le Nom divin Iehova se trouve dans un texte attribué à Jérôme, au moment de l'entrée de Jésus à Jérusalem le dimanche des Rameaux, parmi une liste de synonymes supposés de *hosanna* dans la langue des Juifs. Thomas, *Catena Aurea, Expositio in Mattheum*, chap. 21, l. 1 [Marietti, 1953, t. 1, p. 303] : « Hieronymus. (…) Unde sequitur turbae autem quae praecedebant et quae sequebantur, clamabant dicentes : hosanna filio David. Quid autem significet hosanna, nunc perstringam breviter (…). Pro eo quod in Lxx habetur interpretibus, o kyrie soson di, idest : o domine, salvum fac, in Hebraeo legimus : Anna, Iehova, hosi Anna, quod manifestius interpretatus est Symmachus dicens : obsecro, domine, salva, obsecro ».

La perte du Nom divin tétragrammate est une nouvelle occasion majeure manquée, comme celle de l'apparition-disparition de l'analogie à propos de Dieu en *Sagesse* 13, 5.

spéculatives qui en fournissent les mots. Peut-être y a-t-il une autre raison, qui a été remarquée à propos de la Trinité. Dans la *Somme de théologie*, pour le traité de Dieu dans l'unité de son essence, Denys est mis en avant ; en revanche, pour celui de Dieu dans la Trinité de ses personnes, Denys s'estompe au profit d'Augustin. Rien que de naturel, semble-t-il, eu égard à l'importance du *De Trinitate* de ce dernier, dont Thomas s'inspire. Sauf que Denys a placé Dieu au-delà de l'essence, écartant ainsi les déterminations conciliaires sur l'unique substance divine, socle des trois personnes, telle qu'elle s'exprime dans le *Credo* de Nicée-Constantinople. Augustin, au contraire, fonde son discours sur un discours sur Dieu qui porte sur sa substance, et par mode substantiel, ajoutant l'intention de signifier à la chose signifiée[1]. La Trinité exige donc l'emploi du terme de substance, et Thomas fait le choix du néoplatonisme d'Augustin pour équilibrer celui de Denys quant à l'énoncé du dogme lui-même.

Les apparences sont donc trompeuses : car ce choix thomasien en faveur d'Augustin plutôt que de Denys est déjà le fait du traité des Noms divins, et pour une raison identique, d'un discours substantiel à même d'énoncer l'être de Dieu, et pas seulement de nier ce qui ne lui convient pas. Thomas sait qu'il dispose de sources qui ne sont pas en tout compatibles, mais qui jouissent d'une autorité qui oblige à les ménager. C'est ainsi que Denys est par lui commenté, mis de son côté lorsqu'il s'agit de rendre monothéiste le *Livre des Causes*, et même célébré ailleurs[2], quoique tempéré et même corrigé avec une feinte candeur. Thomas est inimitable lorsqu'il crédite son auteur

1. Augustin, *La Trinité*, livre X, *passim*.
2. *Cf.* les dernières lignes de Thomas de son *Commentaire des Noms divins de Denys*.

d'une position qui est en fait la sienne propre, car malgré le poids des autorités l'équilibre du jugement revient à Thomas lui-même. En l'occurrence, la balance penche en faveur d'Augustin, toutes apparences sauves. Ce choix de la substance comme étant par soi, et non celui d'un au-delà de l'essence, se retrouve dans le *Commentaire de la Métaphysique*[1].

En définitive, « Être même subsistant » est une expression signée Thomas d'Aquin, qui désigne Dieu au bénéfice de sa double tradition néoplatonicienne et aristotélicienne, comme réconciliée par elle. L'être divin n'est pas au-delà de l'essence, il est substance par mode d'éminence. L'expression trouve son lieu dans la doctrine sacrée et, par une certaine capillarité, dans d'autres ouvrages. En revanche, une telle dénomination ne couronne pas une découverte inductive et philosophique de Dieu. Elle se distribue de haut en bas, et non de bas en haut.

Supposons toutefois un philosophe contemporain désireux de retracer (à plus forte raison de « reconstituer ») la démarche métaphysique thomasienne en fait de découverte de Dieu à partir des effets. Cette démarche peut se réclamer d'une certaine autonomie de méthode et de résultats. Parvenu au terme des démonstrations de l'existence de Dieu, loin de se satisfaire de l'accès au sommet, il s'aperçoit qu'il pourrait avoir à découvrir, à travers la brume, de nouveaux paysages. La tentation n'est pas rare, à ce point de son ascension, et malgré tous les conseils reçus au départ de la vallée, de pousser plus loin. C'est le premier pas de la théologie philosophique (ou plutôt de la théologie dite naturelle) qui coûte, et ce premier pas pourrait être celui de prétendre nommer Dieu « Être

---

1. Cf. *infra*, chapitre 7.

même subsistant », sous le double prétexte que Thomas nomme Dieu ainsi, et que l'expression n'est après tout qu'un condensé de termes métaphysiques. L'extension de connaissance apparaît alors comme une récompense de l'effort spéculatif. Ce nom qui a été conféré de haut en bas pourrait tout aussi bien se mériter de bas en haut.

Qu'en penser ? Il faut se garder au contraire de cette facilité, pour deux raisons. La première est le respect de la façon dont Thomas nomme les choses, quant au mode et quant au lieu, sous peine de ne plus s'apercevoir des autres lieux, ceux où il ne nomme pas Dieu ainsi, comme le *Commentaire de la Métaphysique*, alors qu'il y eût trouvé au moins la faveur d'une mention, même sans s'appuyer sur Aristote. Ce n'est pas pour achever Aristote que Thomas nomme l'Être même subsistant, or c'est Aristote (surtout) qui lui fournit les étapes d'une induction philosophique vers Dieu.

La seconde raison est que le non-respect de ces effets d'éclairage (ou d'ombrage), avec la considération que Thomas livre une boîte à outils dont nous disposons à loisir, – tous concepts rendus anonymes pour devenir universels, puis mis à égalité d'origine et de destination –, relève d'une démarche trop néoscolastique pour ne pas dissimuler ses limites. L'enthousiasme de l'emploi indistinct des concepts thomasiens n'excuse pas l'effet d'écrasement qu'un réemploi indiscret leur fait subir.

L'accès philosophique à Dieu ne doit donc pas aller trop loin en fait de simplicité divine. C'est la théologie chrétienne qui lui apprend le reste, ou bien au minimum la conforte, même si c'est avec un vocabulaire métaphysique.

LE REFUS DE DÉFINIR DIEU

La simplicité trouve chez Proclus la capacité de désigner la non-multiplicité. Avec Denys qui en donne une version monothéiste et chrétienne, la simplicité traduit la non-composition, et c'est ainsi que Thomas, à son tour, l'entend. La simplicité thomasienne contient à la fois non-multiplicité, non-composition, unique substance de celui qui est l'Être même subsistant, tout cela en lui-même et par contraste avec le statut des créatures, qui sont multiples et composées. Ainsi, la simplicité divine devient une manière de signifier la transcendance, ce en quoi Dieu marque la « distance », comme Thomas le dit dans le *De Potentia*[1].

L'être divin est transcendant, non pas bien qu'il soit être, mais parce qu'il est être. Loin de toute inclusion de Dieu dans un concept d'étant objet de représentation, une telle configuration signifie plutôt l'affirmation du statut transcendant de Dieu, car son être échappe à toute catégorisation. Ce point en comporte deux. Le premier consiste à rendre manifeste la façon dont Thomas signifie cet écart du côté de l'être divin lui-même. Le second point montre combien c'est l'être des créatures qui doit se concevoir à partir de ce que Dieu est, et de la relation asymétrique qu'il entretient avec les créatures.

Quant au premier point, le *De Potentia*, déjà remarqué, fournit de précieuses indications. L'une d'entre elles résume ce qui vient d'être dit et distingué :

> Tous les étants sont à partir d'un seul premier étant, ce premier étant que nous appelons Dieu[2].

---

1. *De Potentia*, qu. 7, *passim*.
2. *De Potentia*, qu. 7, a. 1, corpus : « Omnia entia ab uno primo ente esse, quod quidem primuum ens Deum dicimus ».

Cet étant premier, qui est Dieu, ajoute Thomas, doit être acte pur[1]. S'il en est ainsi, il lui est impossible d'être composé. C'est pourquoi il lui est nécessaire d'être absolument simple[2]. Un Dieu acte pur signale l'absence de toute composition avec la puissance, donc de toute sorte d'imperfection. Une objection s'interpose lorsque Thomas demande si Dieu est dans un genre :

> Il est nécessaire que tout ce qui est défini soit dans un genre. Mais on définit Dieu, on dit en effet qu'il est acte pur. Donc Dieu est dans quelque genre[3].

Dans sa réponse, Thomas ne retire nullement à Dieu l'attribution d'acte pur qu'il vient au contraire de manifester comme nécessaire, mais il lui dénie le caractère de définition :

> Dieu ne peut pas être défini. En effet, tout ce qui est défini est compris dans l'intellect de celui qui définit ; or Dieu est incompréhensible par l'intellect. C'est pourquoi, lorsqu'on dit que Dieu est acte pur, ce n'est pas sa définition[4].

Ailleurs, Thomas donne un second argument, selon lequel, pour définir, il faut disposer d'un genre et d'une différence. Or Dieu n'est pas placé dans un genre et ne saurait être réduit à l'état d'espèce, par aucune différence

---

1. *De Potentia*, qu. 7, a. 1.

2. *Ibid.*

3. *De Potentia*, qu. 7, a. 3, obj. 5 ; « Praeterea, omne quod definitur, oportet quod sit in genere. Sed Deus definitur : dicitur enim quod est actus purus. Ergo Deus est in aliquo genere ».

4. *Ibid.*, ad 5[m] : « Ad quintum dicendum, quod Deus definiri non potest. Omne enim quod definitur, in intellectu definientis comprehenditur ; Deus autem est incomprehensibilis ab intellectu ; unde cum dicitur quod Deus est actus purus, haec non est definitio eius ».

que ce fût[1]. L'objectant de l'acte pur, dans le *De Potentia* (qui fut peut-être, avec cette reportation de questions disputées, un véritable objectant), proposait donc une difficulté non moins consistante ; mais il se voit écarté par Thomas avec un sens de la distinction qui ne saurait échapper. Loin de refuser la dénomination venue d'Aristote de Dieu comme acte pur, Thomas toutefois en traduit la portée : celui qui chercherait à définir Dieu n'a pas les moyens de se proportionner à son objet. L'énoncé est vrai, mais il ne définit pas.

Thomas ne parle jamais non plus de définition nominale ni de quasi-définition pour adoucir la rigueur de notre inconnaissance terrestre de l'essence divine, sur laquelle il ne transige pas.

LA SIMPLICITÉ DIVINE DANS SON ÉCOSYSTÈME

La simplicité divine est apparue comme le thème mettant en valeur l'être divin en tant que différent de tous les autres êtres. Rien n'est plus véritable. Toutefois, une telle façon de privilégier un champ conceptuel pourrait entraîner des exagérations. Essayons de dresser un bilan, en marquant un pas du recul.

Le cas de la *Somme de théologie* est emblématique de l'importance de la simplicité divine. Les concepts relatifs à l'être divin s'y trouvent concentrés. Ils sont même présents à leur état natif, attribués à celui qui leur convient à titre premier et éminent, Dieu. Toutes les autres attributions, donc en direction des créatures, sont les conséquences de cet étalonnement analogique, selon une participation fondée sur la création libre. Cette nomination première en Dieu relève de la volonté pour nous de signifier

---

1. Ia, qu. 3, a. 5, ad 3[m].

l'éminence de l'être divin, assortie de la conscience des limites de notre mode de la signifier.

Par exemple, Dieu est dit substance mais il n'appartient pas au genre substance[1]. Il en est le principe, principe extérieur au genre parce que transcendant à lui. Dieu n'est d'aucune façon le numéro un d'un genre, si haut placé soit-il, si c'est à l'intérieur du genre. C'est ainsi que Dieu n'est pas dit être, si être signifie l'être commun. Au contraire, il est dit être à un titre éminent, et en tant qu'il est au principe de tout l'être, de l'être commun, bref de tous les étants créés. Dieu est la mesure de tout mais sans être proportionné à rien[2]. Le surplomb qui précède toutes les sortes de composition n'est rien moins que sa transcendance. La simplicité opère les découpes rendues nécessaires par la considération de la transcendance divine, et en même temps la disposition subséquente des compositions afférentes aux êtres créés, en tant qu'ils ressemblent à Dieu, sur fond de dissemblance.

La simplicité relève-t-elle, chez Thomas, de la philosophie ou bien de la théologie? La question est piégée, si l'on ne tient compte que de l'origine des concepts, en partie philosophique, ou même de leur emploi chez Thomas, qui ne perdent rien de cette consistance, et qui au contraire lui en font gagner. Elle semble piégée aussi, à considérer les lieux textuels où Thomas en parle. En effet, il n'en est guère question dans les Commentaires philosophiques. L'*Écrit sur les Sentences* donne sa place

---

1. Ia, qu. 3, a. 5, corpus et ad 2[m]. Quoique substance, il ne l'est pas au sens où il serait le premier dans le genre de la substance, car il est en dehors de tout genre et à l'égard de tout l'être (a. 6, ad 2[m] : « Quamvis Deus non sit primum contentum in genere substantiae, sed primum extra omne genus, respectu totius esse »).

2. Ia, qu. 3, a. 5, ad 3[m].

à la simplicité, sans compter la *Somme de théologie*. En revanche, la *Somme contre les Gentils* ne lui accorde pas la même vitrine d'exposition. Au lieu de rassembler sous son thème un ou plusieurs chapitres du livre I, elle la disperse au contraire dans plusieurs d'entre eux qui parlent d'autre chose. Est-ce alors parce que cette dernière *Somme* expose la vérité de la foi catholique selon un luxe d'arguments rationnels ? Cela tendrait à manifester que le thème de la simplicité divine n'est jamais plus à son aise que dans un exposé théologique. Il est difficile de trancher sans appauvrir.

Toutefois, la simplicité divine se trouve déjà thématisée dans les *Sentences* de Pierre Lombard[1]. C'est donc à la lecture et avec le commentaire obligé de ces pages qu'un jeune théologien – nous dirions un doctorant – comme Thomas (comme pour plus d'un millier d'autres lecteurs des *Sentences* recensés[2]) s'est fait la main du thème de la simplicité. Celui-ci se trouve à l'entrecroisement du Dieu simple et des créatures complexes, de la nomination de Dieu, substantielle ou non, ou de l'immutabilité divine, autre thème augustinien. Thomas se saisit de cette doctrine pour architecturer la sienne : Dieu est « absolument simple », bien sûr, et il est ce premier qui donne l'être à toutes choses, « donc son être ne dépend pas d'un autre »[3].

De même, sur le surplomb de Dieu par rapport au genre substance, tout est déjà là : il n'y est pas contenu, il est dit substance seulement au titre de principe[4]. Quant à eux, les

---

1. Pierre Lombard, *Les Quatre livres des Sentences. Premier livre*, *op. cit.*, d. VIII, p. 205 *sq.*

2. *Ibid.*, *Introduction générale*, note 2, p. 37.

3. *In Sententiarum* I, d. 8, qu. 4, a. 1, Praeterea, Paris, Lethielleux, t. 1, 1929, p. 219.

4. *Ibid.*, a. 2, ad 3[m], p. 223.

développements sont aussi présents sur l'identité en Dieu de l'être et de l'essence, avec *Exode* 3, 14 en *sed contra*, et l'affirmation selon laquelle : « Ce nom "Celui qui est" ou "étant" est imposé par l'acte d'être lui-même », d'ailleurs sous l'égide d'Avicenne, pour en conclure que « être » nomme Dieu proprement et qu'il est son nom propre[1].

Pourquoi ce terme d'être dit-il Dieu si bien ? Parce que, selon Thomas, en lui-même il ne postule aucune raison déterminée ni aucun ajout. Jean Damascène, rapporté par Thomas, en tire la comparaison d'un « océan infini de substance » (métaphore que Thomas reprendra), à tel point que notre intellect demeure au terme « dans une certaine confusion (*unde est sicut in quadam confusione*) » ; à tel point aussi que, à force de nier de Dieu toutes les déterminations des êtres créés, notre intellect

> demeure dans une certaine ténèbre d'ignorance, ignorance selon laquelle, selon le statut de notre vie terrestre, nous sommes unis au maximum à Dieu, comme le dit Denys [*Les Noms divins* VII, § 3], et qui est une certaine nuée dans laquelle nous disons que Dieu habite[2].

Ce texte a fait couler quelques flacons d'encre. Il a été utilisé pour avaliser la cessation d'après Thomas de toute activité intellectuelle au sommet de l'intellectualité, et, de ce fait, l'entrée dans une union mystique à la manière de Denys. Il faut pourtant se garder de certains faux-sens. La confusion chez Thomas ne désigne pas un brouillard censément mystique, entre ténèbre et nuée. La confusion chez lui désigne la non-distinction, et la connaissance de Dieu comme être relève de cette non-distinction d'une

---

1. *In Sententiarum* I, d. 8, qu. 4, a. 1, solution, p. 195.
2. *Ibid.*, a. 1, ad 4[m], p. 196-197.

caractérisation trop commune, puisque l'emploi de l'être y est dégagé de toute détermination. En outre, la cessation de la connaissance n'est pas en tant que telle une union, encore moins une union amoureuse. Thomas reste latin et recule devant certaines options plus orientales. L'amour relève avec Grégoire le Grand de la vertu théologale de charité (laquelle suppose la connaissance de foi) et non de l'ignorance. Surtout, peut-être, l'ignorance graduelle de l'intellect n'a rien en soi d'une ascension mystique. Thomas, de manière silencieuse mais ferme, et ce sera encore plus net par la suite, se refuse à entrer dans cette ligne interprétative. Il magnifiera Denys autant qu'on le voudra, mais ne concèdera jamais que la nomination de Dieu relève d'une catégorisation mystique, d'une voie unitive. Denys est mis au service du débat sur la nomination de Dieu dans le cadre de la doctrine sacrée, pas au titre d'un domaine alternatif d'intellectualité et d'union avec Dieu. Ce petit texte de l'*Écrit sur les Sentences* a donc encore la verdeur d'un Thomas frais émoulu de la lecture de ses sources, et aussi des leçons d'Albert sur Denys (plus engagées du côté néoplatonicien de l'Aréopagite), mais il ne dépasse pas certaines limites. Il dira plus tard pourquoi avec plus d'ampleur et de maturité. Mais dès lors il a fait ses choix d'orientation. Dieu peut être nommé être, et même il le doit plus que tout autre, à tel point que tous les autres lui doivent d'être nommés êtres grâce à lui, sans qu'il dépende d'aucune façon de ceux qui dépendent de lui.

L'illustre un passage tiré du *Commentaire* de Thomas *sur les Noms divins de Denys* :

> Il montre comment l'être se rapporte à Dieu ; et il dit que l'être même commun vient du Premier Étant, qui est Dieu. Il s'ensuit que l'être commun se rapporte à Dieu autrement qu'aux autres existants, et cela de trois façons :

premièrement, quant à ce que les autres existants
dépendent de l'être commun, mais non pas Dieu, mais
davantage c'est l'être commun qui dépend de Dieu (…).
Deuxièmement quant à ce que tous les existants sont
contenus sous l'être même commun, mais non pas Dieu,
mais davantage c'est l'être commun qui est contenu sous
sa puissance, parce que la puissance divine s'étend à
davantage de choses que l'être commun lui-même (…).
Troisièmement, quant à ce que tous les autres existants
participent à ce qui est être, mais non pas Dieu, mais
davantage l'être créé lui-même est une certaine
participation et une certaine ressemblance de Dieu[1].

Dans son contexte, il passe presque inaperçu ; le texte
de Denys qu'il commente n'est pas un moment décisif ;
d'ailleurs, le *Commentaire* qu'en fait Albert le Grand ne
présente pas autant que chez Thomas le caractère d'une
marquetterie doctrinale[2]. Pour celui-ci, il semble ne s'agir

---

1. *Super librum Dionysii De divinis nominibus*, n°660 : « Deinde,
cum dicit : et ipsum et cetera, ostendit quomodo esse se habeat ad Deum ;
et dicit quod ipsum esse commune est ex primo ente, quod est Deus, et
ex hoc sequitur quod esse commune aliter se habeat ad Deum quam alia
existentia, quantum ad tria : primo quidem, quantum ad hoc quod alia
existentia dependent ab esse communi, non autem Deus, sed magis esse
commune dependet a Deo ; et hoc est quod dicit quod ipsum esse commune
est ipsius Dei, tamquam ab ipso dependens, et non ipse Deus est esse,
idest ipsius esse communis, tamquam ab ipso dependens. Secundo,
quantum ad hoc quod omnia existentia continentur sub ipso esse communi,
non autem Deus, sed magis esse commune continetur sub eius virtute,
quia virtus divina plus extenditur quam ipsum esse creatum ; et hoc est
quod dicit, quod esse commune est in ipso Deo sicut contentum in
continente et non e converso ipse Deus est in eo quod est esse. Tertio,
quantum ad hoc quod omnia alia existentia participant eo quod est esse,
non autem Deus, sed magis ipsum esse creatum est quaedam participatio
Dei et similitudo ipsius ».
2. Albert, *Super Dionysium De divinis Nominibus*, cap. 5, § 30, in
Opera Omnia, t. XXXVII, Pars I, P. Simon (éd.), éd. Cologne, 1972,
p. 320b.

que d'un paragraphe d'exposition, sinon littérale (ce n'est pas le cas), du moins de manifestation d'intention de ce que Denys s'apprête à expliquer. Pourtant, ce passage, qui a été relevé par certains auteurs (depuis Gilson : Zimmermann, Marion, Courtine, Boulnois) ne l'a pas été au point de le considérer dans son entier, avec son espèce de structure litanique, laquelle consiste à dire trois fois à peu près la même chose, selon une même construction mais avec des mots différents.

Il s'agit de la façon dont « l'être se rapporte à Dieu », et non point de la façon dont Dieu se rapporte à l'être. La direction prise par l'inclusion dit tout ce qui va suivre du texte ; elle résume de surcroît ce chapitre sur Dieu et l'être. Pourtant, et en fait, grâce à cela « l'être commun lui-même vient du premier Étant qui est Dieu ». Chez Denys, si Dieu est qualifié de premier Étant, les autres êtres ne le sont pas d'étant commun, expression avicennienne que Thomas adopte et qui dit tout l'être sauf Dieu. En effet, c'est de trois façons que Thomas met en perspective l'être commun et Dieu, pour manifester dans chacune d'elles que Dieu ne fait pas partie de l'être commun, mais au contraire le précède, puis le cause dans « les autres existants » (qualificatif, lui, dionysien).

De trois façons successives, Thomas marque : 1) la dépendance des existants à l'être commun (« dépendent », « sont contenus sous », « participent ») ; 2) puis un renversement de perspective : « mais non pas Dieu », libellé identiquement à chaque fois ; 3) c'est au contraire l'être commun qui dépend de lui (« dépend », « est contenu sous sa puissance », « est une certaine participation de Dieu »).

Ce triple développement, qui est en soi une curiosité, porte une leçon : la dépendance tout l'être à Dieu, de son côté une transcendance (marquée par la triple négation offusquée), puis la causalité de participation de tout l'être à Dieu qui achève d'exposer ce que le théologien appellerait une relation réelle (de dépendance) du côté de la créature, mais une relation de raison (non dépendante) du côté de Dieu. Il est d'autant plus remarquable que Thomas assume la ressemblance des êtres à Dieu : le statut unique de celui-ci, y compris sous le rapport de l'être, autorise la ressemblance en vertu de la transcendance même.

La simplicité est donc une question indispensable à la thématisation de l'être divin. Est-elle pour autant la principale et même la seule ? Pour ce sujet comme aussi pour bien d'autres, une prudence de méthode s'impose, tant a posteriori qu'a priori. Il n'est que trop facile de privilégier un concept censé éclairer un ensemble.

Les œuvres de Thomas manifestent au contraire une constante interaction entre les concepts et les ensembles où ils sont produits, trame serrée et homogène qui s'apparente à un écosystème, où tout s'équilibre et se répond. À cet égard, Thomas ne cherche pas à isoler tel principe d'explication, lequel servirait ensuite à tout comprendre. Même la désignation de l'être comme un acte, qui est sa signature, se présente dans les mêmes conditions d'intégration. Il en va de même pour la simplicité divine, en tant que celle-ci présiderait à tout ce qui désigne Dieu comme être. Elle est une thématisation indispensable, mais elle n'est pas seule. Les autres perfections divines y concourent, et selon le sens que Thomas leur reconnaît. Le souci de l'interprète doit être de respecter l'écosystème thomasien dans son exposé, précaution qui ne lui facilite pas la tâche, tant elle semble le contraindre à ne rien mettre en relief. Pourtant, chez Thomas la vérité des articulations conceptuelles est tributaire de la manifestation des multiples composantes de la doctrine.

Retenons que, d'une part, les qualifications concernant Dieu ne sont multiples que de notre côté, en raison de l'imperfection de notre mode de connaître, au lieu qu'elles désignent identiquement une réalité unique du côté de Dieu lui-même ; et que, d'autre part, ces mêmes qualifications, attribuables aussi aux créatures mais par différentes façons de composition, comme autant de limites qui ne sont pas des limitations, supposent, pour marquer ce passage de l'être divin à celui des créatures, une certaine idée de l'analogie et de la participation.

Chapitre V

ANALOGIE ET PARTICIPATION

Quant au sens des mots, en première approche la prédication *analogique* signifie la comparaison imparfaite de deux réalités, ni tout à fait identiques (elles seraient alors prédiquées de façon *univoque*), ni tout à fait diverses (elles le seraient au contraire de façon *équivoque*). Plusieurs modèles d'analogie se présentent, peut-être incompatibles.

La *participation* désigne le fait pour une chose de prendre part à une autre, d'appartenir à une même essence, non de manière identique mais plus ou moins, de façon graduée et dépendante. Elle traduit une cause formelle affaiblie, mais tout de même *cause exemplaire*, imitée d'autant par les effets qui y prennent part, selon divers degrés de ressemblance.

Quant à l'emploi des mots, l'analogie se situe du côté logique du discours, et la participation du côté métaphysique de son fondement. L'analogie décrit, sur le plan horizontal des étants, les différents sens de l'être, surtout les rapports des accidents à la substance ; et, sur le plan vertical et même transcendant, la possibilité d'une prédication commune aux créatures et à Dieu. Toutefois, selon les modèles d'analogie en présence, cette dernière comparaison révèle différentes interactions par rapport à la participation, indispensable ou bien inutile.

En contexte patristique puis médiéval, analogie et participation se trouvent donc exposées plutôt en théologie. Elles y apportent la puissance de l'instrumentation, tout en se trouvant aussi modifiées par l'objet qu'elles sont chargées de traduire, et surtout par l'intention de celui qui s'en saisit. Toutefois, à partir du XIVᵉ siècle, l'aspect logique prend le dessus et précède l'objet, et peut-être le modifie.

Quant à la construction du problème, analogie et participation n'ont pas attendu les perfections du Dieu unique ou bien la théologie de la création pour s'établir, ni historiquement, ni chez Thomas d'Aquin. Il n'empêche que de tels chapitres sont chez ce dernier le lieu où, par la pratique autant que par la théorie, il les confronte. À tel point qu'il est difficile chez lui de trouver mieux ailleurs. Si donc c'est à propos des Noms divins que Thomas thématise le plus sa pratique de l'analogie, et que c'est en vue des causalités concourant à la création qu'il approfondit sa propre conception de la participation, ce n'est pas pour rien.

Conformément aux résolutions du chapitre précédent, il est nécessaire de manifester les liens tissés chez Thomas entre les instruments et les doctrines. S'il en est ainsi, se présentent à nouveau, comme selon une stimulation mutuelle, philosophie et théologie, ou pour mieux dire raison et foi. Si nombre d'études couvrant les dernières décennies attestent qu'il y a autant de théories de l'analogie et de la participation qu'il y a d'auteurs antiques et médiévaux pour s'en réclamer, il faut tenir compte de leur originalité propre, et aussi des traditions dont ils dépendent, des problèmes auxquels ils sont confrontés et des moyens qu'ils prennent pour les résoudre.

Noms divins, limites radicales ou partielles de notre discours sur Dieu, tout apparaît tributaire d'un tronc commun platonicien de la participation – celle-ci permettant un aller et retour des notions entre Dieu et les créatures – tronc commun aux chrétiens, aux musulmans ou aux juifs, autant qu'aux païens initiaux, mais diversement évalué. De toujours, la participation s'appuie sur l'univocité, distributrice des essences, or Dieu est transcendant aux créatures, ce n'est pas sa propre essence qui émane dans le monde, de façon immanente et nécessaire. Dieu ne peut donc être nommé comme les créatures, mais peut-être à partir d'elles ; il est le créateur d'êtres qui lui ressemblent, avec toutefois le risque de lui ressembler trop. Ce risque est congénital à la distribution d'une même essence selon une participation graduée. Cette structuration platonicienne est univoque, et aucun écart, si grand soit-il, ne parvient à faire oublier cette univocité, qui prédique alors le monisme. Faut-il se résoudre à briser la distribution univoque (Dieu est bon) avec une déclaration finale d'équivocité (mais il est au-delà de toute bonté), afin de préserver la transcendance, mais au prix de cela même qu'il s'agissait d'établir, une nomination de Dieu ? Toute univocité, même affaiblie, lorsque confrontée à la transcendance divine, ne peut que consentir à son propre renoncement, et donc se résoudre à une certaine équivocité, laquelle devrait revenir à se taire au sujet de Dieu. C'est ce que des siècles d'auteurs ont pressenti ou cherché à éviter, sans toujours en avoir les moyens techniques.

L'analogie permet-elle donc de légitimer notre discours sur les choses divines, et quelle sorte d'analogie ? La participation établit-elle l'action causale de Dieu, et la production d'êtres à sa ressemblance, sans aucun monisme ?[1].

Ce chapitre expose en premier lieu les éléments du problème, puis, en second lieu, analyse quelques textes de Thomas sur les deux questions qui viennent d'être posées.

L'ANALOGIE, À LA RECHERCHE D'UN JUSTE MILIEU

La recherche de l'analogie relève donc, au moins à cause de ces deux pendants du problème (nommer Dieu en propre, et distinguer de lui les créatures), de la nécessité de tenir à distance toute univocité, sans non plus se résoudre à l'équivocité. Une telle volonté de juste milieu est cependant plus facile à proclamer qu'à établir et, encore une fois, chacun s'y essaie, à moins qu'il préfère y renoncer.

L'analogie telle que Thomas la met au point n'est pas seulement un présupposé logique qu'il appliquerait à la métaphysique de la participation, et celle-ci au service de la nomination de Dieu ou des causalités présentes dans l'œuvre de la création. C'est plutôt l'inverse. Les besoins de la théologie commandent une certaine métaphysique, et celle-ci mesure une logique qui lui correspond. C'est pour cela que, parmi les Médiévaux latins, chacun a sa propre conception de l'analogie. Elle est la traduction sémantique de décisions qui la précèdent et qui la dépassent. On ne manquera pas d'invoquer Aristote, comme si sur ce sujet il suffisait à fournir à tous le même matériau, alors qu'il n'a pas de mots assez durs pour railler la doctrine

---

1. Pour le détail des doctrines et des études qui suivent, ce pourquoi nous nous permettons de ne pas en référencer tous les auteurs, *cf.* T.-D. Humbrecht, *Thomas d'Aquin, Dieu et la métaphysique, op. cit.*, « 2. 2, Analogie et participation », p. 561-586.

platonicienne de la participation[1]. Cependant, Aristote n'a légué au mieux à sa postérité qu'une demi-doctrine de l'analogie ; et surtout chacun, s'aidant alors d'une tradition postérieure à Aristote, platonisée avec le retour de divers types de participation, configure l'analogie à sa façon.

Même pour se limiter au cas Thomas d'Aquin, il faut interroger la façon de puiser chez lui une doctrine de l'analogie : elle ne se trouve pas n'importe où. En outre, elle a fait l'objet de plusieurs évolutions, et elle tire son identité des questions qu'elle entend traduire. L'analogie, longtemps après étudiée pour elle-même, l'a été alors indépendamment ou presque de son contexte doctrinal, comme une construction logique. C'était gagner ce que plusieurs siècles l'avaient fait devenir, mais c'était perdre Thomas d'Aquin.

L'analogie dont dispose Thomas d'Aquin est certes la sienne propre, qu'il configure selon une solution inédite, comme pour à peu près tout ce qu'il fait. La volonté de l'employer n'est cependant ni une nouveauté ni une exception. En un sens, l'analogie vient d'Aristote et surtout de la lecture que Thomas en retient ; en un autre sens, elle est un héritage entremêlé, qui avec Aristote traverse la philosophie postérieure, quoiqu'en se réclamant tout aussi bien d'auteurs platoniciens, avec nombre d'étapes parfois considérables et souvent imperceptibles, notamment du fait de l'apport des Arabes.

Considérons tout d'abord deux étapes qui ont fait date dans l'interprétation contemporaine de l'analogie, puis revenons à l'exposé de la question.

---

1. Aristote, *Métaphysique*, A, 9, 991a9-22 et 992a26.

L'ANALOGIE ABSENTE CHEZ ARISTOTE, SELON PIERRE AUBENQUE

En 1962, Pierre Aubenque déniait à Aristote toute doctrine de l'analogie de l'être[1]. Cette mise en crise sous la mouvance de Heidegger n'allait pas sans exagérations interprétatives. Elle eut néanmoins le double mérite d'obliger à considérer de plus près la projection sur Aristote des résolutions médiévales, en fait thomistes ou supposées telles, et aussi de distinguer chez Aristote lui-même ce qui était nommé *analogia* et ce qui ne l'était pas.

Chez Aristote, et sans contestation possible, l'analogie s'énonce telle par mode de comparaisons de rapports, dans trois domaines : la biologie, les mathématiques, la poésie (les plumes sont à l'oiseau ce que les écailles sont au poisson ; le rapport de 4/8 est analogue à celui de 2/4 ; la vieillesse est à la vie ce que le soir est à la journée). En revanche, pour ce qui concerne l'étagement d'importance des sens de l'être, dont la multiplicité est de façons diverses rapportée « à une nature unique », laquelle est en fait la substance (ou aussi essence, *ousia*), cette construction n'est pas nommée *analogia*[2]. En somme, la seule analogie revient à des domaines de comparaison entre des choses qui ne sont pas de même nature. Lorsqu'un rapport à une nature existe, il ne s'appelle pas analogie, il ne reçoit pas de nom.

Néanmoins, pour Pierre Aubenque, l'absence du terme d'analogie dans la *Métaphysique* d'Aristote manifeste sa

---

1. P. Aubenque, *Le problème de l'être chez Aristote*, *op. cit.*
2. Aristote, *Métaphysique*, Γ, 2, 1003a33-1003b18 (pour le faisceau des sens de l'être rapporté à la substance) ; *Poétique*, chap. 21 (pour l'*analogia* en poétique). P. Aubenque, *Le problème de l'être chez Aristote*, *op. cit.*, p. 199.

doctrine même. La science recherchée, qui ne parvient pas à fonder son unité sur l'univocité d'un genre (car l'être, dit Aristote, n'est pas un genre), échoue à se constituer en science. La métaphysique, non nommée telle par Aristote, manque l'analogie, les sortes d'êtres sont trop diverses, l'équivocité prévaut. La thèse d'Aubenque est que la métaphysique reste un chantier, de droit comme de fait. Elle est non seulement inachevée mais inachevable[1]. L'absence de nécessité de la science aboutit à la contingence et à la finitude[2]. Une métaphysique en déficit d'analogie n'est plus qu'équivocité et dispersion; ne reste qu'une pragmatique, pour désigner les choses et les échanger, « l'ensemble des conditions a priori qui permettent aux hommes de communiquer par le langage »[3].

Aubenque toutefois, qui a voulu « tenter de désapprendre tout ce que la tradition a *ajouté* à l'aristotélisme primitif »[4], lui a pourtant ajouté, plus ou moins sciemment, la critériologie d'une autre tradition, l'idéal d'une science, achevée lorsqu'elle est univoque, déductive et systématique, en fait celle de la scolastique tardive d'un Suárez. Plusieurs critiques, d'époque ou récents, ont pris le meilleur de la lecture d'Aubenque mais ont relativisé sa part de reconstruction permettant la déconstruction. Au moins certaines questions se trouvaient-elles désormais posées. Quoiqu'exagérée, et même du fait de son outrance et du paradoxe de refuser un enracinement pour en imposer un

---

1. *Ibid.,* p. 13-16, p. 488-489.
2. *Ibid.,* p. 489.
3. *Ibid.,* p. 132.
4. *Ibid.,* p. 3.

autre, la critique d'Aubenque oblige à examiner les généalogies présidant à l'analogie[1].

Certes, chez Aristote, la théologie existe, mais trop courte et non reliée au reste, dans les quelques pages que lui consacre le livre Lambda de la *Métaphysique*[2]. Cette coupure, due notamment au refus de toute participation mais aussi au dégagement du monde d'un dieu pur intellect, postule l'absence de providence et donc la solitude de l'homme, d'où aussi l'importance de la vertu de prudence, pour tenir lieu de providence refusée[3].

L'ANALOGIE DE THOMAS ÉLUCIDÉE

À la même époque qu'Aubenque, Bernard Montagnes faisait paraître sa thèse sur l'analogie chez saint Thomas[4]. Celle-ci introduisait une révolution interprétative (ou plutôt achevait une évolution amorcée), aussi puissante que celle d'Aubenque pour Aristote mais, à égalité de maîtrise des textes, d'une lecture plus équilibrée[5].

1. Parmi les critiques, A. de Muralt, J. Lonfat, E. Berti. Réunissant plusieurs générations d'interprètes, *cf.* le remarquable bilan *Pierre Aubenque In memoriam*, dans *Les Études philosophiques*, 2022/2.

2. Aristote, *Métaphysique*, Λ, chap. 7-9. P. Aubenque, *Le problème de l'être chez Aristote*, *op. cit.*, p. 487-488.

3. P. Aubenque, *La prudence chez Aristote*, Paris, P.U.F., 1962, p. 174-177. D. Lefebvre, « Entre hyperplatonisme et humanisme. L'Aristote de Pierre Aubenque », dans *Pierre Aubenque In memoriam*, *op. cit.*, p. 87-103.

4. B. Montagnes, *La doctrine de l'analogie de l'être d'après saint Thomas d'Aquin*, Leuven-Paris, Nauwelaerts, 1963[1] ; rééd. Paris, Cerf, 2008[2], p. 7-22, sur l'évolution en cours.

5. *Ibid.*, Introduction, p. 7-19 pour ses prédécesseurs, dont G. P. Klubertanz (pour l'évolution interne de Thomas) et C. Fabro (pour le lien de l'analogie à la causalité, quoique sans tenir compte d'une telle évolution de l'analogie, p. 11).

L'objectif était de restituer la pensée de Thomas sur l'analogie, c'est-à-dire, en premier lieu, selon tous les textes à même de l'exposer, et cela de façon chronologique ; en second lieu, de confronter les résultats de l'enquête à l'interprétation devenue normative chez les thomistes de la première moitié du XXᵉ siècle, qui était celle de Cajetan[1].

Le diagnostic est triple : 1) Thomas conserve une direction constante de l'analogie, mais avec une *évolution*, cela en trois périodes (détaillées plus loin) ; 2) l'interprétation de Cajetan s'est appuyée sur la seule deuxième période, que Thomas a ensuite *abandonnée*. Il en résulte que la tradition cajétanienne se présente comme un déplacement « de la métaphysique à la logique », mettant ainsi face à face « deux métaphysiques thomistes »[2] ; 3) bien plutôt, l'analogie se comprend fondée sur une métaphysique de la *participation*, d'ailleurs absente chez Cajetan.

Un tel résultat produit donc une double détonation : celle de la fixation de la doctrine thomasienne, longtemps considérée comme inextricable, mais qu'il suffit de

---

1. Jacques de Vio, devenu fr. Thomas, o.p., puis cardinal Cajetan (car natif de Gaëte, 1469-1534), est le principal théologien catholique de son temps, exégète autant que commentateur célèbre de la *Somme de théologie* de saint Thomas. Il débat avec Martin Luther en 1518, juste avant la rupture de celui-ci avec l'Église ; d'où ensuite ses propres commentaires de la Bible. Il prête aussi main forte à la papauté à propos du péril turc. Son thomisme original accentue considérablement le caractère rationnel de la théologie, et à ce titre modifie pour longtemps la réputation de Thomas d'Aquin. On devine aussi combien cette forme d'esprit et celle de Luther, si marqué par la subjectivité croyante de l'Allemagne de son temps, ne pouvaient se comprendre, malgré un certain respect réciproque.

2. B. Montagnes, *La doctrine de l'analogie de l'être d'après saint Thomas d'Aquin, op. cit.*, Conclusion, p. 154, 163 et 168. Cajetan, *De Nominum analogia*, texte, traduction et intro. dans B. Pinchard, *Métaphysique et sémantique. Autour de Cajetan*, Paris, Vrin, 1987.

soumettre à la méthode historique (celle de Chenu et de Gilson) pour dénouer le problème ; et celle de la dislocation consécutive, sur ce point, de la position de Thomas d'Aquin et de celle de Cajetan, ce qui produit un effet scientifique (la considération d'une discontinuité) et symbolique (la relativisation d'une tradition thomiste homogène, supposée telle au XXe siècle, sur l'analogie). Comme par un effet domino, il y va certes de la question de l'analogie, mais aussi de ses conséquences : la nomination de Dieu, l'articulation de la logique et de la métaphysique. Au-delà encore, il y va de la prise de conscience que Cajetan, auteur original, cherche moins à expliquer fidèlement la pensée de Thomas (ce dont par naïveté anhistorique la néoscolastique ne l'a que trop crédité), que de répondre à sa manière aux questions de son temps. Celles-ci comportent un double paramétrage : un néo-aristotélisme issu de l'École de Padoue, et la volonté de répondre à Duns Scot (ou au scotiste de son temps : Trombetta) et à son concept d'univocité par un concept d'analogie, de même que Scot avait répondu à un premier concept analogue, celui de Henri de Gand. Toutefois, c'est chez Cajetan, dans la critique même, avoir concédé l'essentiel : la primauté d'un concept capable d'embrasser les étants. L'acte de connaître les êtres, désormais, précède les êtres eux-mêmes. Sous ce rapport, ce n'est plus Thomas d'Aquin.

Un tel résultat du livre de Montagnes a marqué l'histoire du thomisme contemporain, avec des réactions contrastées, d'autant plus positives qu'elles considéraient que saint Thomas devait se lire à partir de lui-même et non d'une tradition supposée fidèle, laquelle attend toujours l'heure de son interprétation, par auteur et puis d'ensemble.

Qu'en est-il donc de la position de saint Thomas, de ses sources et de son évolution ?

LES DEUX MODÈLES D'ARISTOTE

Aristote laisse deux moitiés de modèles : l'un appelé *analogia*, égalité de rapports (a/b=c/d) décelable dans ses domaines non-mathématiques d'application, biologie et surtout métaphore poétique. Il compare des réalités de nature différente, comparables toutefois dans la fonction respective de leur premier terme à leur second. Dans l'exemple « la vieillesse est à la vie ce que le soir est à la journée », il n'y a rien de commun entre ces deux ordres de réalités, mais tout le monde comprend la comparaison, de par la place et la fonction des termes.

L'autre moitié de modèle, présente en métaphysique mais demeurée sans nom, cherche à résoudre l'aporie d'une science dont le sujet doit être univoque pour se constituer. La métaphysique ou plutôt, chez Aristote, la science recherchée, s'occupe de tout l'étant. « Il y a une science qui étudie l'être, en tant qu'être, et ses attributs essentiels »[1]. Or, et c'est l'inévitable difficulté de départ pour Aristote, « l'être se prend en plusieurs acceptions »[2].

Pour éviter la conséquence d'une équivocité (chez Aristote, d'une homonymie) rendant impossible la constitution de la science, Aristote pose une unité imparfaite mais à ses yeux suffisante, celle d'une multiplicité de sens,

> mais c'est toujours relativement à un terme unique, à une même nature. Ce n'est pas une simple homonymie, mais de même que tout ce qui est sain se rapporte à la santé, telle chose parce qu'elle la conserve, telle autre parce qu'elle la produit, telle autre parce qu'elle est le signe de la santé, telle autre enfin parce qu'elle est capable de

---

1. Aristote, *Métaphysique*, Γ, 1, 1003a 21-23 ; trad. cit., vol. 1, p. 109.
2. *Ibid.*, 2, 1003a33, trad. cit., p. 110. Autre traduction de « τὸ δὲ ὂν λέγεται μὲν πολλαχῶς » : « L'étant se dit de façon multiple ».

la recevoir; de même encore que le médical a trait à la médecine, et se dit, ou de ce qui possède l'art de la médecine, ou de ce qui y est naturellement propre, ou enfin de ce qui est l'œuvre de la médecine, et nous pouvons trouver d'autres exemples de choses qui sont dites relativement à un terme unique; de même aussi, l'être se prend en de multiples acceptions, mais, en chaque acception, toute dénomination se fait par rapport à un terme unique[1].

La science est donc possible si le multiple se rapporte à une certaine unité de nature, les rapports fussent-ils diversement calibrés. Aristote applique sa thèse, et les deux exemples sanitaires produits pour l'illustrer, à l'être.

Telles choses, en effet, sont dites des êtres parce qu'elles sont des substances, telles autres parce qu'elles sont des affections de la substance, telles autres parce qu'elles sont un acheminement vers la substance, ou, au contraire, des corruptions de la substance, ou parce qu'elles sont des privations, des qualités de la substance, ou bien parce qu'elles sont des causes efficientes ou génératrices, soit d'une substance, soit de ce qui est nommé relativement à une substance, soit des négations de la substance même. C'est pourquoi nous disons que même le non-être est : il est non-être. (…) Il est donc évident qu'il appartient à une seule science d'étudier tous les êtres en tant qu'êtres. Or la science a toujours pour objet propre ce qui est premier, ce dont toutes les autres choses dépendent, et à raison de quoi elles sont désignées. Si donc c'est la substance, c'est des substances que le philosophe devra appréhender les principes et les causes[2].

---

1. Aristote, *Métaphysique*, Γ, 1003a34-1003b8, trad. cit., p. 110-111.
2. *Ibid.*, 1003b6-18, trad. cit., p. 111-112.

Pierre Aubenque, c'était sa thèse, concluait à l'échec de la métaphysique d'Aristote, ou plutôt à son statut inabouti et nécessairement aporétique, par impossibilité d'avoir pu constituer une science, laquelle doit reposer sur la nature générique et donc univoque de son sujet : « Il n'y a pas de science de l'être »[1]. L'absence du terme « analogie » pour nommer le modèle qui vient d'être exposé en était la confirmation. En effet, Aristote ne nomme jamais « analogie » les divers rapports des accidents de la substance. Il n'empêche qu'il déclare, au début et puis à la fin du présent passage, qu'*il y a* une science avec le dispositif de la relation de plusieurs choses – diverses entre elles – à une nature unique, et que, dans le cas de l'être, cette nature unique est la substance. Une telle affirmation du « il y a » atteste que, dans l'esprit d'Aristote, la multiplicité des sens de l'être n'a pas été le préalable d'une déclaration d'échec de la science. Nulle part ailleurs, il ne remet en cause cette affirmation. Pour Aristote, le sujet est donné malgré son extension extrême, et la science est en train de se constituer[2].

Deux moitiés d'analogie, donc, sont l'héritage d'Aristote. Elles ne vont pas ensemble et, même à partir du moment où, lestées d'allusions tardives, elles se mettent à appartenir à l'appareil médiéval de l'analogie, même l'une et l'autre nommées désormais « analogie » et le cas échéant utilisées en métaphysique, elles ne sont pas destinées à fusionner, mais plutôt à s'opposer.

1. P. Aubenque, *Le problème de l'être, op. cit.*, p. 239.
2. B. Cassin et M. Narcy, *La décision du sens. Le livre Gamma de la Métaphysique d'Aristote*, Introduction, texte, trad. fr. et commentaire, Paris, Vrin, 1998, p. 162 : « Cette science recherchée n'existe pas encore, mais reste à faire ».

À notre sens, une raison de fond y préside : le premier modèle, qui pose des rapports d'égalité, compare des choses qui ne sont pas de même nature ; au contraire, le second modèle, qui rapporte notamment les accidents à la substance, reconnaît un jeu de relations par rapport à une même nature. Le premier modèle compare des équivocités atténuées ; le second articule des univocités partielles. Du moins est-ce la configuration primitive des deux futures analogies.

TRAÇABILITÉS DE L'ANALOGIE

Du côté des recherches érudites, le comblement de l'intervalle entre Aristote et Thomas d'Aquin a pris quelques décennies, ce pourquoi il nous a semblé utile de commencer l'exposé par ces deux pôles primitifs.

Certes, Montagnes donnait déjà des indications sur Boèce et son influence unificatrice sur les divisions de l'analogie puis aussi sur Avicenne [1] ; mais il est revenu aux générations suivantes de distinguer des étapes (Libera, Courtine, puis Lonfat), avec Porphyre (théorie de l'homonymie transmise par Boèce), les *ambigua* d'Avicenne et d'Al-Ghazali, le passage à Dieu, la disposition séquentielle dès 1245 de l'ensemble homonymes/synonymes/analogues [2].

---

1. B. Montagnes, *La doctrine de l'analogie de l'être d'après saint Thomas d'Aquin*, *op. cit.*, note 13, p. 30 (sur Boèce) ; Annexe 1, p. 169-180 (sur Averroès).

2. A. de Libera, « Les sources gréco-arabes de la théorie médiévale de l'analogie de l'être », dans *L'analogie*, *Les Études philosophiques* 3-4, 1989, p. 319-330. É.-H. Wéber, « L'élaboration de l'analogie chez Thomas d'Aquin » (pour la présence de l'analogie en logique, et l'influence de Boèce, Denys, Maïmonide, Avicenne), dans *ibid.*, p. 389-393.

Albert le Grand puise chez « les Arabes » l'équivalence entre *convenientia* et *analoga*, de telle sorte que la relation des accidents à la substance devienne une série analogue[1].

C'est Avicenne qui déclare une telle série « selon l'antérieur et le postérieur (*secundum prius et posterius*) », c'est-à-dire disposée quant à l'être selon une importance décroissante[2]. Elle se retrouve désormais partout, jusque chez Albert et Thomas. Averroès, quant à lui, traduit la référence au premier de série en termes de causalité[3]. Ces deux incursions-là (antériorité/postériorité, puis causalité) sont, avec la mémoire de leur futur, capitales. La première thématise un ordre dans le rapport à la nature unique, et la seconde ouvre la voie à l'imbrication entre analogie et participation.

POURQUOI SAINT THOMAS A ÉVOLUÉ

Deux lignes de force précèdent les évolutions de Thomas et en même temps les expliquent. La première est la considération d'une sorte d'analogie qui permette la comparaison des créatures à Dieu, au moyen d'une manifestation de la transcendance de celui-ci. La seconde est que, antérieurement à la détermination de ces sortes d'analogie, Thomas d'Aquin demeure stable, toute sa carrière, sur le fait que c'est en termes d'analogie que les propositions doivent s'énoncer. C'eût pu ne pas être le cas, s'il est vrai, par exemple, que Duns Scot a pour sa part changé sa position, qu'il a conduite du choix initial de

---

1. *Ibid.*, p. 330.
2. *Ibid.*, p. 333.
3. *Ibid.*, p. 338. B. Montagnes, *La doctrine de l'analogie de l'être d'après saint Thomas d'Aquin*, *op. cit.*, p. 179. J.-F. Courtine, *Inventio analogiae. Métaphysique et ontothéologie*, Paris, Vrin, 2005, p. 103-239.

l'analogie jusqu'à celui de l'univocité, celle qui l'a rendu célèbre.

C'est néanmoins à l'intérieur de ce cadre que Thomas a évolué. Il a connu deux étapes d'évolution, donc trois périodes. Ces hésitations sur le choix d'un modèle d'analogie sont liées à leurs attendus métaphysiques, qui sont autant de répercussions concernant la participation. Considérons les trois périodes.

1. *L'Écrit sur les Sentences (1252-56).* S'il est vrai que le lieu natif du binôme analogie et participation est celui de la nomination de Dieu, la doctrine qui advient au jeune Thomas est celle de tout le monde, un augustinisme dans les limites des *Sentences* de Pierre Lombard, sans compter un certain nombre d'autres lectures, non moins platoniciennes quoique chacune à sa façon (Denys, Avicenne, Maïmonide, Averroès, *Livre des causes*). L'armature qui leur est commune est la distribution d'une même *forme*, ou bien en descente, quant à l'être, depuis Dieu dans les créatures, ou bien en montée, quant à notre mode de connaître, depuis les créatures jusqu'à Dieu. C'est l'œuvre de la causalité exemplaire, telle que Thomas l'expose dans son *Écrit sur les Sentences*, quoique déjà averti des contreforts qu'il faut lui ajouter pour en compenser les attendus univocisants. Dieu est un modèle, il est imité, et cette imperfection de l'imitation par les créatures pourrait suffire à marquer la déclivité depuis la transcendance de Dieu[1]. Est-ce si sûr, s'il s'agit toujours d'une même essence qui parcourt tous les degrés de son attribution ?

La seule causalité exemplaire, traduite dans les termes d'une analogie qui rapporte tous les degrés participants à

---

1. Cf. *Sent.*, I, d. 3, qu. 1 ; d. 8, qu. 1.

un premier, possesseur à la perfection de toutes les qualités puisqu'elles sont son être même, lesquelles ensuite sont reçues en partie par les créatures, véhicule les différences léguées par sa propre tradition. Denys et surtout Maïmonide ont manifesté qu'une telle causalité exemplaire supposait une dangereuse univocité, qu'ils ne parvenaient à empêcher qu'au prix d'un renoncement à une connaissance conceptuelle pour le premier, et surtout celui de l'équivocité radicale, pour le second.

2. *Le De Veritate (1256-59)*. Thomas y change d'analogie[1]. Le modèle précédent court le risque de supprimer la « distance (*distantia*) » qui sépare Dieu des créatures, et Thomas en fait état. C'est pourquoi mieux vaut adopter l'autre modèle, celui à quatre termes, qui compare deux rapports : ce que le pilote est au navire, le prince l'est à la cité. Une telle comparaison a ceci de précieux qu'elle établit une égalité, mais sans le moins du monde postuler une ressemblance des natures, ainsi comparées chacune dans le rapport à son être. Les natures restent équivoques, seuls les rapports sont comparables. Il n'y a rien de commun entre un pilote de bateau et un prince, mais l'un et l'autre exercent un gouvernement. C'est semble-t-il un retour aménagé à l'*analogia* d'Aristote, quoique dans un cadre différent, et qui va par la suite créer une histoire de sa propre confusion. Pour Thomas, cette solution préserve la distance et donc la transcendance de Dieu, parce qu'elle fait l'économie d'une doctrine de la participation, laquelle ne peut faire autrement que d'appuyer l'exemplarité sur la distribution graduée d'une même essence.

---

1. *De Veritate*, qu. 2, a. 11. *Cf.* B. Montagnes, *La doctrine de l'analogie de l'être d'après saint Thomas d'Aquin, op. cit.*, p. 755.

3. *Les œuvres de la maturité*. Pourtant, Thomas n'en reste pas là, le *De Veritate* appartient encore à sa période de jeunesse. À compter de la *Somme contre les Gentils* (1259-65) et couvrant désormais la *Somme de théologie* (1265-73) et les *Commentaires* de la maturité, Thomas abandonne son deuxième schéma. La solution du *De Veritate* n'était que la face inversée de celle de l'*Écrit sur les Sentences* : celui-ci postulait l'analogie fondée sur la cause exemplaire, celui-là la refusait en abandonnant tout rapprochement des formes, mais c'était encore demeurer dépendant de la causalité exemplaire. En effet, si celle-ci est seule à architecturer la participation et donc l'analogie, aucune compensation modérée n'est possible. L'univocité ne se quitte qu'avec l'équivocité, et l'analogie à quatre termes n'en est pas loin, puisqu'elle ne postule pas la ressemblance des natures[1]. On ne reconnaît une comparaison qu'avec des termes dont on connaît les natures respectives, et la possibilité ou l'évidence de leurs rapprochements[2].

Chercher à minimiser les dommages univocisants d'une même forme partagée par Dieu et par les créatures, fût-ce par des degrés les plus abrupts possibles, ou bien ensuite

---

1. Sauf si, pour assurer l'évidence des comparaisons, en métaphysique comme pour toute métaphore, au contraire cette analogie suppose la ressemblance des natures, ce qui est peut-être sa vérité, mais alors la mise en comparaison n'est plus qu'une illustration : donc l'analogie de rapport préside à l'analogie de proportionnalité (pour adopter le vocabulaire, sinon la doctrine, de Cajetan), et la rend inutile.

2. Sur ces raisons de la préférence provisoire chez Thomas de l'analogie à quatre termes sur celle par référence à un premier fondé encore exclusivement sur la causalité exemplaire, B. Montagnes, *La doctrine de l'analogie de l'être d'après saint Thomas d'Aquin, op. cit.*, p. 79-86 ; p. 84 pour le fait que la perspective « formaliste » est écartée dans ses conséquences par le *De Veritate*, mais pas encore remise en question.

au contraire par l'évitement de cette doctrine de la participation, n'est pas résoudre le problème. Albert le Grand lui-même, dans les termes qui sont les siens, est aux prises avec une « univocité d'analogie (*univocitas quae est analogia*) »[1]. Le problème reste intact : assurer en même temps la distance de Dieu et la ressemblance des créatures par participation.

Thomas donc, à partir de la *Somme contre les Gentils*, met en avant un nouveau paramètre, qui s'ajoute aux précédents mais permet de changer la donne, c'est-à-dire d'assurer la distance, et tout autant la dépendance, par la causalité elle-même et non malgré elle : la *causalité efficiente* divine. Avec la considération de la causalité efficiente, entre en lice le don de l'être par Dieu aux créatures, autre nom de l'acte créateur comme tel. Dieu, en tant que cause efficiente, crée librement et non pas en vertu de la nécessité de son essence. C'est en cela qu'il donne l'être à des étants qui ne sont pas lui, et ce don, loin de toute émanation, suppose la volonté qui est la sienne. Il crée parce qu'il le veut. De la sorte, la distance est posée d'emblée. Il crée des êtres à sa ressemblance, non moins par sa volonté, mais désormais, du fait de cette coupure initiale entre son statut divin et le statut des créatures, aucune ressemblance si haute soit-elle (et c'est le cas des êtres humains et surtout des anges), n'encourt le risque, ni ne suppose la confusion, d'aucune univocité que ce soit. La cause efficiente, donatrice de l'être, postule plutôt une équivocité, et la cause exemplaire, toujours présente mais articulée à la précédente, distribue les degrés de la ressemblance. Une telle valorisation de la cause efficiente

---

1. Albert, *Super Dionysium De divinis Nominibus*, éd. Cologne, 1978, cap. 1, § 30, p. 1.

est plus qu'une solution technique, elle devient la description plus complète et plus équilibrée d'une situation.

Avec la causalité efficiente, c'est l'être qui occupe le devant de la scène, et non plus seulement l'essence, l'*acte* et non plus la *forme*.

> Pour sortir de l'impasse, il fallait concevoir l'être non plus comme forme mais comme acte, et la causalité non plus comme la ressemblance de la copie au modèle mais comme la dépendance d'un être vis-à-vis d'un autre être qui le produit. Voilà ce qu'implique la causalité efficiente : exercée par un être en acte, elle fait exister un nouvel être en acte qui ne se confond pas avec le premier puisque l'effet et la cause existent chacun pour son compte, mais qui communie avec lui dans l'acte puisque l'acte de l'agent devient celui du patient. L'acte est en même temps ce que l'effet a de commun avec la cause et ce par quoi il ne s'identifie pas à elle. Ainsi, c'est par une véritable communication d'être que Dieu produit les créatures et la causalité créatrice établit entre les êtres et Dieu le lien de participation indispensable pour qu'il y ait entre eux une analogie de rapport. Il ne sera plus nécessaire de recourir à l'analogie de proportion et S. Thomas ne reviendra pas à la théorie du *De Veritate*[1].

Puis, plus loin :

> Pourquoi a-t-il abandonné ensuite la solution du *De Veritate* ? Sans doute à cause de l'inconvénient qu'elle présente, car elle pose une coupure entre les êtres de Dieu au risque de rendre Dieu inconnaissable[2].

Dire que le passage à l'acte est celui de l'essence à l'être pourrait cependant être mal compris, si l'être est en

---

1. B. Montagnes, *La doctrine de l'analogie de l'être d'après saint Thomas d'Aquin, op. cit.*, p. 91.
2. *Ibid.*, p. 93.

toute chose ce qu'il y a de plus formel mais, comme le dit Gilson, « sa formalité n'est pas du même ordre que celle de l'essence, dont elle est l'acte »[1]. L'être est forme mais, en ce sens précis, une forme qui n'est pas une essence. Il est l'acte de l'essence, l'acte premier qui préside à la forme substantielle[2]. En termes théologiques, l'être est pour toute créature l'effet possédé par elle de l'acte créateur divin, chacune selon sa forme substantielle.

Nous rejoignons ici ce que Thomas dit de l'être, qui est en tout étant ce que celui-ci a de plus *intime*, et de la présence de Dieu en tout étant par ce qu'il a de plus intime, son être. Lequel être ne désigne pas seulement le moment de sa venue à l'existence, mais sa perduration, l'énergie interne par laquelle tout étant persévère dans son être. C'est ainsi que Thomas, dans la *Somme contre les Gentils*, resserre son propos :

> Être nomme un certain acte (*esse actum quendam nominat*).

et :

> Être est un acte (*esse autem actus est*)[3].

Il faut choisir : glorifier l'être ou bien l'essence, faire de l'être l'acte de l'essence, ou bien le réduire à un mode de l'essence même.

Plus tard, Jean de Saint-Thomas (1589-1644), autre grand commentateur thomiste, choisit contre Thomas, puisqu'il fait de l'être non plus ce par quoi la forme est,

---

1. É. Gilson, *Introduction à la philosophie chrétienne*, *op. cit.*, p. 188.

2. *De Veritate*, qu. 23, a. 4, ad 7[m] : « Esse non dicit actum qui sit operatio transiens in aliquid extrinsecum temporaliter producendum, sed actum quasi primum ; velle autem dicit actum secundum, qui est operatio ».

3. Respectivement *SCG* I, chap. 22, § 7, et chap. 38, § 5.

son *acte premier*, mais l'actualisation de la forme elle-même, sa concrétisation, donc un *acte second*[1]. Comme tantôt pour Cajetan, dire que l'être est un acte premier ou bien un acte second sépare deux métaphysiques, qui ne peuvent l'une et l'autre relever de saint Thomas sans contradiction. Les maintenir bout à bout sur cette question relèverait de l'éclectisme.

Chez Thomas, analogie et participation se trouvent reconfigurées et, pourrait-on dire, écrites selon un principe d'économie supérieur. Il n'est plus besoin de prendre mille précautions pour temporiser l'univocité de la cause exemplaire ; il ne sert de rien non plus de contourner les menaces d'équivocité des comparaisons à quatre termes, de natures diverses uniquement rapportées à leurs êtres respectifs. À présent, la cause efficiente énonce le don divin de l'être comme un acte, et la cause exemplaire en distribue les degrés de ressemblance. L'usage conjoint des deux causalités offre à Thomas une liberté d'énonciation inouïe, celle de pouvoir parler des créatures sans rien atténuer de leur part de ressemblance à Dieu, puisque celle-ci se fonde sur une dissemblance constitutive de l'être divin, établie par l'action créatrice ; et surtout celle de parler de Dieu lui-même, sans le croire enchaîné à notre connaissance des concepts des créatures.

Dissemblance, le mot est prononcé. Venu d'Augustin en binôme avec celui de ressemblance, on le retrouve dans la déclaration du Concile de Latran IV (1215), selon laquelle il y a, entre le créateur et la créature, de la ressemblance et de la dissemblance, de telle sorte que la

---

1. Il sera suivi sur ce point par J. Maritain, qui ne s'est pas aperçu du hiatus, marqué qu'il était par l'enseignement du P. R. Garrigou-Lagrange, lequel n'avait rien perçu non plus.

dissemblance soit plus importante que la ressemblance, mais sans attenter à celle-ci[1].

Thomas n'a eu qu'une connaissance tardive du texte du Concile. Il connaît en revanche, par les *Sentences* de Lombard, ainsi que par Augustin et Denys, l'articulation entre ressemblance et dissemblance. Nous pensons que son intention a été de configurer sa doctrine de l'analogie et de la participation pour répondre aux réquisits de Latran IV.

On ne saurait mieux tracer le cadre de l'analogie et de la participation, telles que Thomas d'Aquin s'attache à les déterminer : une analogie qui tienne le *milieu* (*medius*) entre univocité et équivocité[2], mais un milieu qui n'est pas un centre, qui par hypothèse se situe plus près de l'équivocité que de l'univocité, de la dissemblance que de la ressemblance. C'est cette configuration qu'entreprend Thomas, et après les hésitations susdites il pense y être parvenu.

Chez le Thomas de la maturité, la cause efficiente assure la radicalité de la dissemblance, et la cause exemplaire distribue la ressemblance.

1. Latran IV, *Firmiter*, chap. 2 : « Quia inter creatorem et creaturam non potest tanta similitudo notari, quin inter eos maior sit dissimilitudo notanda ».

2. Ia, qu. 13, a. 5, corpus : « Et hoc modo aliqua dicuntur de Deo et creaturis analogice, et non aequivoce pure, neque univoce. Non enim possumus nominare Deum nisi ex creaturis, ut supra dictum est. Et sic, quidquid dicitur de Deo et creaturis, dicitur secundum quod est aliquis ordo creaturae ad Deum, ut ad principium et causam, in qua praeexistunt excellenter omnes rerum perfectiones. Et iste modus communitatis medius est inter puram aequivocationem et simplicem univocationem. Neque enim in his quae analogice dicuntur, est una ratio, sicut est in univocis ; nec totaliter diversa, sicut in aequivocis ; sed nomen quod sic multipliciter dicitur, significat diversas proportiones ad aliquid unum ; sicut sanum, de urina dictum, significat signum sanitatis animalis, de medicina vero dictum, significat causam eiusdem sanitatis ».

Ou bien encore, la cause efficiente atteste de la transcendance de Dieu par rapport à la création, mais aussi son immanence, sa présence à l'intime de chaque créature. Une transcendance/immanence, qui est *cause* et non *partie*, interdit tout monisme dans la participation. La cause exemplaire seule n'eût pas réussi à la poser, du fait de la semblance de forme. Avec la primauté d'une causalité qui donne l'acte, les formes n'ont plus à se soucier d'être trop ressemblantes. La dissemblance posée comme première, le Dieu transcendant opère aussi de façon immanente à l'intime des étants.

Une telle idée de la participation, comme donation d'un acte présidant à la distribution d'une forme, donne sa physionomie à l'analogie selon Thomas d'Aquin. Horizontalement, sur le plan des étants eux-mêmes, l'unité relative se prend depuis ce premier qu'est la substance par rapport aux accidents qui sont les siens. Verticalement, la ressemblance/dissemblance quant à l'être désigne Dieu comme premier, et les étants (ou créatures) en rapport avec lui, rapport causal de dépendance, selon une causalité transcendante et non pas homogène à la série.

Considérons à présent comment celui-ci expose analogie et participation. L'une et l'autre ne sont jamais autant elles-mêmes que lorsqu'elles apparaissent au service, respectivement, des Noms divins et de la création. Ces deux contextes doctrinaux sont les plus éminents échantillons ; ils sont aussi les catalyseurs de ce que Thomas veut établir. Il est difficile de savoir ce qui chez lui se présente en premier pour expliquer ce qui suit : rien ne prouve qu'une logique de l'analogie précède en l'état, qu'elle induise une certaine métaphysique de la participation, et que les deux réunies se mettent au service de la théologie. À l'inverse en effet, comme déjà suggéré,

Thomas sait à quel point il veut arriver, nommer la substance de Dieu sans prétendre l'embrasser conceptuellement, ou bien détailler les types de causalité qui établissent une relation de dépendance des créatures à Dieu. Pour y parvenir, il a besoin de configurer une certaine métaphysique et aussi une certaine sorte d'analogie. Bien sûr, il dispose de multiples sources et d'infinies lectures. Cependant, aucune ne le comble puisqu'il ne copie personne, et qu'au contraire il réinvente presque tout ce qu'il utilise.

Quel domaine précède l'autre? Bien malin qui peut trancher. Mieux vaut tabler sur une mise à contribution simultanée, une attraction mutuelle de tous les plans, une exposition doctrinale qui s'invente au fur et à mesure qu'elle s'expose, tout en bénéficiant, pour ce qui est par exemple des deux *Sommes*, d'une expérience et d'une maturation.

Les noms divins et l'analogie

La question des Noms divins (surtout la question 13 de la Première partie de la *Somme de théologie*, mais aussi plusieurs chapitres de la *Somme contre les Gentils* I) est comme la forge du discours thomasien sur l'analogie. C'est d'ailleurs là que le lecteur averti va le chercher. Il n'a pas tort, même si d'autres corpus recèlent des trésors. Les premiers opuscules de Thomas, *L'être et l'étant* (*De Ente et essentia*, 1252-53), et *Les principes de la nature* (*De principiis naturae*, 1253-54) en font état. Pour ce qui est du second, l'analogie se présente déjà dans l'organigramme qui la distingue de l'univocité et de l'équivocité, elle est comme une unité d'ordre, avec un rapport de causalité qui rattache au premier ceux qui sont

dits par analogie : c'est tirer parti de la leçon d'Averroès[1].
C'est la situation de l'être et donc de la substance et des
accidents, ceux-ci étant disposés selon l'ordre de priorité
et de postériorité : c'est tirer parti de la leçon d'Avicenne[2].

Toutefois, l'*Écrit sur les Sentences* établit l'analogie
sur la causalité exemplaire, ainsi que la technique de
l'analogie qui lui est concomitante : là aussi, au plan
prédicamental, antériorité de la substance et postériorité
des accidents[3] ; sur le plan de la causalité transcendante
de Dieu, similitude imparfaite des créatures et donc
caractère d'imitation de leur participation au premier[4] ; le
rapport de priorité et de postériorité se retrouve pour cet
ordre causal de Dieu et des créatures[5].

Au titre de la différentiation du trinôme équivocité,
analogie et univocité, voici une phrase caractéristique de
cette œuvre :

> L'équivoque, l'analogue et l'univoque se divisent
> différemment. En effet, l'équivoque se divise selon les
> réalités signifiées ; l'univoque se divise selon les
> différences ; mais l'analogue se divise selon différents
> modes[6].

Un autre domaine d'application est celui de
« personne », prédiquée analogiquement de Dieu et des

1. *De principiis naturae*, chap. 6.
2. *Ibid.*, chap. 6. B. Montagnes, *op. cit.*, p. 28-29.
3. *In Sententiarum* I, qu. 1, a. 2, ad 2m.
4. *Ibid.*, d. 3, qu. 1, a. 3, corpus ; d. 8, qu. 1, a. 2, corpus ; d. 35, qu. 1, a. 4, corpus.
5. *Ibid.*, d. 22, qu. 1, a. 2, ad 3m.
6. *Ibid.*, d. 22, qu. 1, a. 3, ad 2m : « Ad secundum dicendum, quasi aliter dividitur aequivocum, analogum et univocum. Aequivocum enim dividitur secundum res significatas ; univocum vero dividitur secundum differentias ; sed analogum dividitur diversos modos ».

créatures. Ce caractère analogue est énoncé par opposition à l'univocité et à l'équivocité, ce qui signale une insistance, de même que le rappel de l'ordre de priorité de la nomination, qui est, « quant à la chose signifiée », premièrement en Dieu puis dans les créatures, au lieu que, « quant au mode de signifier, c'est l'inverse »[1]. Thomas intègre donc, dès le début de sa carrière, cette distinction décisive de la destination du mode d'être et du mode de signifier, en tant qu'appliquée à l'ordre de nomination des perfections divines. Sur ce point, il bénéficie de l'emploi par Albert de cette distinction venue des logiciens parisiens. Pour ces raisons, analogie et participation selon Thomas d'Aquin relèvent de moments d'évolution sur un socle établi : le choix de l'analogie est immédiat et constant ; la causalité assure le lien de dépendance d'une perfection (mais c'est ce point qui évolue le plus) ; enfin, la nomination de cette perfection à la fois commune et radicalement différenciée, entre Dieu et les créatures, n'est jamais mise en cause, mais au contraire toujours approfondie.

Est-il possible, même dans la période de maturité de Thomas, alors que l'exploitation de la causalité efficiente stabilise le rôle de la causalité exemplaire et donc le retour à l'analogie d'ordre pris depuis un premier transcendant à la série, de déceler de nouvelles évolutions ? Il est difficile de répondre, dans la mesure où la *Somme contre les Gentils*, le *De Potentia*, le *Commentaire des Noms divins de Denys* et la *Somme de théologie* présentent en peu d'années une doctrine semblable.

Certes, il y a des accents. La *Somme contre les Gentils* expose l'importance de la « voie négative (*via remotionis*) » pour connaître et nommer Dieu, c'est-à-dire à tout ce qu'il

---

1. *In Sententiarum* I, d. 25, qu. 1, a. 2, corpus.

est nécessaire d'ôter de lui pour parler de sa substance (Dieu n'est ni un accident, ni un corps, etc.). Elle aboutit toutefois à une prédication positive, en une double phrase à l'équilibre sur le fil du rasoir :

> Dès lors, il y aura une considération propre de la substance, puisqu'il sera connu comme distinct de toute chose. Mais elle ne sera pas parfaite car on ne connaîtra pas ce qu'il est en soi[1].

La distinction de Dieu d'avec toutes choses est l'objectif et le résultat de la voie négative ; la considération *propre* de sa substance s'oppose à une connaissance trop commune, pas assez distincte, ou même métaphorique, donc impropre. Cependant *imparfaite*, elle n'est donc pas dans le registre dionysien ni à plus forte raison maïmonidien de l'ignorance de l'être divin, mais de telle sorte qu'une telle connaissance propre de Dieu ne soit pas une connaissance dans son essence. Le fil du rasoir tient dans cet équilibre final : qu'est-ce qu'une connaissance qui ne soit pas de l'essence ? Pour notre connaissance (terrestre) de Dieu, selon Thomas son essence nous demeure complètement inconnue :

> Tel est le point ultime et le plus parfait de notre connaissance en cette vie, comme le dit Denys, dans le livre de la *Théologie mystique* [I, § 3], puisque nous sommes unis à Dieu comme à l'inconnu (*quod Deo quasi ignoto conjungimur*) ; ce qui arrive quand nous connaissons de lui ce qu'il n'est pas, tandis que ce qu'il est demeure totalement inconnu (*penitus manet incognitum*). C'est pour manifester l'ignorance de cette

---

1. *SCG* I, chap. 14, § 3 ; trad. fr. de C. Michon, *op. cit.*, t. 1, p. 177. « Et tunc de substantia ejus erit propria consideratio, quum cognoscatur ut ab omnibus distinctus ; non tamen erit perfecta cognitio, quia non cognoscatur quid in se sit ».

très sublime connaissance (*ad hujus sublissimae cognitionis ignorantiam demonstrandam*), qu'il est dit à propos de Moïse, dans l'*Exode* 20 [v. 21], qu'il est arrivé à la nuée où est Dieu[1].

Il y a donc connaissance propre de Dieu, mais qui n'est pas une connaissance de son essence. Bien plutôt, outre la connaissance de ce qu'il n'est pas (et sur quoi nous avons davantage prise), nous atteignons ses perfections d'être par la médiation de ses effets, la part de ses perfections connue dans et par les créatures.

Thomas dit ailleurs que les conceptions des choses créées ne transcendent pas les modalités de notre connaissance :

> Notre intellect, prenant des sens le point de départ de sa connaissance, ne transcende pas le mode qui se trouve dans les choses sensibles[2].

Ainsi Thomas refuse-t-il d'élargir les concepts humains, issus des quiddités des choses sensibles, sous prétexte d'embrasser Dieu. Le tremplin de la connaissance ne s'opère pas par une extension intelligible, mais par la causalité, puisqu'à partir des effets créés.

Renversant tout, Duns Scot, lui, transcende le mode, grâce à une perfection pure saisie par un concept :

> Toute enquête métaphysique à propos de Dieu procède en considérant la raison formelle de quelque chose, en ôtant de cette raison formelle l'imperfection qu'elle a dans les créatures, en réservant cette raison formelle, en

---

1. *SCG* III, chap. 49, 9, trad. cit., t. 3, p. 185.
2. *SCG* I, chap. 30, § 3, trad. cit. de C. Michon, p. 220 ; « Intellectus autem noster, ex sensibus cognoscendi initium sumens, illum modum non transcendit qui in rebus sensibilibus invenitur, in quibus aliud est forma et habens formam, propter formae et materiae compositionem ».

lui attribuant totalement la perfection souveraine, et en attribuant cela à Dieu[1].

LE *DE POTENTIA*, QUESTION 7

La Question disputée *De Potentia* et le *Commentaire des Noms divins de Denys* préparent la *Somme de théologie*. Néanmoins, la première de ces deux œuvres (question 7, sur la simplicité de l'essence divine) pourrait révéler un contraste avec la seconde, le *Commentaire*. La question 7 en effet recèle quelques affirmations sur notre connaissance de Dieu qui frôlent l'équivocité (sans jamais y entrer), alors que Thomas est aux prises avec la position de Denys sur la question, plus radicale que la sienne, et qu'il cherche à tempérer, tout en s'inscrivant dans la réception d'une autorité. Dans le *De Potentia*, Thomas écrit :

> L'être divin qui est sa substance, n'est pas l'être commun, mais est l'être distinct de n'importe quel autre être. C'est pourquoi, par son être même Dieu diffère de n'importe quel autre étant[2].

L'affirmation selon laquelle l'être de Dieu n'appartient pas à l'être commun n'a rien de spécifique à ce passage. En revanche, la conclusion lui est propre : la différence entre Dieu et les créatures ne tient pas au fait de dénier à

1. Jean Duns Scot, *Ord.* I, d. 3, § 39, in *Opera omnia*, t. III, C. Balić (éd.), Roma, Civitas Vaticana, 1954, p. 26. É. Gilson, *Jean Duns Scot. Introduction à ses positions fondamentales*, Paris, Vrin, 1952, p. 103. B. Montagnes, *La doctrine de l'analogie de l'être d'après saint Thomas d'Aquin, op. cit.*, p. 122. O. Boulnois, *Métaphysiques rebelles, op. cit.*, p. 286.

2. *De Potentia*, qu. 7, a. 2, ad 4ᵐ : « Ad quartum dicendum, quod esse divinum, quod est eius substania, non est esse commune, sed est esse distinctum a quolibet alio esse. Unde per ipsum suum esse Deus differt a quolibet alio ente ».

Dieu l'être pour le réserver aux créatures. C'est au contraire par son être que Dieu se distingue des êtres des autres. Plus loin, Thomas précise que :

> Les conceptions des perfections trouvées dans les créatures sont des ressemblances imparfaites et ne sont pas de la même raison que l'essence divine elle-même[1].

N'être pas de même raison devrait admettre l'équivocité ; pourtant Thomas ne l'admet pas puisqu'il parle de « ressemblances imparfaites ». Il ne refuse pas d'une main ce qu'il accorde d'une autre, une perfection divine qui fût imparticipable et des perfections des créatures qui en seraient néanmoins des participations, car c'est le cas au plan de l'être. En revanche, sur le plan du connaître, ce sont bien les « conceptions » qui ne sont pas de la même raison que l'essence de Dieu.

Cette même question 7 du *De Potentia* réfère à un précédent débat (qu. 3, a. 1, 5 et 17) selon lequel « tous les étants sont à partir d'un unique premier étant, premier étant que nous nommons Dieu »[2]. Une telle assertion n'est donc en aucune manière une façon de refuser à Dieu la nomination d'étant, de même que ce premier étant n'est pas connu selon la même raison que les étants créés. À nouveau, Thomas pense que « l'être divin n'est pas l'être commun ». Pour tous les étants, qui relèvent de l'être

---

1. *De Potentia*, qu. 7, a. 6, corpus C : « Conceptiones perfectionum in creaturis inventarum, sint imperfectae similitudines et non eiusdem rationis cum ipsa divina essentia ».

2. *De Potentia*, qu. 7, a. 1, respondeo : « Ostensum est enim in alia disputatione, omnia entia ab uno primo esse, quod quidem primum ens Deum dicimus ».

commun, « être est signifié par mode de concréation »,
mais :

> Cependant l'intellect, en attribuant l'être à Dieu,
> transcende le mode de signifier, en attribuant à Dieu ce
> qui est signifié, et non pas le mode de signifier[1].

C'est aussi dans cette question que Thomas affirme (il
ne le fait pas souvent ailleurs) que *l'être est propre à chaque
étant*, loin de toute caractérisation univoque de l'acte d'être.
« L'être est propre à chaque chose, et distinct de l'être de
toute autre réalité », cela à la différence de la « raison de
substance » qui, elle, peut être commune[2].

On a rencontré déjà l'impossibilité de définir Dieu[3].
Thomas refuse dans le même article de définir la substance
comme « étant par soi », non qu'il conteste cette caractérisation, mais il ne lui accorde pas le statut de définition[4].
Dans cette question, disions-nous, Thomas pousse au
maximum la caractérisation transcendante de Dieu en
regard des créatures, quoique sans jamais franchir la
frontière de l'équivocité. Il la franchit d'autant moins qu'il
fait désormais mention d'une nomination « substantielle »
de Dieu, résolution augustinienne de la question[5]. C'est
sous cette lumière-là qu'il examine les positions de

---

1. *De Potentia*, qu. 7, ad 7ᵐ : « Et ideo licet hoc quod dicunt esse,
significatur per modum concreationis, tamen intellectus attribuens esse
Deo transcendit modum significandi, attribuens Deo id quod significatur,
non autem modum significandi ».

2. *De Potentia*, qu. 7, a. 3, respondeo : « Esse uniuscujusque est ei
proprium et distinctum ab esse cujuslibet alterius rei ». Cf. *SCG* I,
chap. 14, § 2 : « Habet enim res unaquaeque in seipsa esse proprium ab
omnibus aliis rebus distinctum » ; chap. 22, § 5.

3. *De Potentia*, qu 7, a. 3, ad 5ᵐ.

4. *Ibid.*, ad 4ᵐ.

5. *Ibid.*, ad 6ᵐ.

Damascène, Maïmonide puis de Denys, et dont la *Somme de théologie* va reprendre l'argumentation en concentré[1]. La question est de savoir si les Noms dits de Dieu signifient la substance de Dieu, son être lui-même, ou bien seulement, en vertu de sa transcendance, les négations ou l'action qu'il exerce sur nous. La position de Maïmonide est à cet égard radicale dans l'équivocité[2]. Thomas lui fait remarquer que, d'après Averroès, toute proposition négative se fonde sur une certaine affirmation :

> C'est pourquoi si l'intellect humain ne connaissait rien affirmativement de Dieu, il ne pourrait rien nier[3].

La position de Denys est moins radicale et, pour Thomas, plus difficile à manier. Il lui prête une distinction que Denys lui-même ignore mais que Thomas manie avec efficacité. Lorsque Denys écrit que les noms négatifs sont vrais et les affirmations fausses et inconvenantes[4], Thomas commente en lui faisant dire que, du point de vue de la *réalité signifiée*, les propositions positives sont vraies, mais que, du point de vue de *notre mode de signifier*, elles ne lui conviennent pas à la hauteur de ce qu'il est, son mode d'être étant « plus sublime ». C'est ainsi que Thomas reconfigure en vue d'une intention de signifier positive,

---

1. *De Potentia*, qu. 7, a. 5 ; Ia, qu. 13, a. 2.

2. *De Potentia*, qu. 7, a. 5, respondeo A.

3. *Ibid.*, respondeo A, fin : « Et praeterea intellectus negationis semper fundatur in aliqua affirmatione ; quod ex hoc patet quia omnis negativa, per affirmativam probatur ; unde nisi intellectus humanus aliquid de Deo affirmative cognosceret, nihil de Deo posset negare. Non autem cognosceret, si nihil quod de Dei dicit, de eo verificaretur affirmative ».

4. *Ibid.*, obj. 2. Denys, *Hiérarchie céleste*, chap. 2.

corrigée modalement, le trinôme dionysien de l'affirmation, de la négation et de la suréminence divines[1].

Il n'empêche que, selon Thomas qui rectifie aussi ce que Damascène a de trop dionysien,

> Dieu ne peut être nommé d'un nom à même de définir sa substance, la comprendre ou lui être adéquate : c'est ainsi en effet que nous ignorons de Dieu ce qu'il est[2].

Jusqu'au terme de cet article, Thomas tient ensemble notre connaissance substantielle de la substance de Dieu, et cependant l'ignorance de Dieu,

> car c'est le point ultime de la connaissance humaine de Dieu que de savoir qu'elle ne connaît pas Dieu, en tant qu'elle connaît que ce que Dieu est excède tout ce que nous pensons à son sujet[3].

Ces quelques passages du *De Potentia* qu. 7 manifestent combien Thomas d'Aquin s'attache à tenir compte de positions plus proches que la sienne de l'équivocité, et cependant, refuse de les suivre, au nom d'un autre équilibre de la nomination divine, donc de l'analogie. Il ne consent ni à renoncer à celle-ci pour concéder l'équivocité, ni à distribuer une même forme ou essence et ainsi demeurer

---

1. *De Potentia*, qu. 7, a. 5, ad 2[m].

2. *Ibid.*, ad 6[m] : « Ad sextum dicendum, quod ratio illa probat quod Deus non potest nominari nomine substantiam ipsius definiente vel comprehendente vel adaequante : sic enim de Deo ignoramus quid est ».

3. *Ibid.*, ad 14[m] : « Ad decimumquartum dicendum, quod ex quo intellectus noster divinam substantiam non adaequat, hoc ipsum quod est Dei substantia remanet, nostrum intellectum excedens, et ita a nobis ignoratur : et propter hoc illud est ultimum cognitionis humanae de Deo quod sciat se Deum nescire, in quantum cognoscit, illud quod Deus est, omne ipsum quod de eo intelligimus, excedere ».

dans une certaine univocité (comme c'est le cas chez Albert le Grand)[1].

La conséquence au plan de l'analogie de son choix de produire ensemble cause exemplaire et cause efficiente est de fonder un discours sur Dieu, non sur l'identité de la forme mais sur la transmission causale d'un acte aux effets créés ; par eux, en retour, il devient possible d'attribuer à Dieu au maximum les perfections qui sont connues dans les effets. Ni identité, ni rupture, le langage ne repose pas sur la saisie de *concepts* communs à Dieu et aux créatures mais plutôt sur *la vérité* d'un discours, dont les perfections assurent le transfert selon l'être et la distance quant à notre mode de connaître. Thomas, pour en rendre compte, distingue le mode d'être divin, qui nous reste aussi inconnu que son essence, et la vérité de nos énonciations au sujet de Dieu, certes selon les limites de notre mode de connaître, mais vraies quant à leur intention de signifier[2]. En outre, il ne se laisse pas entraîner par Denys à récuser la substance, au contraire.

LA *SOMME DE THÉOLOGIE* ET L'ANALOGIE

Accomplissement d'une mutation, la *Somme de théologie* apporte son équilibre propre à la nomination de Dieu. La Iᴬ, qu. 12 demande comment Dieu est connu par les créatures. La connaissance de son essence, impossible sur terre, est réservée au ciel, selon I *Jean* 3, 2 : « Nous le verrons tel qu'il est », mémoire des débats des décennies précédentes sur la vision directe ou non de l'essence divine, sanctionnés en 1240 au Concile de Paris, au profit du

---

1. Albert, *Commentaire de la « Théologie mystique »* de *Denys le pseudo-aréopagite*, trad. fr. É.-H. Wéber, Paris, Cerf, 1993.

2. *De Potentia*, qu. 7, a. 2, ad 1ᵐ ; Ia, qu. 3, a. 4, ad 2ᵐ (*cf.* chap. 4).

caractère direct de cette vision, et non de la représentation que l'esprit s'en fait. En revanche, sur terre, il n'est pas question d'une telle saisie de l'essence divine, en raison des limites de l'esprit humain et de sa condition charnelle. Augustin vient au secours de Thomas pour intimer une direction. Dieu n'est pas *compris* (d'une connaissance compréhensive, capable de maîtriser et de représenter son objet, *comprehendere*), mais il est *atteint* (*attingere*) et, dirions-nous, pas seulement visé (sans être sûr d'aboutir)[1].

Au ciel même, Dieu sera vu, selon Augustin, tout entier mais pas totalement (*totus sed non totaliter*), c'est-à-dire dans son essence mais, malgré la gloire offerte, selon les conditionnements d'un esprit créé. Si Thomas ajoute qu'un simple homme ne peut voir Dieu en son essence à moins de quitter la vie terrestre[2], il n'est pas empêché pour autant de connaître Dieu selon sa raison naturelle, à partir des effets[3], ou bien selon la grâce divine, d'une connaissance plus parfaite que par la raison naturelle. Toutefois, même dans le cas de la connaissance de grâce,

> nous ne connaissons pas de Dieu ce qu'il est, de telle sorte que nous lui sommes unis comme à un inconnu ; cependant nous le connaissons plus pleinement, en tant que nous sont démontrés des effets plus nombreux et plus excellents, et en tant que nous lui en attribuons certains en vertu de la révélation divine, à laquelle la raison naturelle ne parvient pas, comme le fait que Dieu est trine et un[4].

---

1. Ia, qu. 12, a. 7, respondeo et ad 1^m.
2. Ia, qu. 12, a. 11.
3. Ia, qu. 12, a. 13.
4. Ia, qu. 12, a. 13, ad 3^m : « Ad primum ergo dicendum quod, licet per revelationem gratiae in hac vita non cognoscamus de Deo quid est, et sic ei quasi ignoto coniungamur ; tamen plenius ipsum cognoscimus,

La question 12 balise donc la connaissance. C'est le propre de la QUESTION 13 de passer de celle-ci à la nomination,

> car nous nommons chaque chose selon la connaissance que nous en avons[1].

Ce lien entre *chose* (connue), *concept* (qui la connaît), et *nom* (signe du concept), Thomas le réfère à Aristote[2]. Ce choix est capital, il postule une proportion entre la chose et le nom à proportion du concept. Sur ce point, il quitte Augustin, qui n'exclut pas un jeu entre la connaissance et la nomination :

> Car Dieu est pensé plus véritablement qu'il ne peut être dit, et il est plus véritablement qu'il ne peut être pensé[3].

En revanche, dans le cas de la nomination de Dieu, un trinôme aussi solide en théorie montre en pratique son point de faiblesse : le concept, puisque de Dieu nous n'en avons pas de proportionné. Cette fois, c'est un apport philosophique et aristotélicien qui vient préciser les exigences de la théologie des Noms divins, même si Thomas ne reconnaît cet apport qu'en vertu de ce qu'il a l'intention de soutenir.

Comme annoncé, la question 13 dirime la question de la prédication substantielle de Dieu, avec Augustin, face à Maïmonide et même à Denys. Une telle prédication

---

inquantum plures et excellentiores effectus eius nobis demonstrantur; et inquantum ei aliqua attribuimus ex revelatione divina, ad quae ratio naturalis non pertingit, ut Deum esse trinum et unum ».

1. Ia, qu. 13, prologue : « Unumquodque enim nominatur a nobis, secundum quod ipsum cognoscimus ».

2. Aristote, *De l'interprétation*, I, 2, 16a3.

3. Augustin, *La Trinité*, VII, 7, trad. fr. (retouchée) dans *Œuvres*, L. Jerphagnon (éd.), « Bibliothèque de la Pléiade », Paris, Gallimard, 1998-2002, t. III, p. 453.

substantielle ne déroge pourtant pas à la faiblesse du lien conceptuel entre la chose et le nom. Nos noms, dit Thomas, sont attribués à Dieu substantiellement, « mais ils ne réussissent pas à le représenter (*sed deficiunt a repraesentatione ipsius*) »[1].

Dans ce passage, Thomas distingue de façon inédite, en pareil contexte, *représentation* et *signification*. Le terme de représentation n'est pas accordé à notre connaissance, laquelle ne sait que signifier à la manière dont nous connaissons. Ce sont les perfections d'être des choses qui, à leur faible mesure, représentent les perfections de l'être divin :

> Les Noms susdits signifient la substance divine, cependant imparfaitement, de même que les créatures la représentent imparfaitement[2].

La phrase rend raison de la répartition des verbes signifier et représenter, autant que de la proportion stricte entre connaissance et nomination.

Thomas s'interroge ensuite sur la nomination propre distinguée de la nomination métaphorique (a. 3), et sur la synonymie supposée des Noms attribués à Dieu (a. 4), puis sur univocité et équivocité (a. 5) et, sur l'analogie, si ces Noms sont dits en priorité de Dieu ou bien des créatures (a. 6).

Les accents qui se dégagent de la nomination analogique sont : 1) l'ordre de priorité et de postériorité, selon que ceux qui sont dits par analogie se rapprochent plus ou moins de la définition du premier ; 2) l'élimination de la

---

1. Ia, qu. 13, a. 2, corpus.
2. Ia, qu. 13, a. 2, corpus : « Sic igitur praedicta nomina divinam substantiam significant : imperfecte tamen, sicut et creaturae imperfecte eam repraesentant ».

métaphore, qui n'est pas un discours propre mais indirect ;
3) le plus important, compte tenu de la prédication
substantielle, est l'affirmation que la nomination de Dieu
ne se cantonne pas à la causalité qu'il exerce, mais qu'elle
désigne la préexistence parfaite en Dieu lui-même de ce
qu'il cause dans les créatures ; 4) de ce fait, l'ordre de
priorité et de postériorité se distribue doublement selon
l'être ou bien selon le connaître, étant entendu que nous
ne nommons rien en dehors de notre mode de connaître[1].

Il est remarquable à cet égard que Thomas cite
Éphésiens 3, 14 :

> Je fléchis les genoux devant le Père de notre Seigneur
> Jésus-Christ, de qui toute paternité, au ciel et sur la terre,
> tire son nom[2].

On ne saurait mieux illustrer le problème d'une
distribution de l'analogie, ici théologique et non
philosophique : quant à l'ordre de l'être, la paternité vient
de Dieu, donc toutes les incarnations terrestres de la
paternité sont postérieures et tirent de lui leur part de
définition. L'analogie s'assoit ainsi sur la participation.
Quant à l'ordre du connaître, au contraire, notre manière
d'appréhender la paternité commence avec les paternités
terrestres, qui font ensuite l'objet d'une translation vers
Dieu.

---

1. Ia, qu. 13, a. 6, respondeo : « Unde, secundum hoc, dicendum est
quod, quantum ad rem significatam per nomen, per prius dicuntur de
Deo quam de creaturis, quia a Deo huiusmodi perfectiones in creaturas
manent. Sed quantum ad impositionem nominis, per prius a nobis
imponuntur creaturis, quas prius cognoscimus. Unde et modum
significandi habent qui competit creaturis, ut supra dictum est ».

2. Ia, qu. 13, a. 6, sed contra.

Thomas, en cohérence avec la position primitive d'une prédication substantielle des perfections divines, c'est-à-dire à même d'atteindre en vérité l'être divin, conclut sa question 13 sur la possibilité de former au sujet de Dieu des *propositions affirmatives*. Il sait le poids d'une volonté de se contenter de négations ; toutefois, il conserve un ultime article – disposition thématique inédite chez lui – à poser les prédications affirmatives. D'un côté, Dieu est simple et inaccessible ; de l'autre, c'est-à-dire du côté de notre intellect, diverses compositions, modalités et distinctions sont nécessaires. Jamais toutefois les limites d'un intellect créé ne parviennent à transformer des propositions vraies en propositions fausses. Thomas tient sa ligne d'une connaissance propre, imparfaite, non-compréhensive, mais pouvant compter sur des propositions vraies à partir des effets[1].

LA *SOMME DE THÉOLOGIE* ET LA PARTICIPATION

À son tour, la participation structure l'exposé des causalités liées à la création. À titre d'échantillon, la *Somme de théologie*, qu. 44 expose successivement pour la décrire au sujet de Dieu la causalité efficiente, la causalité exemplaire, la cause finale.

Dieu est *cause efficiente* en tant qu'il est l'Être même subsistant, et qu'il donne l'être aux choses :

> Il reste donc que tous les [étants] autres que Dieu ne sont pas leur être, mais participent à l'être. Il est donc nécessaire que toutes les choses qui se diversifient selon une participation diverse de l'être, de telle sorte qu'elles soient plus parfaites, ou bien moins parfaites, soient

1. Ia, qu. 13, a. 12.

causées par un unique premier étant, qui est absolument parfait[1].

Dieu est *cause première exemplaire* et il est seul à l'être : ainsi Thomas intègre-t-il les notions de toutes choses, devenues avec Augustin les idées divines. Elles sont désormais les formes exemplaires existantes dans l'intellect divin. Elles ne sont pas distinctes de l'essence divine, en tant que sa ressemblance peut être participée selon divers modes. C'est ainsi que Dieu même est le « premier exemplaire de toutes choses (*primus exemplar omnium*) »[2].

De même, dans la *Somme contre les Gentils*, Thomas exploite le binôme entre ressemblance et dissemblance.

C'est ainsi que Dieu, lui aussi, confère aux choses toutes les perfections, et entretient par-là, avec toutes, à la fois ressemblance et dissemblance[3].

---

1. Ia, qu. 44, a. 1, respondeo : « Relinquitur ergo quod omnia alia a Deo non sint suum esse, sed participant esse. Necesse est igitur omnia quae diversificantur secundum diversam participationem essendi, ut sint perfectius vel minus perfecte, causari ab uno primo ente, quod perfectissime est ».

2. Ia, qu. 44, a. 3, respondeo. Saint Thomas parle de premier étant, de premier tout court ou, comme ici, de premier exemplaire. Il ne parle jamais de « premier analogué », expression postérieure dont l'origine (ou la célébrité) cajétanienne devrait rappeler qu'il ne s'agit pas que d'évolution de vocabulaire. Un premier analogué, la forme passive le manifeste, désigne celui qui est lui-même comparé, soumis à la mise en rapport (de telle perfection de son essence à son être), celle-ci étant ensuite comparée à d'autres rapports, ceux qui décrivent les créatures. On l'a dit, l'égalité des rapports s'opère entre des termes de natures diverses, et sans requérir aucune participation. L'analogie à quatre termes, devenue « de proportionnalité », avec ses « analogués », premiers puis postérieurs, relève donc d'une autre doctrine que celle de Thomas, du fait du traitement de l'analogie elle-même et de l'absence de participation.

3. *SCG* I, chap. 29, § 2, trad. cit., p. 218.

Il se réfère à l'Écriture, notamment *Genèse* 1, 26 : « Faisons l'homme à notre image et ressemblance ». Il produit aussi Denys, chez lequel, à l'époque de cette *Somme*, il peut lire le binôme entre ressemblance et dissemblance :

> Denys en est d'accord avec cette idée, qui dit au chapitre IX [§ 7] des *Noms divins* : "Les mêmes choses sont comparées à Dieu semblances et dissemblances, semblances, en tant qu'elles imitent, dans la mesure où elles le peuvent, celui qui n'est pas parfaitement imitable, et tel qu'il leur est donné d'exister ; dissemblances au contraire, en tant que les êtres causés sont inférieurs à leurs causes". En vertu pourtant de cette ressemblance il convient mieux de dire que la créature ressemble à Dieu, que l'inverse. Une chose est dite semblable à une autre parce qu'elle possède une de ses qualités ou sa forme. Et comme ce qui est en Dieu de manière parfaite se trouve dans les autres choses selon une participation amoindrie (*per quandam deficientem participationem*), ce d'où la ressemblance est prise appartient absolument à Dieu et non à la créature. La créature a ainsi ce qui appartient à Dieu, c'est pourquoi il est correct de dire qu'elle est semblable à Dieu. Mais l'on ne peut dire de la même manière que Dieu a ce qui appartient à la créature[1].

Dieu est *cause finale*, et dans la *Somme de théologie* ce n'est pas au nom d'Aristote. Il l'est non plus seulement comme le Souverain Bien de la *Métaphysique*[2], quoique le dieu d'Aristote ignore qu'il l'est, mais comme un Dieu créateur, qui se veut aussi cause finale des êtres qu'il a créés. En cela, dit Thomas, Dieu n'agit pas en vue d'une fin comme s'il s'agissait pour lui d'acquérir cette fin, mais pour communiquer sa perfection, qui est sa bonté :

1. *SCG* I, chap. 29, § 2-5, trad. cit., p. 218-219.
2. Aristote, *Métaphysique*, Λ, 7, 1072b8-30.

Et chaque créature cherche à acquérir sa perfection, qui est une ressemblance de la perfection et de la bonté divines. Ainsi donc, la bonté divine est-elle la fin de toutes choses[1].

ANALOGIE ET PARTICIPATION TRANSCENDÉES
PAR UN SEUL NOM

Thomas demande lequel des Noms convient le mieux à Dieu. Dans une objection, il place en lice le Bien pour faire droit à Denys, mais ce qu'il retient pour une ultime confrontation est « Celui qui est » et « Dieu ». Pour ce qui est du Bien, Thomas appartient certes à une tradition qui lui préfère l'être. Il en donne une raison :

> Le bon est le nom principal de Dieu en tant que cause, mais non pas absolument : car "être" est absolument posé antérieurement à "cause"[2].

Concernant « Celui qui est » et « Dieu », ces noms présentent des avantages et des inconvénients symétriques. Le premier dit l'être sans aucune détermination limitative, ni quant à sa signification, ni quant à l'universalité, ni quant au temps qui contraindrait l'éternité. Thomas s'appuie sur Jean Damascène et sa caractérisation de Dieu « comme une sorte d'océan de substance, infini et sans bords », ce qui lui permet d'annexer Damascène face à Denys, en fait de primauté de l'être sur le bien. Cet exposé sur la supériorité de « Celui qui est » sur « Dieu » occupant le corps de l'article, la question semble réglée. En un autre sens, elle ne l'est pas, s'il est vrai aussi que le mot « Dieu » exprime mieux que « être », puisqu'il entend signifier l'essence divine de Dieu. De soi, le mot Dieu reste lui aussi

---

1. Ia, qu. 44, a. 5, fin du respondeo.
2. Ia, qu. 13, a. 11, obj. 2 et ad 2m.

un nom commun mais, puisque Dieu est unique, il brigue d'être plus propre.

Toutefois ces deux noms sont coiffés par un troisième (ou par un quatrième, si l'on a retenu celui de « bien »), le Tétragramme, le Nom à quatre lettres, le YHWH de l'*Exode*, dont nous avons dit que Thomas ne le reconnaît pas, et qu'il voit passer *Iehova* sans l'identifier. Le mot « tetragrammaton » lui vient de Maïmonide[1]. Thomas l'a mentionné dans la *Somme contre les Gentils*, et le reprend ici. Il sait avoir à faire au prénom absolu qui n'appartient qu'à Dieu :

> Encore plus propre est le Tétragramme, qui est imposé pour signifier la substance elle-même et incommunicable de Dieu, et si l'on peut ainsi parler, singulière[2].

Thomas touche à la vérité du Nom divin sans en avoir la domination conceptuelle, puisque ce Nom ne lui est pas connu, il n'est pour lui que nominalement évoqué comme composé de quatre lettres. En cela, ce Nom est plus propre que les autres, puisqu'il est impartagé et incommunicable. Ce que Thomas ignore – comme tout un chacun au XIIIe siècle – mais qui, pour nous qui sommes informés, est touchant, est que le Tétragramme, YHWH, est la forme brève et primitive de « Celui qui est ».

---

1. Maïmonide, *Guide des Égarés*, I, chap. 63.
2. Ia, qu. 13, a. 11, ad 1[m] : « Ad primum ergo dicendum quod hoc nomen qui est est magis proprium nomen Dei quam hoc nomen Deus, quantum ad id a quo imponitur, scilicet ab esse, et quantum ad modum significandi et consignificandi, ut dictum est. Sed quantum ad id ad quod imponitur nomen ad significandum, est magis proprium hoc nomen Deus, quod imponitur ad significandum naturam divinam. Et adhuc magis proprium nomen est tetragrammaton, quod est impositum ad significandam ipsam Dei substantiam incommunicabilem, et, ut sic liceat loqui, singularem ».

Selon Thomas, le Tétragramme est ce Nom divin auquel nulle analogie ni aucune participation ne correspondent. Sur terre, les autres noms, par leur multiplicité et leur non-synonymie, traduisent l'imperfection de notre mode de connaître. Au ciel en revanche, du fait de notre vision à venir de l'essence divine telle qu'elle est, nous pourrons l'exprimer par son Nom propre car, selon *Zacharie* (14, 9), unique sera son Nom[1].

---

1. Par exemple en *SCG* I, 31, § 4 : « Si autem ipsam essentiam prout est possemus intelligere et ei nomen proprium adaptare, uno nomine tantum eam exprimeremus. Quod promittitur his qui eum per essentiam videbunt, Zach. ult. In die illa erit dominus unus et nomen eius unum ».

Chapitre VI

AUTOUR DE L'ACTE D'ÊTRE

L'acte d'être selon Thomas d'Aquin n'offre rien de mystérieux. Est-il si important d'y revenir, après tant de propos pour ou contre lui ? Il n'est pas normal qu'une notion, fût-elle jugée centrale par l'historien autant que par le philosophe, suscite des émotions. Il est singulier aussi que, si elle joue un tel rôle chez saint Thomas, celui-ci laisse ses lecteurs aux prises avec des difficultés d'interprétation, si toutefois c'est le cas.

Peut-être l'acte d'être jouit-il malgré lui et paradoxalement du prestige de l'essence, couronne perdue pour elle et transportée sur lui. Ce transfert reviendrait à faire de l'acte d'être une sorte de principe à partir duquel tout se déduit, ou du moins grâce auquel tout se comprend, ou même encore le principe de toute perfection, causalité du maximum portée jusque dans l'acte d'être, dont alors on ne sait plus s'il s'agit de Dieu lui-même ou d'un principe platonicien. Ce n'est pas ainsi toutefois que chez Thomas d'Aquin l'être (ou acte d'être) se présente.

L'être est l'acte premier des choses elles-mêmes, ce sont donc les choses que l'on voit, pas lui. Le fait qu'elles existent, perdurent et agissent réfère à l'acte d'être qui est le leur. Un étant est perçu, sa substance est inférée à partir du sensible, par abstraction son essence saute aux yeux de l'intellect, mais son acte d'être est désigné par un jugement, acte qui préside à la substance elle-même. Thomas ne se contente pas de décrire des étants, comme chez Aristote les substances en acte par leur forme, il dit que les étants existent et continuent d'être là par eux-mêmes, par leur propre acte d'être et par les opérations qu'ils posent pour acquérir leur fin.

Qu'en sait-il, comment en est-il venu à poser un acte plus premier et plus profond que celui d'Aristote ? Est-ce une induction philosophique qui lui permet de l'apprendre, ou bien plutôt une conséquence théologique tirée de l'acte créateur et de la présence d'intimité de Dieu à ses créatures ?

Quelques précisions de vocabulaire s'imposent. Toute chose qui existe s'appelle un « étant (*ens*) ». Ce participe présent est acquis en philosophie de langue française, pour le distinguer de l'être (*esse*), qui est un infinitif. Cet infinitif importe à l'extrême, comme on va le voir. La langue anglaise fait un usage commun de la distinction entre *being* et *to be*, aussi demeurons-nous en français un cran en-dessous, en fait d'habitudes de désignation. Thomas produit étant et être, et les distingue dans le sens qui vient d'être dit – presque toujours. Presque, parce qu'il accorde parfois moins d'importance au contraste des termes, si bien qu'il lui arrive d'employer *esse* pour *ens*, comme lorsqu'il s'agit de parler d'étant commun ou d'être commun. Leur différence pratique devrait correspondre à leur distinction théorique, mais ce n'est pas toujours le cas. Il faut s'en contenter, et lire l'expression dans son contexte.

En tout état de cause, « essence » désigne toujours le contenu intelligible d'un étant, son type d'identité, et se distingue autant de l'étant que de l'être.

« Nature » est parfois synonyme d'essence, mais parfois, et mieux, doté d'un sens plus aristotélicien qui signifie la capacité pour une chose d'*agir par elle-même*[1]. Les choses agissent par nature, et par attraction de la fin propre à leur nature. Tout étant a une essence mais, sous ce rapport, il n'a pas forcément une nature. Une pierre a une essence, mais elle n'agit pas par elle-même, elle est mue sans se mouvoir et ne poursuit aucune fin.

Quant à « substance », le terme arrive d'Aristote avec une distinction et une ambiguïté. L'*ousia* désigne tantôt la substance et tantôt l'essence, tantôt un individu et tantôt un universel, ce qu'Aristote appelle substance première et substance seconde. Cette distinction reviendra à peu près à étant et essence. Cet héritage aristotélicien reconduit l'universel platonicien à la singularité, les distingue, les nomme, mais ne s'y tient pas toujours. Il peut arriver que, au fil de la *Métaphysique*, « substance » désigne le particulier ou bien l'universel, ou encore toute substance particulière, ce qui l'exprime de façon commune et donc un tant soit peu universelle. Chez Thomas aussi, substance signifie l'étant par soi.

Le terme de « chose (*res*) » est à entendre avec circonspection. Il semble désigner les choses mêmes dans leur sens ordinaire, les étants qui existent, et il lui arrive chez Thomas d'être utilisé ainsi (surtout au pluriel). Toutefois, il est aussi un réemploi d'Avicenne, et désigne

---

1. Aristote, *Physique*, II, 1, 192b21-22 ; *Métaphysique*, Δ, 4, 1015a14-15.

alors plutôt l'essence que l'étant[1]. Le discernement est au cas par cas, car le paralogisme serait fâcheux de prendre l'essence pour une substance concrète[2].

Enfin, en première analyse la présence des choses est pour elles leur acte, que Thomas appelle quelquefois « acte d'être » (17 occurrences) ou une seule fois « acte d'exister », mais abondamment leur « être (*esse*) ». Cet acte désigne l'acte premier *par lequel* les substances sont des étants, de telle essence, et agissent en vertu de celle-ci. Cet acte d'être, ou être, est l'effet possédé par chaque étant, et qui lui est propre, de l'action créatrice de Dieu.

Si, avec la *Somme contre les Gentils*, Thomas affirme désormais qu'*être est un acte* (et non plus seulement une forme), s'explique la primauté de l'infinitif être, car selon Thomas un verbe signifie l'action[3]. Se comprend alors la relative rareté postérieure de l'expression « acte d'être », car elle est devenue une sorte de redondance, un acte d'acte. Être est un acte, d'un éternel instant en Dieu, d'une éternité créée et participée chez l'ange et, dans la créature composée de forme et de matière, un acte déployé dans le temps.

---

1. *De Veritate*, qu. 1, a. 1, corpus.

2. *Commentaire de la Métaphysique*, n°553 : « Res imponitur a quidditate tantum ». Quant à « réalisme », ce terme n'est pas employé au XIIIe siècle dans le sens qui a servi au XXe siècle à désigner une saisie des essences par abstraction intellectuelle, en général pour se distinguer du courant kantien, lequel au contraire postule une coupure entre phénomènes et choses en soi. Mieux vaut l'éviter ou ne l'employer qu'avec précaution, d'autant que malgré son intention il énonce davantage les essences que l'être, sauf si le contexte ne laisse aucune ambiguïté.

3. Thomas, *Expositio libri Peyermenias*, I, 5, Léonine, t. I* 1, 1989, p. 26a : « Proprium autem verbi est ut significet actionem », qui s'ajoute à Aristote, *De l'interprétation*, 3, 16b6 *sq*., pour lequel le verbe dit le temps.

Ce que j'appelle être

Avec la *Question disputée De Potentia*, qui fut tenue à Rome en 1265, entre la fin de la *Somme contre les Gentils* et le début de la *Somme de théologie*, Thomas dit le fond de sa pensée sur l'être, au-delà d'autres énoncés, sans rupture mais avec insistance, et qui fixe notre réception de sa doctrine de l'être.

C'est à l'occasion d'une neuvième objection, laquelle pourrait avoir constitué l'argument d'un véritable objectant. L'objection compare l'être à la matière première, l'un et l'autre se laissant déterminer par toutes les formes pour la matière première (puisque celle-ci est pure puissance) et, de même, l'être, par tous ses prédicaments. Une telle situation signale une imperfection. Or Dieu est très parfait, on ne doit donc pas lui attribuer quoi que ce soit d'imparfait. L'objection porte sur l'imparfait qui ne peut être attribué à Dieu. La réponse va poser au contraire l'attribution de l'être à Dieu, du fait de la perfection de l'être.

Thomas répond à l'objection avec une manière exceptionnelle de s'impliquer. Par trois fois, pour manifester la perfection de l'être, il scande « ce que j'appelle être (*hoc quod dico esse*) », répétition à laquelle son argumentation ne l'obligeait pas. Sommes-nous devenus les témoins différés d'un fidèle compte-rendu de la dispute, où Thomas sort de ses gonds spéculatifs, ce qui ne lui arrive presque jamais, ou bien s'agit-il une façon rhétorique de souligner un point important, si « ce que j'appelle… » est une expression professorale qu'il adopte parfois ailleurs ? Que chacun se fasse une idée (nous soulignons la triple scansion) :

> Pour la neuvième objection, il faut dire que *ce que j'appelle être* est entre toutes choses la plus parfaite :

cela apparaît du fait que l'acte est toujours plus parfait
que la puissance (…). C'est pourquoi il est évident que
ce que j'appelle être est l'actualité de tous les actes, et
il est à cause de cela la perfection de toutes les perfections.
Il ne faut cependant pas penser que, à *ce que j'appelle
être*, on ajoute quelque chose qui soit plus formel que
lui, de manière à le déterminer, comme l'acte [détermine]
la puissance : en effet, l'être qui est de cette sorte doit se
déterminer d'une façon autre selon l'essence que ce à
quoi il est ajouté[1].

Le sujet de l'article porte, comme on l'a vu au chapitre
précédent, sur la question de l'identité en Dieu de la
substance ou essence avec l'être. Bien entendu, la réponse
est positive, avec des éléments engrangés avant d'en arriver
à cette neuvième réponse : si les effets créés impliquent
composition, ce n'est pas le cas en Dieu, qui est simple
(*respondeo*); la distinction de l'acte d'être et de la vérité
de la proposition, pour affirmer que l'être divin, sa
substance même, nous est inconnue, mais que la proposition
est vraie à partir des effets (ad 1ᵐ); le fait que l'être divin,
qui est sa substance, n'est pas l'être commun, mais un être
distinct de tout autre être, de sorte que Dieu, par son être
même, diffère de tout autre étant (ad 4ᵐ). Avec une telle

---

1. *De Potentia*, qu. 7, a. 2, ad 9ᵐ : « Ad nonum dicendum, quod hoc
quod dico esse est inter omnia perfectissimum : quod ex hoc patet quia
actus est semper perfectior potentia. Quaelibet autem forma signata non
intelligitur in actu nisi per hoc quod esse ponitur. Nam humanitas vel
igneitas potest considerari ut in potentia materiae existens, vel ut in virtute
agentis, aut etiam ut in intellectu : sed hoc quod habet esse, efficitur actu
existens. Unde patet quod hoc quod dico esse est actualitas omnium
actuum, et propter hoc est perfectio omnium perfectionum. Nec
intelligendum est, quod ei quod dico esse, aliquid addatur quod sit eo
formalius, ipsum determinans, sicut actus potentiam : esse enim quod
huiusmodi est, est aliud secundum essentiam ab eo cui additur
determinandum ».

préparation, la neuvième réponse ne saurait concéder le caractère imparfait de l'être, mais au contraire, du fait de l'identité en Dieu de son essence, de sa substance et de son être, son caractère souverainement parfait. Réciproquement, si l'être est l'une des façons d'énoncer la perfection divine, quelque chose de ce caractère parfait doit se retrouver dans les étants créés, même composés et limités.

Parfait, l'être l'est parce qu'il est acte, et non, à l'évidence, puissance ; mais aussi du fait qu'il n'est pas seulement essence ou forme. Plus encore, l'être est l'« acte de tous les actes ». Ce n'est pas une rhétorique superlative, l'expression doit être prise au mot : l'être actue les autres actes. Quels sont les autres actes ? D'une part, la forme substantielle et, d'autre part, et a fortiori, les actes seconds. Il précède ces deux instances en tant qu'il est acte premier ou, mieux, l'acte propre d'une substance qui est elle-même acte premier des opérations qu'elle pose ensuite. Comme le dit Thomas ailleurs :

> L'être même est ce par quoi est la substance[1].

Ou aussi :

> Ce nom d'étant est imposé à partir de l'acte d'être[2].

En cela, il n'est pas une proto-essence présidant à l'essence elle-même, un redoublement anticipé, ce qui n'aurait aucun sens ; ni, à l'inverse, un accident de l'essence.

Tout acte d'être est l'acte de quelque chose. Il n'est ni une substance, ni une essence, il n'est pas un étant singulier

---

1. Ia, qu. 50, a. 2, ad 3^{m} : « Ipsum esse est quo substantia est ».

2. *Commentaire de la Métaphysique*, n°553 : « Hoc vero nomen ens imponitur ab actu essendi » ; *De Veritate*, qu. 1, a. 1, corpus.

et autonome. L'être comme acte signifie que telle substance est produite dans son être et dans sa perfection. C'est elle qui est en acte.

Il en découle que : 1) l'être est indéfinissable, puisqu'il n'est pas une essence, ce qui rend difficile à décrire son intelligibilité ; 2) l'être est l'acte de l'étant, c'est donc à partir de cet étant en tant qu'il existe que l'on juge et énonce qu'il est en acte ; 3) l'être est la perfection de la chose, en tant qu'il fait perdurer dans l'existence cette chose même, d'où les essais de description, qui ne peuvent être que métaphoriques et maladroits, de l'être ou acte d'être comme une sorte d'énergie motrice immanente, qui pousse tout étant à se maintenir dans sa perfection et même à l'amplifier ; 4) une telle perduration exprime que l'« être » est bel et bien un infinitif, car le verbe signifie l'action ; être est donc une action et non une définition, ni même un substantif ; 5) l'être en tant qu'acte de chaque étant est, dit le théologien, l'effet possédé de l'action créatrice de Dieu, effet qui perdure, puisque Dieu fait être et soutient ses créatures dans l'être ; 6) l'être est cet acte premier *par lequel* toute substance est et agit ; l'être préside à l'acte second, à l'opération de la créature, mais cette opération, qui se profile en vue de sa fin, est plus parfaite que l'acte premier qu'est l'être[1].

L'être est l'acte de l'essence et non l'essence en acte. Il est l'acte premier de la substance (ou forme substantielle), et non un mode de celle-ci ou acte second, une concrétisation de l'essence mais qui n'ajouterait rien à l'essence elle-même. Dans l'ordre de l'être, l'acte est antérieur à la substance et non postérieur à l'essence.

---

1. *SCG* I, chap. 45, § 4, trad. cit., p. 253 : « Actus secundus est perfectior quam actus primus ».

Ou encore :

> L'être même se trouve donc dans les substances causées comme un acte de celles-ci[1].

Si toute substance créée se rapporte à son être comme la puissance à l'être, c'est en raison de son statut de participation à l'être, au lieu que « Dieu seul est essentiellement étant (*solus Deus est essentialiter ens*) »[2].

Ces chapitres établissent quelques propositions indispensables à notre propos : 1) tout étant qui n'est pas Dieu, lequel est l'être même, participe à l'être ; 2) entrent donc en composition dans l'étant créé (au moins) son essence ou substance, et son être ; 3) lesquels se présentent respectivement dans un rapport de puissance à acte.

La *SCG* II, chap. 54 s'appuie sur ces acquis pour introduire une seconde instance de composition de puissance et d'acte : la première étudiée, de substance et d'être, n'est pas la même chose que celle de matière et de forme[3]. Les deux sont pourtant désignées comme des compositions de puissance et d'acte. Sans surprise, si les créatures intellectuelles n'en comportent qu'une seule, les créatures dotées d'un corps ont les deux.

Thomas construit son chapitre 54 par mode de précisions : la matière n'est pas la substance d'une chose, comme le pensaient les philosophes de la nature primitifs, ce qui réduisait toutes les formes au statut d'accidents, mais « la matière est une partie de la substance (*pars substantiae*) »[4]. De même, l'être n'est pas l'acte même de la matière (§ 2) et, surtout :

---

1. *SCG* II, chap. 53, § 3, trad. cit., p. 216 ; « Ipsum igitur esse inest substantiis causatis ut quidam actus ipsarum ».
2. *SCG* II, chap. 53, § 4.
3. *SCG* II, chap. 54, titre.
4. *SCG* II, chap. 54, § 1.

> La forme n'est pas non plus l'être même, mais il y a entre eux un ordre : la forme se rapporte à l'être comme la lumière au fait de luire, ou la blancheur au fait d'être blanc[1].

Un point doit retenir l'attention de la double comparaison que proposent ces exemples scolaires : la forme y joue le rôle du nominatif, donc d'une essence décrite, au lieu que l'être est un infinitif, propre à désigner le temps (selon Aristote), et l'action (selon Thomas)[2].

Être, c'est agir, d'un acte premier avant que d'un acte second, c'est pour toute chose agir selon la substance qui est la sienne.

Deux précisions non moins capitales se présentent ensuite :

> L'être même se rapporte à la forme elle-même comme un acte[3].

La forme est cependant, vis-à-vis de la matière et de la substance entière, comme un acte ; pourtant, vis-à-vis de l'être, c'est elle qui est actuée par lui. Ce dédoublement de position va se retrouver dans un instant.

La seconde précision rappelle que la forme, comme la matière, tient le rôle de principe de l'étant, alors que chez Thomas l'être n'est appelé principe qu'une fois, au début de son œuvre[4], pour ne l'être plus ensuite, sans doute pour

---

1. *SCG* II, chap. 54, § 3, trad. cit., p. 217-218.
2. É. Gilson, *L'esprit de la philosophie médiévale*, *op. cit.*, p. 89 : « [Aux yeux des penseurs du Moyen Âge], le verbe *être* était essentiellement un verbe actif, qui signifiait l'acte même d'exister ».
3. *SCG* II, chap. 54, § 4 : « Deinde quia ad ipsam etiam formam comparatur ipsum esse ut actus ».
4. *Scriptum super libros Sententiarum* I, d. 8, qu. 4, ad 2[m] : « Ens autem non dicit quidditatem, sed solum actum essendi, cum sit principium ipsum ».

traduire que l'être n'est pas l'un des deux principes qui constituent la substance, forme et matière, mais il en est l'*acte*. Il est donc d'un autre ordre.

Le dispositif posé par Thomas est le suivant : c'est la substance tout entière qui est le ce qui est; et l'être même est ce par quoi la substance est appelée étant[1]. L'être retrouve son rôle par rapport à l'étant : il est ce par quoi la substance est être, il est l'acte de la substance même. Bref, l'étant est en acte *selon* sa forme substantielle, et l'être est l'acte *par lequel* cette substance existe et agit. Dans l'ordre de la perfection apportée par l'actuation, l'être est donc premier en regard de la substance. Ces éléments disposés, Thomas distingue les substances intellectuelles de celles qui comportent matière et forme. Il s'agit toujours de désigner ce qui relève de la composition de puissance et d'acte.

Primo, les substances intellectuelles comportent une seule composition de puissance et d'acte, celle de substance et d'être[2]. *Secundo*, les substances composées de matière et de forme en ont deux :

> En revanche, dans les substances composées de matière et de forme, il y a une double composition d'acte et de puissance : la première est celle de la substance elle-même, qui se compose de matière et de forme, et la seconde est celle de la substance déjà composée et de l'être, qui peut aussi être dite composition de ce qui est et d'être, ou bien de *ce qui est* et de *ce par quoi c'est*[3].

Ce texte est comme un précipité de ce en quoi Thomas d'Aquin assume la métaphysique d'Aristote avec aussi les apports de Boèce ou d'Avicenne, et en même temps les

1. *SCG* II, chap. 54, § 5, trad. cit., p. 218.
2. *SCG* II, chap. 54, § 7.
3. *SCG* II, chap. 54, § 8, trad. cit., p. 218.

dépasse tous dans une synthèse personnelle, sous l'égide de l'être compris comme un acte par lequel la substance est.

Pour décrire la structure d'un étant qui comporte de la matière, Thomas présente comme deux plans de réalité qu'il articule ainsi : le premier plan, aristotélicien, est celui de toute forme substantielle, où la matière est en puissance à sa forme, laquelle est pour elle et pour toute la substance son acte ; et le second plan, thomasien, récapitulatif et intégrateur de certains apports mais surtout de sa propre conception de l'être, est celui de l'être même, qui pour tout étant actue la forme substantielle elle-même. Il y a donc double composition d'acte et de puissance, au lieu que pour les créatures spirituelles il n'y en a qu'une. Il y a donc aussi deux actes dans tout étant : l'acte qu'est la forme, et l'acte qu'est l'être pour la forme substantielle.

S'il s'agit de lire ailleurs que « la forme donne l'être », cette proposition est vraie au plan de la substantialité, selon le cercle d'appartenance aristotélicien. Cependant, l'acte donne l'être à la substance elle-même. Ainsi Thomas énonce-t-il le fait que tout étant est une substance dont l'être possédé par elle, effet de l'acte créateur, actue la substance. Aristote ne faisait que la décrire. Dans le *De Potentia*, Thomas précise :

> Bien que la cause première, qui est Dieu, n'entre pas dans l'essence des choses créées, cependant l'être qui est dans les choses créées ne peut être compris que comme dérivé de l'être divin ; de même qu'un effet propre ne peut être compris que comme dérivant d'une cause propre[1].

---

1. *De Potentia*, qu. 3, a. 5, ad 1[m] : « Ad primum ergo dicendum, quod licet causa prima, quae Deus est, non intret essentiam rerum

Comme on l'a vu, Dieu n'est pas dans les choses comme une partie mais comme une cause[1]. Ce passage désigne l'être propre de toutes choses comme un effet de cette cause qu'est Dieu. Surtout, il affirme que l'être propre à chaque étant n'est compréhensible que comme un effet de Dieu en tant que cause. La considération de l'être des étants, telle que Thomas d'Aquin la caractérise et qui ajoute une dimension à la substance aristotélicienne, se prend donc de l'action causatrice de Dieu qui donne l'être aux choses, autrement dit de la création.

Est-ce affirmer que seule la perspective d'un Dieu créateur donnant l'être aux choses peut orienter la métaphysique vers la position d'un acte d'être ? C'est ce qui semble, et si Boèce ou Avicenne ont posé la distinction de l'être et de ce qui est, ou bien exploité être et essence dans la dépendance d'une théorie de la création, il revient à Thomas d'avoir pris la mesure du statut de cet être à la fois en tant qu'effet de la création et comme un acte, l'acte premier de toute substance. Aristote ne pouvait considérer que les substances une fois présentes, et les déclarer en acte en vertu et à la mesure de leur forme. L'étape précédente lui échappait, à savoir la production dans l'être de ces substances. Si donc Aristote parle des substances en acte, il revient à Thomas de postuler l'acte d'être de ces substances mêmes. Entre la substance en acte d'Aristote et l'être comme acte (de la substance) de Thomas, ce n'est pas le même acte. L'un a été découvert par le Philosophe, l'autre l'est par Thomas, en tant que docteur chrétien,

creatarum ; tamen esse, quod rebus creatis inest, non potest intelligi nisi ut deductum ab esse divino ; sicut nec proprius effectus potest intelligi nisi ut deductus a causa propria ».
  1. Cf. *SCG* I, chap. 26, § 13 ; Ia, qu. 8, a. 1 et 3.

même s'il l'exprime en termes métaphysiques. Ces deux
dimensions traduisent la première et la deuxième modalités
de la métaphysique. Leur origine diffère, leur vocabulaire
en revanche se montre homogène au point qu'il est difficile
de départager les lieux d'où elles viennent.

La première modalité apporte à Thomas une certaine
conception de l'être, principalement de la philosophie
(Aristote, Proclus), avec aussi et cependant des penseurs
qui sont eux-mêmes sous influence religieuse (Boèce,
Avicenne). La deuxième modalité relève de la métaphysique
produite par la théologie. La doctrine de ce que Thomas
d'Aquin appelle être résulte de ce double apport, également
métaphysique quant à son écriture, mais avec des sources
entremêlées. L'entremêlement est certes celui des auteurs,
que Thomas reçoit et dont il tire parti, tantôt de façon
identique et tantôt à sa manière, y compris au travers d'une
reprise apparemment littérale; il est aussi celui de l'origine
des concepts, et c'est de ce côté-là, si l'on daigne y prêter
attention plutôt qu'à la seule exposition des énoncés et
aussi des raisonnements (quand il y en a), que le travail
d'élucidation est le plus délicat. Soutenir que la doctrine
thomasienne de l'acte d'être relève davantage de la
deuxième modalité de la métaphysique signifie qu'elle
résulte de la considération de la création. Certes, Thomas
peut se réclamer aussi de certains écrits païens, lesquels
ne parlent pas de création, puisqu'ils n'ont ni Dieu unique
distinct du monde, ni producteur libre de celui-ci. En effet,
le syntagme d'« être même » traverse le néoplatonisme;
par Denys ou bien par le *Livre des Causes*, quelque chose
d'important philosophiquement lui en advient. Il n'empêche
que, dans le cas de ce dernier ouvrage, une adaptation
radicale est nécessaire pour en rendre la doctrine acceptable.

LE CAS DU *LIVRE DES CAUSES*

Le *Commentaire* de cet anonyme a coûté quelque effort à Thomas d'Aquin, d'abord pour identifier qu'il n'est pas d'Aristote, contrairement à l'opinion commune que lui-même partage jusqu'en 1272 (date très tardive de l'œuvre), ensuite pour en extraire le meilleur :

> Nous est parvenu un livre, écrit en grec, du platonicien Proclus, contenant 211 propositions et intitulé *Éléments de théologie*. On a aussi ce livre que les Latins appellent le *De Causis*, qui est très certainement traduit de l'arabe et qu'on n'a pas en grec. Aussi semble-t-il avoir été extrait par quelque philosophe arabe du livre cité de Proclus, puisque tout ce qui se trouve dans ce livre est dit de façon plus complète et plus développée dans les *Éléments*[1].

Thomas achève son Prologue en disant que « l'intention du *De Causis* est de traiter des causes premières »[2]. Le Prologue lui-même oriente sa présentation dans la direction qui vient d'être énoncée. La félicité ultime de l'homme, dit Thomas, consiste dans l'opération humaine qui correspond à la puissance suprême qu'est l'intellect et en vue du meilleur intelligible. La cause est en soi plus intelligible que l'effet, même si ce n'est pas toujours le cas par rapport à nous. Parmi les causes,

> il faut donc que, absolument parlant les causes premières des choses soient les intelligibles suprêmes et les meilleures : ils sont étants et vrais au plus haut point puisqu'ils sont les causes de l'être et de la vérité des autres choses, comme cela est manifesté par le Philosophe au livre II de sa *Métaphysique* [II/α, 1, 999b26-31] ; et ce, bien que les causes premières de cette espèce soient moins connues de nous et le soient ultérieurement : notre

1. Thomas, *Commentaire du Livre des Causes*, trad. cit., p. 38.
2. *Ibid.*, p. 38.

intellect est par rapport à elles comme l'œil de la chouette par rapport à la lumière du soleil qui, à cause de sa trop grande clarté, ne peut être parfaitement perçue[1].

D'emblée, les causes premières sont à même d'être causes de l'être des choses, selon une interprétation d'Aristote peut-être moins colorée de platonisme que d'arrière-fond biblique créationniste. Aristote, dans ce passage, n'en dit pas autant.

La considération des causes premières, selon Thomas, est toujours plus aimable et plus noble que la connaissance des réalités inférieures, cette fois d'après une déclaration d'Aristote prise plus littéralement. Il est dès lors caractéristique que Thomas, à l'appui de la préférence du degré le plus élevé possible de la connaissance, identifie celui-ci comme la béatitude céleste, et à cet effet produise *Jean* 17, 3 : « En cela consiste la vie éternelle, qu'ils te connaissent toi, le Dieu unique et vrai ». Pourtant, ce sont « les philosophes » que Thomas crédite de s'être préoccupés, « en considérant tout ce qui est dans les choses », de parvenir principalement « à la connaissance des causes premières »[2].

C'est ainsi que ce livre s'occupe des « causes premières ». Le problème est qu'il y en a plusieurs. L'effort de Thomas va être de les ramener à une seule, Dieu lui-même. À cette fin, il sollicite l'aide de Denys l'Aréopagite. Chose impossible, selon la chronologie à laquelle Thomas d'Aquin est soumis, d'un Denys du Ier siècle, auditeur de saint Paul sur l'Aréopage, face à un Proclus du Ve, sans compter le *Livre des Causes* (IXe siècle[3]) ; chose impossible pour lui, mais que nous savons réelle. En effet, le vrai

---

1. Thomas, *Commentaire du Livre des Causes*, trad. cit., p. 37.

2. *Ibid.*, p. 37-38.

3. P. Magnard *et al.*, *La demeure de l'être. Autour d'un anonyme. Étude et traduction du Liber de Causis*, Paris, Vrin, 1990, Notice, p. 32.

Denys, du VIᵉ siècle, probablement syrien, païen, disciple de Proclus, puis converti et devenu moine, a réécrit en termes chrétiens la métaphysique de son maître. Thomas aurait-il deviné le pseudo de Denys, mais sans pouvoir le prouver et donc sans l'avouer ? Certains érudits y inclinent. Il reviendra au XIXᵉ siècle de résoudre, sinon l'énigme dionysienne, du moins sa chronologie.

Thomas écrit :

> Denys corrige cette position qui consiste à poser une succession de formes séparées dites "dieux", où autre est la bonté par soi, autre l'être par soi, autre la vie par soi et ainsi du reste. Il faut en effet dire que toutes ces formes sont essentiellement la cause première de tout, par laquelle les choses participent de toutes les perfections de ce genre ; ainsi, nous ne poserons pas plusieurs dieux, mais un seul. C'est bien ce que Denys dit au chapitre V des *Noms divins* (…)[1].

De même, plus loin :

> Denys supprima l'ordre de toutes ces réalités séparées, comme on l'a dit plus haut. Tout cet ordre de perfections que participent les autres choses, il en fit un seul principe : Dieu[2].

Dans un *Commentaire* qu'il conduit jusqu'au bout du *Livre* commenté, Thomas épouse les méandres d'une métaphysique païenne qui lui donne du fil à retordre. Au point que par comparaison le très oriental Denys, malgré son « style obscur »[3], a pu lui paraître un parangon de clarté doctrinale. Au moins celui-ci redressait-il cet univers strié d'essences hiérarchisées au profit d'un Dieu personnel, unique et créateur.

---

1. *Commentaire du Livre des Causes*, leçon 3, trad. cit., p. 48.
2. *Ibid.*, leçon 4, trad. cit., p. 53.
3. Thomas, *Super librum Dionysii De divinis nominibus, Prologue*.

Muni de cette métaphysique de la participation modifiée dans le sens du monothéisme, Thomas interprète les propositions du *De Causis*. En tête, la première d'entre elles :

> Toute cause première influe plus sur son effet que la cause universelle seconde[1].

Thomas en tire des considérations sur la façon dont la cause première conduit la cause seconde à produire son effet, et d'autant mieux qu'elle la meut à y parvenir. Cette action causale emboîtée relève chez lui de la causalité efficiente, à laquelle il reconduit l'influx causal néoplatonicien, qui est pourtant de toute évidence d'ordre formel.

Thomas, plus loin, revient à Dieu avec Denys pour le qualifier d'« être même » et d'« essence de la bonté »[2]. Ainsi Dieu reprend-il à son compte « l'être même » des Platoniciens. Or, aux dires de ces derniers, c'est ainsi qu'il cause l'être des choses :

> Ainsi les Platoniciens posaient que tout ce qui est l'être même est cause de l'existence pour tout ce qui est (*causa existendi omnibus*), la vie même cause de la vie pour tout ce qui vit, l'intelligence cause pour tout ce qui intellige[3].

Proclus et Aristote sont sollicités en appui de cette thèse, ce qui est beaucoup leur accorder, un Dieu qui fût l'être même pour Proclus, et ce Dieu qui fût cause de l'être

---

1. *Commentaire du Livre des Causes*, leçon 4, trad. cit., p. 38 : « Omnis causa primaria plus est influens super suum causatum quam causa secunda universalis ».

2. *Ibid.*, leçon 3, trad. cit., p. 48.

3. *Ibid.*, leçon 3, trad. cit., p. 50. Texte latin in *Sancti Thomae de Aquino super librum de Causis expositio*, H.-D. Saffrey (éd.), Fribourg-Leuven, Nauwelaerts, 1954, p. 22.

de toutes choses pour Aristote. Thomas en tire cependant le maximum, sans être trop précis sur le Dieu du premier ni sur la causalité exercée par le second :

> Ainsi Proclus écrit à la proposition 18 de son livre : "Tout ce qui communique l'être aux autres (*omne derivans esse aliis*) est lui-même de façon primordiale ce qu'il communique aux bénéficiaires de sa dispensation". Et cette sentence s'accorde avec ce que dit Aristote au livre II de sa *Métaphysique*, à savoir que ce qui est premier et suprêmement être est cause de ce qui vient après[1].

Thomas trouve dans ces assertions de quoi alimenter sa propre position, mais c'est surtout lui qui leur confère une signification accordée à l'idée d'un Dieu cause de l'être.

En conséquence de telles prémisses, Thomas commente la proposition 4 du *Livre des Causes* :

> La première des choses créées est l'être et avant lui il n'y a pas d'autre créé[2].

En un sens, cette proposition ambiguë met en avant le thème de l'être ; en l'autre, elle le réduit au monde créé et, par conséquent, le refuse au domaine incréé, à Dieu.

Thomas constate, *primo*, que « l'auteur » (du *Livre*) passe sous silence l'être qui est celui de la cause première qui est « existant avant l'éternité »[3]. Il situe cette position, *secundo*, dans la démarche propre aux Platoniciens de mettre le bien en première ligne, puisque le bien s'étend plus loin que l'être, au non-être, à la matière première. Il

---

1. *Ibid*, trad. cit., p. 50.

2. *Ibid.*, leçon 4, titre, trad. cit., p. 52 ; « Prima rerum creatarum est esse et non est ante ipsam creatum aliud ».

3. *Ibid.*

rappelle que Denys reconduit tout cela sous l'égide du
Dieu unique, même s'il doit concéder que l'Aréopagite
lui-même place le bien avant l'être. Revenant à l'auteur
du *Liber*, Thomas enregistre le statut de l'être comme la
première des choses créées. Toutefois, il parvient à poser
que la raison du rapport de toutes choses créées à celui qui
en est séparé relève de la participation, laquelle est une
proximité à cette « cause première » qui est « l'être pur
subsistant (*esse purum subsistens*) »[1].

Tout dépend en effet de ce au-delà de quoi, selon
Thomas, on place la cause première. Que celle-ci soit,
comme l'affirme la 5ᵉ proposition du *De Causis*, « supérieure au discours » et que « les langues échouent à
discourir d'elle, du moins à discourir sur son être »[2], cela
peut s'entendre dans les termes de Thomas lui-même,
jusqu'à dire avec Proclus que « le premier est totalement
inconnu en tant qu'il est imparticipable »[3], mais, on s'en
doute, jusqu'à un certain point. Thomas ne concède pas
la thématique du Dieu « suressentiel », à laquelle il oppose
(sans trop marquer l'opposition) la prédication substantielle.
Il préfère se couler dans les termes platoniciens du texte
commenté pour distinguer, ce que les Platoniciens ne
savaient pas faire, Denys compris, d'une part l'étant fini
et l'être infini de Dieu et, d'autre part, l'attribution à Dieu
de l'être et, par contraste, les limites de notre intellect :

> Mais selon la vérité de la chose, la cause première est
> au-dessus de l'étant, en tant qu'elle est l'être infini.
> L'étant, c'est ce qui participe l'être de façon finie et est
> proportionné à notre intelligence dont l'objet est ce qui

1. *Commentaire du Livre des Causes*, leçon 4, trad. cit., p. 54.
2. *Ibid.*, leçon 5, titre, trad. cit., p. 63.
3. *Ibid.*, p. 63.

est, comme il est dit au livre III du *De anima* [III, 4, 429b10 *sq.*]. Aussi cela seul est saisissable par notre intellect qui a une quiddité participant l'être ; or la quiddité de Dieu est l'être même ; c'est pourquoi il est au-dessus de notre intellect (*sed Dei quidditas est ipsum esse, unde est supra intellectum*)[1].

L'objectif n'était pas de présenter le *Commentaire du Livre des Causes* dans son ensemble, mais de montrer la façon du Thomas tardif de se saisir d'un ouvrage où la métaphysique platonicienne païenne (elle-même tardive) permet d'enrichir sa propre conception de l'être, bien sûr au prix d'une explication qui bouscule quelque peu l'exposition révérencielle.

À preuve, la stratégie du contournement de cette métaphysique des essences supérieures au profit du Dieu unique avec l'aide de Denys. Deux raisons à cela : pour la première, celui-ci a déjà fait une part du travail, et c'est à ce point vrai que Thomas ne prend guère en considération l'inversion chronologique (de quelle façon est-ce délibéré ?) ; pour la seconde, Thomas travaille ses propres commentaires en s'appuyant sur ceux des autres. C'est vrai de ses Commentaires d'Aristote. Soit qu'il considère qu'une tradition interprétative est constituée et qu'il convient d'en tirer parti, y compris pour dénoncer ce qui passe à ses yeux pour des difficultés du texte commenté, comme pour Aristote, soit qu'il cherche à contourner d'autres sortes de difficultés, comme dans le *Livre des Causes*, et que celles-ci deviennent acceptables grâce à une autorité (Denys), qui en offre une version christianisée et *donc* métaphysiquement déjà rectifiée.

---

1. *Ibid.*, p. 66.

La doctrine thomasienne sort-elle grandie de ce *Commentaire*? Il ne semble pas qu'elle témoigne d'une évolution de Thomas, mais elle expose à neuf sa propre métaphysique, non pas malgré, mais du fait de son analyse d'un auteur comme l'anonyme du *Livre des Causes*. La doctrine ne sort donc pas grandie au sens où en serait devenue différente; mais, confrontée à la primauté platonicienne du bien sur l'être, y compris chez Denys, et en plus de la rectification qu'il lui doit en faveur du monothéisme, une telle exposition est pour Thomas comme un devoir de rappeler ce qui est sa propre position ou bien plutôt la vérité des choses, à savoir la primauté de l'être sur les autres perfections, en Dieu et pas seulement dans les créatures, mais aussi dans les créatures elles-mêmes, à raison de la causalité efficiente divine.

Revenons à l'acte d'être, mais il n'a jamais été quitté. Établir la primauté de l'être, en Dieu comme dans la créature, et établir le lien de cause efficiente entre les deux, c'était parler de lui. Au-delà de la question de la rivalité du bien, c'était aussi poser l'articulation entre Dieu et la participation des créatures autrement que dans les termes formels d'une essence parfaite infinie, diversement distribuée dans le fini.

De toute évidence, l'acte d'être a partie liée avec le passage causal efficient de Dieu à la créature : Dieu donne d'être à celle-ci, il lui donne d'être un étant *par* son acte et *selon* sa substance; la créature ainsi créée se présente et agit selon les capacités de sa forme substantielle et par cet acte d'être, effet de l'acte créateur et devenu le sien propre. Toutefois, les quelques passages présentés du *Commentaire du Livre des Causes* semblent maintenir une ambiguïté d'attribution jusqu'en cette presque fin de la carrière de Thomas. Selon lui, qu'en est-il de ceux qui ont parlé d'un Dieu cause de l'être, pas seulement moteur des substances mais cause efficiente de tous les étants ?

HISTOIRES THOMASIENNES DE L'ÊTRE

À plusieurs reprises, Thomas d'Aquin se livre à une sorte d'histoire de l'être. Ces exposés figurent des découpages historiques marqués par des progrès philosophiques. Toutefois, ils présentent entre eux des différences d'appréciation dans le tracé des évolutions. Certaines frontières se déplacent. Est-ce en vertu des éléments en présence, du contexte de chaque exposé, ou bien d'une évolution de saint Thomas ?

1 – *La Somme contre les Gentils.* La question porte sur l'éternité du monde (mais plusieurs années avant le durcissement du débat du même nom). La première partie de l'exposé de Thomas porte sur la non-nécessité pour Dieu de créer, mais au contraire sur sa volonté[1] ; et la seconde porte sur la non-nécessité du côté des choses[2].

C'est ici que Thomas récapitule les marches successives des anciens philosophes. 1) Les premiers considéraient que les différences entre les choses étaient accidentelles, comme le rare et le dense. 2) Les philosophes suivants, « considérant la production des choses de manière plus pénétrante, sont parvenus jusqu'à leur production selon la substance »[3]. 3) Ensuite,

> avançant plus profondément vers l'origine des choses, ils ont considéré finalement la procession de tout l'étant

1. *SCG* II, chap. 34-35.
2. *SCG* II, chap. 36-37.
3. *SCG* II, chap. 37, § 1, trad. cit., p. 166-167.

créé à partir d'une première cause unique (…). Or dans cette procession de tout l'étant à partir de Dieu, il n'est pas possible qu'une chose soit produite à partir de quelque chose de préexistant, car ce ne serait plus une production de tout étant créé. Cette production, les premiers philosophes de la nature ne sont pas parvenus à la découvrir (…). C'est pourquoi il ne revient pas au philosophe de la nature d'étudier une telle origine des choses, mais cela revient au métaphysicien (*ad philosophum primum*), qui considère l'étant commun, et ce qui est séparé du mouvement[1].

Personne n'est nommé, et si certains Présocratiques sont reconnaissables au début, les suivants demeurent dans un certain flou. Où donc s'opère la différence entre ceux qui considèrent les choses selon leur substance, et ceux qui vont jusqu'à la procession de tout l'étant créé à partir d'une première cause unique, Dieu ? Ce texte ne permet pas, à lui seul, de se faire une idée de l'intention de Thomas, et celle qui vient à l'esprit (l'apport d'Avicenne en fait de production de tout l'être) relève d'une rétroprojection des lieux parallèles postérieurs.

La notation sur le privilège du métaphysicien en regard du philosophe de la nature de s'occuper de l'origine des choses, dont nous ne connaissons pas d'autre apparition, peut se réclamer d'Albert le Grand[2]. Thomas lui aussi préfère Avicenne à Averroès, la métaphysique à la physique.

2 – Le De Potentia, qu. 3, a. 5. Ce deuxième texte passe du début des années 1260 à 1265, juste avant la *Somme de théologie.* Comme ensuite pour celle-ci, il va s'agir de

---

1. *SCG* II, chap. 37, § 1, p. 167.
2. Albert, *Physica*, VIII, tract. 1, chap. 13, éd. Cologne, p. 575a ; *Metaphysica*, I, chap. 1-3.

savoir si la matière première échappe à la création par Dieu. L'exposé du *respondeo* est davantage approfondi que celui de la *Contra Gentiles*. Il en reprend le mouvement, avec des variantes.

1) Le premier point est de méthode, qui correspond à l'ordre humain de découverte des choses : « C'est selon l'ordre de la connaissance humaine que les anciens ont progressé dans la considération de la nature des choses »[1]. 2) Les premiers philosophes sont passés, petit à petit, du sensible à l'intelligible. Toutefois, ils en sont restés aux formes accidentelles advenues à la matière et furent ainsi « forcés d'affirmer qu'il n'y avait pas de cause à la matière, et de nier totalement la cause efficiente (*et negare totaliter causam efficientem*) »[2]. 3) Les philosophes suivants parvinrent jusqu'à un certain point aux formes substantielles. Pas plus que les précédents, ils ne sont nommés. 4) Les philosophes suivants, selon Thomas,

> comme Platon, Aristote et leurs disciples, parvinrent à considérer l'être universel même (*ad considerationem ipsius esse universalis*), et c'est pourquoi eux seuls posèrent une cause universelle des réalités par laquelle toutes les autres choses viendraient à l'être, comme le montre clairement Augustin [*La Cité de Dieu* VIII, 4][3].

Cette fois les acteurs du dépassement sont identifiés, et relèvent de ceux qui sont passés des formes substantielles à l'être universel et à la cause de celui-ci. En d'autres termes, « Platon, Aristote et leurs disciples », d'ailleurs

---

1. *De Potentia*, qu. 3, a. 5, respondeo. Saint Thomas d'Aquin, *De Potentia*, A. Aniorté (trad. fr.), Le Barroux, Sainte-Madeleine, 2018, p. 201.
2. *Ibid.*, p. 201.
3. *Ibid.*, p. 202.

sans nuances entre les premiers, ont découvert les formes substantielles et surtout un Dieu cause efficiente de tout l'être. C'est une affirmation, elle n'est étayée par aucun texte et, si elle fait allusion à Augustin, c'est sans le citer. Cela est fort dommage, car le texte visé est instructif :

> Quant à ceux qui le plus finement et le plus droitement ont compris Platon – peuvent surpasser et de beaucoup, tous les autres parmi les païens –, et qui pour s'être mis à son école se sont attitrés un surcroît de réputation, peut-être ces philosophes posent-ils Dieu comme la cause de l'être, la raison du comprendre et la règle du vivre[1].

Ce passage d'Augustin semble la cause de la modification apportée par Thomas à son histoire de l'être, qui l'autorise à placer Platon et Aristote du côté de ceux qui ont pensé Dieu comme cause de l'être. Sans doute Thomas est-il ravi de l'appui de cette autorité, puisqu'il va jusqu'à négliger le « peut-être (*fortassis*) » d'Augustin sur cette attribution[2].

Avicenne, qui n'était pas nommé jusque-là, le devient. Thomas, dans son exposition, cautionne sa page d'histoire et d'attribution de l'être par « la foi catholique », selon trois raisons dont la troisième est que ce qui est par autre chose se ramène comme à une cause à ce qui est par soi :

> Or il y a lieu de poser un étant qui est lui-même son être. On le prouve à partir de la nécessité qu'il y ait un étant premier qui soit acte pur et en lequel il n'y ait aucune

---

1. Augustin, *La Cité de Dieu*, VIII, chap. 4, trad. cit., p. 300-301 (retouchée); texte latin de la *Bibliothèque Augustinienne*, BA 34, p. 244.
2. Selon É. Gilson, *L'esprit de la philosophie médiévale*, *op. cit.*, note 1, p. 70-71, « saint Thomas supprime le *fortassis*, parce que, écrivant au XIIIe siècle, il pense à Avicenne qui, lui, a certainement conçu Dieu comme le Dieu biblique ».

composition. C'est pourquoi il est nécessaire que toutes les autres choses qui ne sont pas leur être, mais ont l'être par mode de participation, existent par cet étant unique. Tel est le raisonnement d'Avicenne [*Métaphysique* VIII, 7 et IX, 4]. Ainsi on démontre par la raison et on tient par la foi que tout a été créé par Dieu[1].

Platon et Aristote, ou bien Avicenne ? La position de Thomas, à nos yeux de lecteurs venus si tard, n'est pas claire, situation inusitée chez lui. Sauf si ce manque de clarté porte sa propre signification, celle d'interpréter Aristote (et aussi Platon) *dans* la tradition d'Avicenne, laquelle en effet propose une reprise du corpus où la création est intégrée. Comme tantôt pour Proclus médiatisé par Denys dans le *Commentaire du Livre des Causes*, Aristote, pour ne parler que de lui, est reçu en tant qu'interprété par Avicenne. Si tel est le cas, le Thomas qui est à l'œuvre dans ces pages, lu par-dessus son épaule, apparaît tel que l'on pratique un commentaire au XIIIᵉ siècle : il lit un auteur en lui-même (quoiqu'il ne l'ait pas encore commenté) et au travers de la tradition multiple qui se réclame de lui, l'ensemble devant œuvrer à la vérité de l'auteur, à la vérité philosophique tout court, et à la conformité de cette tradition philosophique, positivement jugée, avec la foi catholique. Toujours est-il que Dieu, cause efficiente de tout l'être, est déclaré tel chez Aristote. Déjà, dans la *Somme contre les Gentils*, Thomas avait tracé le principe d'une telle frontière :

> Par là se trouve exclue l'erreur des philosophes de la nature primitifs, qui posaient que certains corps n'ont pas de cause de leur être. Et aussi de celles qui disent

1. *De Potentia*, qu. 3, a. 5, fin du respondeo, trad. cit., p. 204-205.

que Dieu n'est pas cause de la substance du ciel, mais seulement de son mouvement[1].

3 – *La Somme de théologie Ia, qu. 44, a. 2*. Les textes qui précèdent éclairent celui-ci, de par son appartenance au traité de la création dans une œuvre emblématique. Il s'agit toujours de savoir si la matière première a été créée par Dieu. Thomas reprend sa modélisation historico-philosophique, comme toujours avec des variantes, et cette fois avec l'énigme du nouveau tracé des frontières[2].

1) « Les anciens philosophes sont entrés progressive-ment et comme pas à pas (*paulatim et quasi pedetentim*) dans la connaissance de la vérité ». Ils n'admettaient que les formes accidentelles et selon diverses causes, « comme l'amitié, la discorde, l'intelligence », où l'on déchiffre de nouveaux critères d'attribution des Présocratiques. 2) « Procédant au-delà, [d'autres] distinguèrent par l'intellect entre la forme substantielle et la matière, qu'ils posaient incréée ». Platon et Aristote sont déclarés appartenir à ce groupe. C'est donc l'articulation avec l'étape suivante qui éveille l'attention. 3) L'accès à l'être s'opère en effet *après* eux :

> D'autres [allèrent] au-delà et s'élevèrent jusqu'à la considération de l'étant en tant qu'étant, et ils considérèrent la cause des choses non seulement qu'elles sont celle-ci ou de telle sorte, mais selon qu'elles sont des étants. Il est donc nécessaire que ce qui est la cause des choses, en tant qu'elles sont des étants soit la cause des choses, non seulement selon qu'elles sont de telle sorte par des formes accidentelles, ni qu'elles soient celle-ci par des formes substantielles, mais aussi de tout

1. *SCG* II, chap. 15, § 10, trad. cit., p. 102.
2. Ia, qu. 44, a. 2, corpus.

ce qui appartient à leur être sous n'importe quel mode. Ainsi est-il nécessaire de poser que la matière première [est créée] par la cause universelle des étants[1].

Au titre des variations, et même des modifications, Thomas ne se contente pas de préciser davantage la différence de statut entre formes accidentelles et formes substantielles. Outre le fait qu'Avicenne autant qu'Augustin ont disparu du référencement, Thomas procède à un inattendu redécoupage. Ce sont « d'autres » que Platon et Aristote qui sont allés plus loin, jusqu'à « l'étant en tant qu'étant », ce qui est surprenant si l'on considère que Thomas ne peut ignorer qu'Aristote est l'inventeur de l'expression elle-même. Sauf à considérer que cette caractérisation de l'étant en tant qu'étant revient à celle de la cause universelle de tout l'être. Certes, derrière « d'autres », c'est Avicenne qui doit être deviné, en raison du *De Potentia*, lequel précède tout juste le précédent texte. Toutefois, Thomas éloigne Platon et même Aristote de cette découverte de Dieu cause de l'être, au seul profit d'un Avicenne anonyme.

Pourquoi ? le motif n'en est pas donné. Peut-être Thomas estime-t-il, comme après-coup, que l'attribution augustinienne était en effet incertaine (« peut-être ») ou trop généreuse. Si Avicenne ne fait pas difficulté quant à l'attribution d'un Dieu cause de l'être, il n'en va pas de même d'Aristote. D'autant que, dans les années à venir, en raison de la querelle sur l'éternité du monde, Thomas aura tout intérêt à créditer Aristote d'un Dieu créateur du monde éternel (sur quoi nous revenons plus loin).

En tout état de cause, Thomas ne fait pas que consentir à une nouvelle rédaction d'une histoire de l'être qui trahirait

1. Ia, qu. 44, a. 2, fin du respondeo.

l'ennui d'une répétition. Dans la *Somme de théologie*, il recule d'un pas et distingue davantage Aristote et Avicenne[1].

4 – *Le Commentaire de la Physique VIII (n°973-975)*. Ce texte (1268-70) placé entre le précédent et le débat sur l'éternité du monde, semble revenir à la position du *De Potentia*, par-delà la *Somme de théologie*. Thomas débat avec Averroès, selon lequel « tout mouvement exige un sujet », ce qui rend impossible, pour Thomas, que quelque chose soit créé, c'est-à-dire produit à partir de rien. Contre cela, Thomas distingue agents particuliers (qui présupposent une matière) et agent universel (qui, lui, n'a pas besoin de quelque chose qui ne fût pas créé par lui).

Du côté de la production universelle de tout l'être, Thomas rappelle Platon et Aristote. Ceux-ci ont découvert « la production universelle de tout l'être à partir du premier principe de l'être »[2]. Sans doute Thomas tient-il à désolidariser Aristote de la position d'Averroès, laquelle pourtant se réclame de lui.

5 – *Le De Articulis fidei*. En cette même année 1268, Thomas néanmoins relève :

> l'erreur d'Aristote, qui a soutenu que le monde ne fut pas fait par Dieu, mais qu'il est de toute éternité, ce contre quoi s'élève Genèse 1, 1 : "Au commencement, Dieu créa le ciel et la terre"[3].

---

1. É. Gilson, *Le Thomisme*[6], *op. cit.*, p. 155, essaie de concilier ces positions, mais c'est lui qui les concilie, et donc sans convaincre tout à fait.

2. *In Physicorum*, *op. cit.*, n°975.

3. Thomas, *De Articulis Fidei* (1268-69), P. 1, in Léonine, t. XLII, 1979, p. 246b, l. 116-119 : « Tertius est error Aristotelis, qui posuit mundum a Deo factum non esse, sed ab aeterno fuisse, contra quod dicitur Genes. I, 1 : In principio creavit Deus caelum et terram ».

Il est remarquable de lire sous la plume de Thomas, surtout entre la mémoire de la *Somme contre les Gentils* et celle à venir de ses interventions à propos de l'éternité du monde que, selon lui, Aristote a soutenu à la fois que le monde n'a pas été fait par Dieu et qu'il est éternel. Cet *à la fois* a des considérants et des conséquences (envisagés au chapitre 7). Dans l'immédiat, constatons ce que Thomas admet comme la vérité d'Aristote, avancée sans sa couverture augustino-avicennienne. Il est donc renseigné sur la doctrine d'Aristote, et ladite couverture n'invalide en rien cette lucidité, mais au contraire la confirme en creux. Lorsque Thomas aménage un auteur selon une tradition lui permettant de concilier celui-ci avec la foi, il sait ce qu'il fait. Il nivelle une difficulté, ce qui est une manière de la reconnaître.

6 – *Les substances séparées* (*1271*). Cet opuscule destiné par Thomas au frère Réginald, son secrétaire, est demeuré inachevé. Cette fois, Thomas procède à une histoire progressive de la philosophie, non plus de la matière première, mais des substances spirituelles. Platon et Aristote y sont de nouveau crédités d'avoir posé un Dieu premier principe de toutes choses, lesquelles participent à lui, donc aussi des créatures spirituelles. Sous ce rapport, Avicenne est même rétrogradé sous eux, dans la mesure où il a posé des intermédiaires créateurs entre Dieu et les créatures. Platon et Aristote se voient même attribuer une certaine idée de la providence. Une telle exagération n'est pas moins délibérée que les décisions précédentes, s'il est vrai que le Dieu d'Aristote n'est pas créateur, ni donc a fortiori provident, ce que le Dieu de Platon, pour être « père et origine de l'univers » (*Timée*, 28c), n'est pas un dieu

assez unique ni assez distinct du monde pour tenir le rang de provident.

Thomas se contredit-il ? Oui, en apparence, mais la façon dont il répartit les attributions manifeste tout aussi bien ce qu'il pense. Cependant, il a besoin de tirer ces auteurs du côté de la vérité philosophique autant que de la foi catholique, parce qu'il s'agit de la vérité tout court et donc aussi de leur vérité. D'où l'emploi d'autorités qui favorisent la transition, d'où aussi par ailleurs la confirmation d'un faux écrit aristotélicien auquel Thomas a contribué, le *De Bona Fortuna*, composé à partir de certaines pages d'Aristote et au sens plus que sollicité[1]. Le besoin de trouver, notamment chez ce dernier, le fin mot de la philosophie, pousse parfois Thomas un peu loin dans l'attestation de l'*intentio auctoris*.

C'est ainsi que l'on procède au XIIIᵉ siècle, et peut-être faudrait-il écrire une histoire du XIIIᵉ siècle à travers les âges.

CE SERAIT UNE ERREUR ABOMINABLE

Tout de même, pourquoi Thomas d'Aquin tient-il à dire que le Dieu d'Aristote est cause efficiente du monde, façon métaphysique de le placer dans le camp de ceux qui ont pensé la création – ce dernier terme étant toutefois réservé chez Thomas à la foi biblique ?

Les pages qui précèdent ont constaté chez Thomas un certain flottement à ce sujet, entre « l'erreur d'Aristote » du *De Articulis Fidei* selon laquelle le monde était éternel et sans avoir été fait par Dieu – retenons ces deux caractéristiques – et, pour échantillon contraire et

---

1. À partir des *Magna Moralia* II, 8 et *Éthique à Eudème* VIII, 2, 1246b-1248b11.

contemporain du précédent, ce passage du *Commentaire de la Physique* :

> Bien qu'Aristote ait posé un monde éternel, que l'on ne croie cependant pas que Dieu ne soit pas cause de l'être de ce monde mais seulement son moteur, comme certains l'ont dit[1].

On trouve de semblables déclarations dans le *Commentaire de la Métaphysique*[2], avec aussi la mention, mais qui n'affirme pas se réclamer d'Aristote, selon laquelle « le mouvement du ciel et son être » dépendent « de la volonté divine »[3].

Ce dernier point est capital pour entendre la causalité efficiente divine productrice du monde dans toute sa signification, et pas seulement pour traduire en termes philosophiques une notion tenue par la théologie. La différence entre la causalité exemplaire et la causalité efficiente, lorsqu'il s'agit de les appliquer l'une et l'autre à l'agir divin producteur du monde, tient aussi à la mention de la volonté libre de Dieu. Non que la causalité exemplaire qui est la sienne ne l'implique pas, puisque le fait de transmettre sa ressemblance ne peut être que voulu par lui, mais l'origine platonicienne de la gradation des essences, ou de la participation à une même essence, ne le consignifie pas sans précisions. La causalité efficiente, en revanche, réclame la volonté, dans la mesure où elle signifie le don de l'être à des créatures qui ne sont pas le donateur et qui sont produites dans l'être à partir de rien. La causalité

---

1. *In Physicorum*, n°996 : « Ex quo patet quod quamvis Aristoteles poneret mundum aeternum, non tamen credidit quod Deus non sit causa essendi ipsi mundo, sed causa motus eius tantum, ut quidam dixerunt ».

2. *Commentaire de la Métaphysique*, n°1164.

3. *Ibid.*, n°1879 : « Sed hoc non praeiudicat divinae voluntati, a qua dependet motus caeli et esse eius ».

efficiente divine, de ce fait, est davantage qu'une cause
motrice divine, à la façon de *Physique* VII-VIII résumée
par Thomas dans la première voie de l'existence de Dieu
de la *Somme de théologie* : cette première voie n'est pas
la deuxième qui, elle, est appelée efficiente. La différence
tient à la volonté de donner l'être, donc a fortiori à une
connaissance divine du monde. Toutes choses qui ne sont
pas chez Aristote. Thomas le sait, il tâche de contourner
ces limites, soit de front en les déclarant telles, soit le plus
souvent de biais, en faisant en sorte de tirer le plus du
moins, une vérité plus intégrale d'une position initiale,
plus étroite, celle d'Aristote.

La question se pose de plus belle de savoir pourquoi
Thomas d'Aquin tient à déclarer que le Dieu d'Aristote
est cause efficiente du monde. Aucun texte ne l'y contraint,
ni même ne l'y autorise. La façon qui est la sienne en
pareille situation d'en produire l'un ou l'autre confirme
cet état de fait plutôt qu'il ne l'infirme.

En effet, le premier texte est une fois de plus le passage
aristotélicien dissident dit de la causalité du maximum, de
tonalité si platonicienne chez un Aristote qui ne veut pas
de la participation. Il est réécrit par Thomas pour les besoins
de la participation à Dieu : celui qui est premier dans un
genre est pour tous ceux qui participent à ce genre leur
cause, entendons : efficiente[1]. Le second texte est l'énoncé
selon lequel tout ce qui est en acte est antérieur à ce qui
est en puissance, énoncé aristotélicien certes de plein droit
mais un peu trop commun et qui n'est jamais appliqué à
Dieu par Aristote.

Que Thomas avance ces deux lieux manifeste qu'il n'a
rien trouvé de mieux. Il connaît Aristote par cœur ; quand

---

1. D'après Aristote, *Métaphysique*, α, 1, 993b25.

il cite, il le mobilise à volonté et à bon escient. Ce n'est pas le cas ici, donc il sait à quoi s'en tenir, comme il peut aussi se réclamer d'une tradition interprétative qui l'a précédé dans cette imparfaite reprise. En l'occurrence, Averroès lui fournit l'autorité et l'argument[1]. Avec des étais aussi incertains, pourquoi Thomas tient-il à accréditer l'idée d'un Dieu d'Aristote cause efficiente, producteur de tout l'être et pas seulement moteur du monde? À notre sens, il s'y voit contraint du fait de l'éternité du monde selon Aristote.

La querelle dite de l'éternité du monde est un moment décisif de l'Université de Paris au XIIIe siècle. Elle cristallise et révèle les lieux de tensions, entre réception ou rejet d'Aristote, pressions exercées par les philosophes sur les théologiens et réciproquement, entre influences institutionnelles et acteurs du débat. Nous avons dit dans l'Introduction que Thomas d'Aquin a eu à se déterminer par rapport à ces données-là, qui ne pouvaient que le placer d'un côté et contre un autre.

Le débat, selon nous, présente deux niveaux de profondeur. Le premier niveau est celui de la considération de l'éternité du monde chez Aristote. Elle est un fait puisque, selon ce dernier, établie selon un argument nécessaire. Thomas pense d'abord qu'il ne s'agit que d'une opinion, jusqu'à se rendre à l'évidence, lors du *Commentaire de la Physique*, du caractère nécessitant de l'argument[2].

---

1. Averroès, *De Substantia Orbis*, chap. 2 ; d'où Thomas, *L'éternité du monde*, dans *Thomas d'Aquin et la controverse sur l'éternité du monde*, C. Michon (éd.), Paris, GF-Flammarion, 2004, p. 87 : « Il faut donc répondre au premier [argument], comme le dit le Commentateur dans le livre *Sur la substance de l'Orbe céleste*, chap. 2, qu'Aristote n'a jamais voulu dire que Dieu était seulement cause du mouvement du ciel, mais qu'il était également la cause de sa substance, et lui donnait l'être ».

2. *In Physicorum*, n°986.

Face à une telle situation, deux réponses s'offrent au docteur chrétien, renseigné par la foi sur la création dans le temps : « Au commencement, Dieu créa le ciel et la terre » (*Genèse* 1, 1), première phrase de la Bible et qui gouverne toutes les autres ; ainsi que la détermination de Latran IV (1215), selon laquelle la création dans le temps est une vérité de foi. La première réponse est le rejet en bloc d'Aristote, et la seconde, un contournement ou une vision plus intégrative. Plusieurs Médiévaux se sont exprimés, avec autant de solutions[1]. Cependant, parmi les plus opposées vient celle de Bonaventure, selon lequel l'éternité du monde offusque autant la foi que la raison :

> Poser que le monde est éternel ou qu'il a été produit éternellement, en posant que toutes les choses sont produites à partir de rien, voilà qui est tout à fait contraire à la raison et à la vérité[2].

1. *Thomas d'Aquin et la controverse sur l'Éternité du monde, op. cit.*, notice de C. Michon, p. 41-47 : Philippe le Chancelier (†1236), « propose une distinction, selon laquelle la *théologie* s'interroge sur l'origine du monde, tandis que le *philosophe* décrit un monde déjà existant. IL ne peut au plus qu'établir une absence de commencement, la perpétuité du monde, donc, non son éternité » (p. 44). Sur cette répartition, rappelons ce passage de Thomas, *SCG* II, chap. 37, § 1, selon lequel l'origine des choses ne revient pas au philosophe de la nature, mais au métaphysicien (*philosophe premier*). Contre Philippe, Robert Grosseteste (†1253), et contre lui Albert le Grand, qui reprend l'idée selon laquelle « Aristote ne s'est exprimé qu'en philosophe de la nature » mais que « la raison elle-même est capable d'établir que le monde a commencé, et il admet que l'idée de création implique celle de commencement » (p. 46-47).

2. Bonaventure, « Le monde a-t-il été produit de toute éternité ou bien depuis le temps ? », dans *La controverse…, op. cit.*, p. 63 ; p. 67 : « Puisque l'éternité ne convenait pas à la nature de la créature, il n'était pas opportun que Dieu lui conférât cette condition si élevée : c'est pourquoi la volonté divine, qui opère selon sa sagesse, a produit <la créature> non pas de toute éternité, mais dans le temps ; car il a produit comme il l'a disposé et comme il l'a voulu ».

Pour Thomas, un tel argument philosophique en faveur de l'éternité du monde *n'eût pas été impossible* du point de vue de la raison si celle-ci était restée seule, au lieu que la foi enseigne que le monde a été créé par Dieu et avec un commencement. La foi dirime le problème, tant du côté de l'autorité qui révèle que de l'information reçue d'un commencement. Du point de vue de la foi, donc, ou bien la causalité aristotélicienne d'un monde éternel est fausse et à rejeter, ou bien, comme le soutient Thomas, elle eût pu être vraie en son ordre, en l'absence de réponse factuelle et autorisée venant de la foi révélée. Elle est fausse selon la foi, donc fausse tout court, mais elle eût pu ne pas être impossible selon la raison sans la foi. Cet argument virtuose permet à Thomas de tout tenir, en faisant que les deux thèses ne se présentent pas sous la forme d'une contradiction. Son opuscule sur *L'éternité du monde* en témoigne[1].

C'est le premier niveau de profondeur du débat, le plus apparent aussi. Thomas n'oppose pas raison et foi, ni même d'un côté vérité avec raison et foi ensemble, et, de l'autre, hypothèse fausse. Il met en perspective raison seule (celle d'Aristote) et raison éclairée par la foi (celle de la solution du débat selon la foi, et donc aussi selon la raison). Un monde éternel n'existe pas, mais il n'eût pas été impossible, car Dieu – mais c'est Thomas qui produit l'argument plusieurs fois – , pour ne plus être antérieur selon le temps à un tel monde éternel, eût été tout de même antérieur à lui quant à sa nature. En effet, Dieu est éternel par nature, il est sa propre éternité (d'après Boèce). Aucune créature ne l'est, qui reçoit l'éternité proportionnée à son statut créé

---

1. Thomas, *L'éternité du monde*, § 5, dans *La controverse…, op. cit.*, p. 148.

et à sa nature propre. Dieu est donc éternel absolument, il l'est aussi par mode de causalité, puisqu'il est cause du monde et donc, sous ce rapport, antérieur à lui quant à l'être. Bref, quand Dieu n'eût pas été antérieur en *durée*, il l'eût été en *nature*[1].

Cette distinction contient les deux éléments susdits, à savoir l'éternité divine qui est son être même, et la causalité de Dieu sur sa création, qu'il eût pu configurer comme un monde éternel, éternel selon qu'un monde produit par lui pût l'être. La Bible enseigne qu'il a au contraire créé le monde dans le temps. Aristote, dispensé de connaissance biblique, bénéficie donc d'un non-lieu quant à une erreur rationnelle. Son monde éternel est faux, mais il n'est donc pas incompatible avec la vérité, selon la raison en absence de foi.

Tout est donc sauvable, à condition que ce monde éternel aristotélicien soit créé par Dieu. La solution thomasienne repose sur cette articulation-là. En effet si, étant admis qu'il fût éternel, le monde n'était pas cependant créé par Dieu, alors toute dépendance serait refusée entre Dieu et le monde. Si Dieu ne connaît pas le monde, si donc il ne le veut ni ne le produit, ni a fortiori le gouverne, alors que ce même monde est éternel, il faut en tirer les conséquences. Ce monde indépendant, qui n'est en rien un effet de qui que ce soit, est lui-même de statut divin. À un Dieu intellect pur s'ajoute, sans aucune communication entre eux, un second dieu, matériel, quand même tous les êtres qui le peuplent ne seraient pas purement matériels.

---

1. Thomas, *L'éternité du monde*, § 6 *sq*., trad. cit., p. 150 *sq*. Thomas posait déjà cette distinction dans l'*Écrit sur les Sentences*, II, d. 1, qu. 1, a. 5, § 7, dans *La controverse...*, trad. cit., p. 72. *Cf.* aussi Ia, qu. 46, a. 1, obj. 8 et ad 8m.

Aristote pourrait alors être tiré du côté du manichéisme. Sur ce dernier point, nous ne trouvons aucune attestation chez Thomas. En revanche, sur l'indépendance entre Dieu et le monde, et sur l'abîme qu'offre un tel spectacle, la question est de savoir si l'hypothèse qui vient d'être construite se trouve attestée. Thomas d'Aquin a-t-il vu ce danger, ou bien notre esprit trop contemporain se fait-il des idées ?

Oui, Thomas a vu le problème. Il l'expose au tout début de son opuscule sur *L'éternité du monde* :

> Étant posé par hypothèse, selon la foi catholique, que le monde a eu un commencement dans la durée, un doute a été soulevé : aurait-il pu être toujours ? Et pour que soit exposée la vérité sur cette question, il faut d'abord distinguer sur quel point nous nous accordons avec nos adversaires, et sur quels points nous en différons. En effet, si l'on entend par là que quelque chose d'autre que Dieu aurait pu avoir été toujours au sens où quelque chose pourrait être sans avoir été fait par lui, c'est une erreur abominable (*error abhominabilis est*), non seulement dans la foi, mais aussi chez les philosophes, qui professent et prouvent que tout ce qui est ne peut d'aucune manière être sans être causé par celui qui a l'être au plus haut point et le plus véritablement. Mais si l'on pense que quelque chose a toujours été, et qu'il a pourtant été, selon tout ce qui est en lui, causé par Dieu, il faut voir si <ces deux pensées> sont compatibles[1].

Cette ouverture de l'opuscule se structure selon les deux niveaux que nous avons distingués : pour le monde, être éternel reste possible s'il est créé ; mais c'est tout autre

---

1. Thomas, *L'éternité du monde*, § 1, dans *La controverse…*, *op. cit.*, p. 145-146.

chose si ce monde éternel est, de surcroît, incréé. Thomas d'Aquin ne goûte guère les amplifications ni les adjectifs outrés. Il parle pourtant, concernant la seconde hypothèse, d'une « erreur abominable ». Au moins sommes-nous assurés qu'il a vu le péril d'en arriver à un monde éternel et incréé. Il consacre cependant le reste de l'opuscule à la problématique la plus voyante du débat : l'éternité du monde en tant que celle-ci est en elle-même possible ou impossible, ainsi qu'au rapport de cette hypothèse avec la foi.

Est-ce tout ? Pas tout à fait. Quelques années auparavant, le Thomas d'avant la période critique du débat traite déjà de ces questions, dans la *Somme de théologie*, Ia, qu. 46. L'ARTICLE 1 se demande si l'ensemble des créatures a toujours existé. Il répond que rien en dehors de Dieu n'existe de toute éternité, éternité qui sous ce rapport comporterait une part de nécessité. Or une telle nécessité ne peut que dépendre de la volonté de Dieu comme de sa cause. Aucune raison démonstrative ne peut donc établir la nécessité du monde, ajoute le Thomas de 1265, avec la précision que les raisons données par Aristote d'une telle nécessité ne sont pas des démonstrations. Plus tard, il change d'avis sur le compte d'Aristote[1].

L'argument de la libre volonté de Dieu est décisif dans ce contexte où la nécessité se mêle au fait de la création. L'ARTICLE 2 pose que seule la foi établit que le monde n'a pas toujours existé, car il est impossible de partir de l'essence du monde pour en faire un principe de démonstration de son éternité. Le monde ne postule pas sa propre éternité de façon nécessaire : seule la volonté de Dieu peut en rendre compte, et la raison ne peut connaître de la volonté de Dieu que ce qu'il est nécessaire que Dieu

1. Ia, qu. 46, a. 1, respondeo.

veuille. Aucune démonstration n'est envisageable[1]. C'est dans la première réponse que Thomas aborde la question soulevée :

> Comme le dit Augustin [*Cité de Dieu* XI, chap. 4], il y eut chez les philosophes qui posaient l'éternité du monde une double opinion. En effet, certains posèrent que la substance du monde n'est pas [faite] par Dieu. Leur opinion est une erreur intolérable (*intollerabilis error*), qui se réfute par un argument nécessaire. Certains autres posèrent un monde éternel, monde que cependant ils disaient avoir été fait par Dieu[2].

Augustin écrit en effet :

> Mais pourquoi a-t-il plu au Dieu éternel de faire alors le ciel et la terre, que jusque-là, il n'avait pas créés ? Ceux qui parlent de la sorte, s'ils veulent prétendre que le monde est éternel sans aucun commencement, et que, par conséquent, Dieu ne l'a pas créé, ils se détournent complètement de la vérité et sont atteints de la folie mortelle de l'impiété (*nimis aversi sunt a veritate et letali morbo impietatis insaniunt*)[3].

Une pareille qualification de folie se trouve aussi plus tard chez Maïmonide et, quoique Thomas ne la mentionne pas, il a pu en tenir compte :

> Mais, admettre l'éternité (du monde) telle que la croit Aristote, c'est-à-dire comme une nécessité de sorte qu'aucune loi de la nature ne puisse être changée et que rien ne puisse sortir de son cours habituel, ce serait saper

---

1. Ia, qu. 46, a. 2, respondeo.
2. Ia, qu. 46, ad 1m.
3. Augustin, *La Cité de Dieu* XI, 4, texte latin dans BA 35, p. 40 ; trad. fr. J.-Y. Boriaud et *al.*, « Bibliothèque de la Pléiade », Paris, Gallimard 2000, t. II, p. 430.

la religion par la base (…) ; ce qui conduirait à une espèce de folie[1].

En somme, la considération de l'être des choses, de cet infinitif qui désigne comme une action la perduration de leur substance, appartient au centre du dispositif thomasien. L'acte d'être gagne donc à ne pas être présenté seul mais au contraire au cœur de son écosystème. Il est corrélatif et consécutif à un Dieu cause efficiente du monde, volontaire et libre. Laquelle cause, en tant qu'efficiente, consiste à *donner d'être* à des étants, pour qu'ils se développent à leur mesure propre. Dans les créatures, être et essence composent, de même qu'ils ne vont pas sans considérer forme substantielle qui les structure et cause première qui les produit.

L'acte d'être relève donc plutôt de la deuxième modalité de la métaphysique : il désigne un état de fait auquel la métaphysique apporte son vocabulaire, son histoire, ses tenants et aboutissants. Il est décrit selon des termes qui appartiennent à la philosophie. Toutefois l'acte d'être n'est peut-être pas le fruit d'une induction philosophique : l'acte d'une substance chez Aristote est sa forme ; l'être même des néoplatoniciens est certes différent de l'apport d'Aristote, car il désigne l'essence. Pour autant, ce n'est pas la théologie comme telle qui fournirait comme par automatisme ce qui manque à la philosophie. La plupart des Médiévaux latins les plus proches de Thomas ont certes contribué à affiner les notions après Augustin et Boèce. Il n'empêche que rien n'est encore fait, même en se réclamant d'un flux interprétatif qui privilégie, par l'emploi d'*Exode* 3, 14, l'être sur toutes choses et notamment sur

1. Maïmonide, *Le Guide des Égarés*, L. II, chap. 25, trad. fr. S. Munk, Lagrasse, Verdier, 2003, p. 323.

le bien. L'être dégagé comme l'acte de tout étant, acte reçu, acte possédé, acte ensuite exercé selon une causalité seconde plus parfaite qui meut tout étant vers sa fin, est la traduction par Thomas d'Aquin, et qui lui est propre, de ce que la théologie produit de métaphysique. L'acte d'être est comme l'incarnation de tout étant qui vient d'être créé, et dont cet être désormais possédé comme un acte entre en composition avec l'essence qui est la sienne et qu'il actue. L'idée est on ne peut plus simple, mais elle envisage chaque étant créé comme l'effet d'un don, comme une substance qui est étant par soi, comme sujet d'opérations, comme une nature en cours d'acquisition de sa fin, d'autant mieux par elle-même qu'elle possède une nature de niveau supérieur[1].

L'invention thomasienne en ce domaine réside dans sa façon de fusionner l'acte, la substance et la nature comme principes d'opération venus d'Aristote, et la gradation des essences reçue du néoplatonisme, le tout au service d'une doctrine chrétienne qui sait lire de tels apports dans le cadre d'une transcendance de Dieu par rapport au monde, allant de pair avec la consistance du monde lui-même, non moins que le gouvernement divin exercé sur toutes choses, au bénéfice de l'autonomie des êtres capables d'agir par eux-mêmes.

---

1. H. de Lubac, *Nouveaux paradoxes* (19591), dans *Paradoxes*, *Œuvres complètes* XXXI, Paris, Cerf, 2010, p. 76 : « Le progrès de l'esprit ne consiste pas dans un prolongement, mais dans un renouvellement. Tout penseur véritable a quelque chose de naïf. Toute pensée forte a quelque chose de simple et de neuf. Quelque chose se transmet, mais aussi quelque chose recommence avec elle ».

DE L'ÊTRE COMME ACTE PREMIER
À L'ÊTRE COMME OPÉRATION

Si l'être désigne l'acte par lequel un étant est, selon son essence, ce n'est pas qu'il faille en rester là. Les étants finis, autrement dit tous sauf Dieu, ne sont pas leur propre perfection. Ils ont à l'acquérir par eux-mêmes, et ils le font en posant leurs opérations. Ces opérations relèvent bien entendu de l'acte second. Elles visent pour une substance à se conduire vers sa propre perfection. Cette perfection est sa finalité, et sa finalité est d'abord celle de sa nature et elle est, d'une manière toute spéciale pour les êtres intelligents et libres, Dieu lui-même. L'opération est donc plus parfaite que l'acte d'être, en tant qu'elle permet à tout étant de s'accroître pour atteindre sa fin, laquelle est son bien. Il se perfectionne lui-même en cherchant sa perfection qui est sa fin[1].

À ce sujet, Gilson écrivait :

> Tout être agit en vue de produire, et d'acquérir un bien qui lui manque, c'est-à-dire de s'accroître et de se parfaire soi-même à la fois comme être et comme bien. Mais Dieu est l'être et le bien absolu ; la fin de toute opération causale est donc, pour l'être qui l'exerce, de se rendre soi-même plus semblable à Dieu. Nous disons : plus semblable parce que, si peu qu'il soit, un être est image de Dieu dans la mesure même où il est ; en augmentant son être par l'acquisition d'une perfection plus haute (c'est-à-dire en actualisant une partie de sa potentialité) la substance accroît pourtant sa ressemblance à Dieu. Qu'elle le sache ou non, qu'elle le veuille ou non, c'est ce qu'elle fait, car bien que chaque être poursuive comme sa fin particulière, dans chacune de ses opérations,

1. *SCG* III, chap. 25, § 3.

l'acquisition de quelque bien particulier, il poursuit en même temps et du même coup cette fin ultérieure et universelle qui est de se rendre plus semblable à Dieu[1].

D'autres auteurs ont eux aussi relevé l'importance de l'opération chez Thomas d'Aquin, naguère Joseph de Finance[2], puis, plus récemment, Philipp Rosemann[3], Kristell Trego[4] et surtout Emmanuel Perrier. Celui-ci note, à l'instar de Gilson, combien l'opération est pour les créatures « une intensification de la bonté »[5]. Il établit que la doctrine thomasienne de l'opération va beaucoup plus loin que celle d'Albert le Grand sur l'action des créatures, action qui reste celle de la forme[6]. Chez Thomas, l'opération n'est pas une action de la forme, elle relève d'un acte, ou bien d'une forme qui est autre chose que l'essence, s'il est vrai que l'être comme acte est une forme. La doctrine de l'opération est chez Thomas dans le prolongement de celle de l'être comme acte premier. Elle ajoute l'acquisition de sa fin par un étant, fin qui est sa perfection. Elle montre la structure opérative de tout étant substantiel, en tant que

1. É. Gilson, *Introduction à la philosophie chrétienne, op. cit.,* p. 193-194; *cf.* à ce sujet l'ensemble des p. 191-195; *L'esprit de la philosophie médiévale, op. cit.,* p. 135-136 et p. 150-151; *Le Thomisme*[6], *op. cit.,* p. 231-237.

2. J. de Finance, *Être et agir dans la philosophie de saint Thomas,* Paris, Beauchesne, 1945, p. 156.

3. P. W. Rosemann, *omne ens est aliquid. Introduction à la lecture du « système » philosophique de saint Thomas d'Aquin,* Leuven-Paris, Peeters, 1996, p. 62-71.

4. K. Trego, *La liberté en actes. Éthique et métaphysique d'Alexandre d'Aphrodise à Jean Duns Scot,* Paris, Vrin, 2015, p. 261-279.

5. E. Perrier, *L'attrait divin: La doctrine de l'opération et le gouvernement des créatures chez saint Thomas d'Aquin,* Paris, Parole et Silence, 2019, p. 221 *sq.*

6. *Ibid.,* p. 115 : « L'*operatio* albertinienne est une action coextensive à l'essence de toute chose, le déploiement de sa perfection », p. 119.

celui-ci participe, selon ce qu'il est, c'est-à-dire à la mesure de son individualité autant que de son essence, au gouvernement de Dieu sur les êtres.

C'est grâce au traité du gouvernement divin de la *Somme de théologie* que se développe la doctrine de l'opération, qui fait passer en outre l'exposé de l'opération des créatures sur elles-mêmes à leur action sur les autres. Thomas a traversé, et son lecteur avec lui, le livre III de la *Somme contre les Gentils*, dont une importante section (chap. 64-102) est consacrée à étudier la doctrine de la causalité première et des causes secondes qui agissent sous la motion de la cause première, sans se voir réduites à la passivité jusqu'à la nécessité, auxquelles les réduisent les penseurs musulmans du Kalam. Gilson parle pour qualifier l'intervention de Thomas de « coup de barre »[1].

Pour résumer en une phrase le constat que Thomas récuse d'une inaction des créatures, fût-ce pour magnifier l'action divine car, si tel était le cas, Dieu serait le seul à agir, et le monde entier resterait passif :

> Il n'y aurait pas parmi les choses d'ordre entre les causes, mais seulement un ordre entre les effets[2].

Thomas entend établir un ordre des causes qui favorise la coopération et donc l'opération des créatures, sous l'action de la cause première, aussi loin que possible de tout occasionnalisme. Comme il le dit dans la *Somme de théologie* :

---

1. É. Gilson, *Le Thomisme*[6], *op. cit.*, p. 233 : « [Thomas] se tourne brusquement contre des ennemis irréconciliables : ceux qui dépouillent les choses naturelles de leurs opérations propres. Coup de barre dont rien ne donne idée, lorsqu'on n'en a pas soi-même constaté l'intervention soudaine au cours de la *Somme contre les Gentils* ».

2. *SCG* III, chap. 77, § 6, trad. cit., p. 273.

Dieu est aidé par nous, quand nous exécutons ce qu'il a décidé, selon ces paroles de l'Apôtre (*I Cor.* 3, 9) : "nous sommes les coopérateurs de Dieu". Et cela ne provient pas d'une définition divine, mais c'est Dieu qui veut se servir des causes intermédiaires afin de ménager dans les choses la beauté de l'ordre, et aussi afin de communiquer aux créatures la dignité de la causalité (*dignitatem causalitatis communicat*)[1].

La causalité des créatures, exercée sur elles-mêmes et sur les autres, est une participation à Dieu, qui est et qui agit. Elle œuvre à accroître la ressemblance des créatures à Dieu et, ce faisant, à l'atteindre, lui, comme leur fin ultime. En revanche, refuser cette causalité est une méprise sur les desseins divins et donc aussi sur les créatures :

Retirer à la perfection des créatures, c'est retirer à la perfection du pouvoir divin[2].

La doctrine de l'opération des créatures, qui leur permet de participer au gouvernement de Dieu lui-même, quoique sous sa conduite, se comprend dans un ensemble doctrinal qui est celui du gouvernement divin, tel que Thomas l'entend, avec une vision dynamique des créatures, dont l'être même et, en vertu de cet être, leur capacité d'opérer, est en constante tension de réalisation des finalités voulues par le créateur pour elles.

Un simple philosophe peut-il parvenir jusque-là, et y eut-il des philosophes non instruits de l'ordre biblique et

---

1. Ia, qu. 23, a. 8, ad 2^m. Sur la « dignité de la causalité » : Ia, qu. 22, a. 3, corpus ; *Super Evangelium S. Ioannis lectura*, n°119.
2. *SCG* III, chap. 69, § 15. *Cf.* É. Gilson, « Pourquoi saint Thomas a critiqué saint Augustin », *ADHLMA* (1926), p. 5-127, spéc. p. 24-25 : « Soustraire aux créatures leurs opérations propres, c'est, en diminuant leur dignité, soustraire quelque chose de la gloire de Dieu ».

chrétien de la création qui y parvinrent ? Certes non, c'est au contraire du fait de la révélation qu'un docteur chrétien qui est aussi philosophe peut approfondir la doctrine de l'être comme acte, qui lui permet d'intégrer l'opération et de pousser celle-ci très loin dans la participation active à l'œuvre de Dieu. Cette œuvre est la fin assignée librement par Dieu aux créatures, et apprise de lui par le message révélé. La volonté de Dieu d'octroyer aux créatures ressemblance et finalité ne se démontre pas, elle se constate. À partir de là, on peut en dire beaucoup, et Thomas l'a fait. Sans cela, il n'eût pas pu pousser aussi loin. L'être, comme acte et comme opération, relève plutôt de la deuxième modalité de la métaphysique.

Chapitre VII

LES MÉTHODES EN MÉTAPHYSIQUE

Après avoir parcouru un certain nombre de notions, il apparaît nécessaire de présenter les perspectives de méthode intellectuelle que Thomas propose à plusieurs reprises.

Pourquoi procéder selon un tel ordre, à l'inverse de ce qu'il aurait convenu de faire? Si Thomas, comme c'est le cas, définit le sujet d'une science et donc aussi développe son ordre de démonstration, il eût été plus naturel et plus rigoureux de présenter la métaphysique selon l'ordre scientifique que Thomas reconnaît à celle-ci. Loin de sous-estimer cette donnée élémentaire, il nous a semblé expédient de présenter les choses autrement. En voici les motifs :

1) La question du *sujet* de la métaphysique a néanmoins été abordée d'emblée (au chapitre 2, avec le *Commentaire de la Trinité de Boèce*). Occasion de s'apercevoir qu'elle n'allait pas de soi, que diverses possibilités manifestaient autant de traditions, comme à l'orée de la carrière de Thomas une décision à prendre face à Boèce et Averroès : Dieu serait-il le sujet de la troisième science spéculative, et non pas plutôt l'étant en tant qu'étant selon l'opinion d'Avicenne, plus près d'Aristote, opinion au demeurant reprise par Albert le Grand ?

2) La métaphysique, en dépit de ses prétentions, n'est pas la science la plus stable du monde, dont les principes posés une fois pour toutes permettraient ensuite de développer tel ou tel point, chacun ajoutant sa contribution. Les Médiévaux latins, pourtant d'accord sur l'essentiel, recommencent à définir et à distribuer la métaphysique dès qu'ils en abordent la discipline. Puisque la métaphysique porte sur les principes et les premières déterminations de toutes choses, chacun énonce les principes à neuf, sans beaucoup d'égards pour ses prédécesseurs. Si Thomas d'Aquin intervient dans un courant déjà constitué, nourri et même balisé par un certain nombre d'œuvres devenues une culture commune, les positions exprimées par ces œuvres ne vont pas ensemble. Il faut les relire, chercher convergences et divergences, faire face aux débats qu'elles provoquent, les jauger en elles-mêmes autant qu'en regard de la foi catholique.

La situation est pour le lecteur contemporain difficile à démêler, dans la mesure où les mêmes corpus et de semblables outils conceptuels entretiennent l'illusion partielle d'un fonds commun, sur lequel chaque nouvel arrivant ne ferait que gloser, parfois aux dires apparents de l'intéressé ; alors que, malgré cette bibliothèque, ou bien aussi à cause d'elle, les divergences sont parfois radicales, et à propos des mêmes choses, exposées (presque) de la même façon.

3) La familiarité acquise de tant de siècles avec l'œuvre de l'Aquinate peut aussi provoquer un effet d'aplatissement et aussi de rétroversion.

Aplatissement, qui omet de considérer les distances chronologiques qui séparent chez lui certains exposés de méthode. S'il est vrai que la plupart d'entre eux, outre celui inaugural au contraire du *Commentaire de la Trinité de Boèce*, sont attachés aux *Commentaires* d'Aristote, donc à la période tardive, en particulier du fait des Prologues, Thomas est donc revenu sur de tels exposés de méthode plutôt dans la maturité de sa carrière. Certes, les circonstances jouent leur rôle : la série des synthèses théologiques (*Écrit sur les Sentences*, *Somme contre les Gentils*, *Somme de théologie*) fait porter l'essentiel de l'attention sur d'autres objets que la constitution des sciences philosophiques (sauf parfois par incise ou bien contraste, lorsque les disciplines philosophiques sont envisagées en regard de la doctrine sacrée, et de telles notations n'ont alors rien de négligeable), ou bien le dessein de commenter Aristote.

Y aurait-il donc un risque de rétroversion dans notre lecture du corpus thomasien, celle d'une sûreté dans l'énoncé des méthodes, acquise à l'orée des années 1270 et pour se saisir d'Aristote et de ses propres répartitions des sciences, mais par nous supposée chez Thomas avant que lui-même eût la possibilité de s'en occuper ? En effet, il n'est pas aisé de départager chez lui, d'une part, la doctrine telle qu'il la tient acquise dans son esprit et qu'il présente au fur et à mesure des besoins, la gardant en réserve jusque-là, de telle sorte qu'elle soit opératoire depuis le début mais sans être théorisée et, d'autre part, la doctrine telle qu'il l'invente, ou la perfectionne, du fait des œuvres et des confrontations, avec les auteurs que notamment le genre du commentaire littéral impose comme une école de précision. À supposer que Thomas ne sache pas tout d'emblée, comme il est sage de le présumer, ses options de définition des sciences sont aussi le résultat de sa propre expérience, celle de ses lectures, de ses disputes et des choix qui sont les siens.

4) Si certains exposés thomasiens sont sa manière de commenter un auteur, se pose aussi la question de savoir comment départir l'explication de texte et l'extrapolation personnelle. Si ces deux dimensions sont présentes, le résultat reflète l'opinion de Thomas lui-même, un peu comme avec sa réécriture des cinq voies de l'existence de Dieu, pourtant reçues d'un certain nombre d'auteurs. Cette opinion inclut l'apport du texte commenté, expliqué tel quel ou bien porté plus loin au nom de la vérité qu'il a charge d'énoncer. L'intention spéculative de l'exposé emporte donc la signification primitive des matériaux qui le constituent. Thomas porte la responsabilité de l'énoncé final.

5) Enfin, à considérer que Thomas, au fil de ses œuvres, pratique la métaphysique de multiples façons, et à supposer qu'il ait présent à l'esprit les corpus qui se réclament de la métaphysique (Aristote, Boèce, Avicenne, Averroès, Maïmonide, Albert et quelques autres), et aussi les notions ou les questions que ses propres œuvres l'incitent à approfondir, notamment les œuvres théologiques en tant qu'elles dépassent la métaphysique comme science philosophique, il finit par caractériser le champ de la métaphysique de plusieurs points de vue : en elle-même, depuis les sciences philosophiques qui lui sont inférieures, et surtout *depuis la doctrine sacrée*, qui l'assume en partie, la surplombe et la déborde.

6) Il apparaît donc que Thomas d'Aquin ne cesse d'approfondir les questions de méthode, lesquelles n'ont rien d'extrinsèque à l'étude des disciplines mais au contraire en conditionnent l'accès, au double plan de l'ordre de définition et de l'ordre de démonstration ; qu'il considère la métaphysique en elle-même mais aussi par confrontation

avec ce qui est placé au-dessous d'elle, les autres sciences philosophiques, et aussi avec la doctrine sacrée, laquelle est au-dessus, et qui lui a ravi le rang de science architectonique ; que, enfin, Thomas n'a cessé d'approfondir ces déterminations méthodologiques, et que l'apport d'Aristote lui est une occasion d'évolution décisive, mais lui-même situé dans un ensemble plus vaste. Il s'est donné les instruments du progrès, passant de Boèce aux Commentaires d'Aristote ; du coup, il a configuré la métaphysique, non par mode de rupture mais plutôt d'intégration.

7) Nous posons donc, comme hypothèse n°1, que *Thomas a évolué sur les méthodes en métaphysique*, du fait de trois façons de les avoir abordées : l'adieu initial fait à Boèce (ou son intégration diplomatique), la confrontation avec la doctrine sacrée et la régence de celle-ci, enfin l'étude poussée d'Aristote.

En conséquence, hypothèse n°2, il semble y avoir, du fait de la traversée à la fois chronologique et spéculative de ces trois façons de définir la science, *plusieurs points de vue* à croiser :

– Quelle idée Thomas se fait-il de la métaphysique et de son champ d'action, vue du côté de la métaphysique aristotélicienne ? Avec la question de savoir comment, depuis cette dernière, il considère l'apport de la doctrine sacrée.

– Réciproquement, comment voit-il la métaphysique et en particulier le corpus aristotélicien, cette fois depuis la doctrine sacrée et la métaphysique que celle-ci contient ; est-ce comme la partie d'un tout ?

– Quel est de même le statut de toute la métaphysique dont est gorgée la *Somme contre les Gentils*, œuvre théologique où brille la raison, mais qui n'est pas de la philosophie ?

En somme, comment les trois modalités de la métaphysique se considèrent-elles les unes les autres, et œuvrent-elles à définir ou bien à déborder toute définition d'une métaphysique comme territoire de science ?

Abordons ces questions de différentes façons.

LA MÉTAPHYSIQUE ET LA MATIÈRE

La matière fait-elle ou non partie du sujet de la métaphysique ? Il semble que non, mais les apparences sont trompeuses.

Revenons au *Commentaire* de Thomas *sur la Trinité de Boèce* (1257-59), dont il a été question au chapitre 2 pour savoir si Dieu devait ou non être le sujet de la métaphysique. Il recèle une autre difficulté. Celle-ci touche au principe de distinction des trois sciences spéculatives. Thomas y commente Boèce, lequel commente le passage d'Aristote :

> La physique traite d'objets certes non séparables et par ailleurs non immobiles, certaines parties de la mathématique d'objets immobiles, pourtant peut-être séparables comme dans une matière, tandis que la science première traite d'objets à la fois séparables et immobiles (…). Ainsi il y aurait trois philosophies théoriques : la mathématique, la physique, la théologique[1].

Boèce, dans une page aussi élégante que rendue célèbre en partie grâce à Thomas d'Aquin, reprend la division d'Aristote, et la rend plus claire par l'énonciation du

---

1. Aristote, *Métaphysique*, E, 1, 1026a13-17, trad. fr. M.-P. Duminil et A. Jaulin, Paris, GF-Flammarion, 2008, p. 225.

principe de distinction et la nouvelle nomination des modes propres aux sciences ainsi distinguées :

> La philosophie spéculative se divise en trois parties. La physique s'occupe des réalités en mouvement et non abstraites de la matière (…). La mathématique, elle, s'occupe des réalités privées de mouvement, mais non abstraites de la matière (…). La théologique, enfin, s'occupe de ce qui est sans mouvement abstrait et séparable de la matière : la substance de Dieu est, en effet, privée à la fois de matière et de mouvement. Il faudra donc s'appliquer aux réalités naturelles rationnellement (*rationabiliter*), aux objets mathématiques scientifiquement (*disciplinaliter*), aux réalités divines intellectuellement (*in diuinis intellectualiter*), et non pas laisser notre imagination en disperser la connaissance, mais plutôt examiner la forme elle-même qui est vraiment forme et non image, qui est l'être même et à partir de laquelle est l'être. – De fait tout être est à partir de sa forme (*omne namque esse ex forma est*)[1].

Boèce articule de trois façons le rapport à la matière des objets des sens, et fixe en cela l'attention sur le rapport à la matière, de l'abstraction pour les deux premières sciences, physique et mathématique, à l'abstraction-séparation pour la troisième, la « [partie] théologique ». Il contribue à faire de la troisième science, dévolue à Dieu, une science des formes séparées de la matière, accentuation qui témoigne de son propre enracinement platonicien.

Quant à Thomas, le problème pour lui est de tirer le meilleur de cette tradition tripartite et à double étage d'auteurs (Aristote, puis Boèce), en évitant de buter sur les problèmes qu'elle pose. Ne revenons pas sur le premier

---

1. Boèce, *Comment la Trinité est en Dieu et en trois dieux*, II, 3-4, dans *Traités théologiques*, trad. cit., p. 145.

de ces problèmes, celui de la détermination du sujet de la troisième science. Boèce n'avait pu lire chez Aristote que le qualificatif que celui-ci lui donnait : une théologie ou science divine. D'où le sous-traitement qui était le sien de l'étant en tant qu'étant. Thomas contourne cette lecture en faisant de Dieu non pas le sujet de la science mais le principe de son sujet.

Il y a en effet deux autres problèmes. Le deuxième, qui n'est peut-être pas le principal, est néanmoins significatif. Il tient aux trois adverbes décrivant les modes respectifs des trois sciences. Dans son *Commentaire*, il les reprend et les explique, tout cela au service du mode de procéder (*modus procedendi*) de chacune[1]. Toutefois, il ne réemploie ensuite jamais ainsi, au cours de sa carrière, ces trois adverbes, par ailleurs de nomination délicate (*rationabiliter*, *disciplinaliter*, *intellectualiter*). Peut-être parce qu'ils ne correspondent pas exactement au découpage ni à la nomination des sciences au XIIIe siècle, peut-être aussi parce que le troisième mode, celui dévolu à cette partie théologique, correspond à son mode à ce point intellectuel et formel qu'il se passe de la considération de toute matière, mais beaucoup moins bien à la science de l'étant en général et des causes de l'étant, celle qui est devenue, après Avicenne quant à son sujet, et Gundissalinus quant à son nom, la métaphysique.

Le second problème tient donc à ce que Thomas, alors même qu'il commente Boèce, considère déjà comme le sujet de la métaphysique l'étant en tant qu'étant. Il dispose autrement le caractère dit intellectuel de cette science théologique, et aussi la place de la matière.

---

1. Thomas, *Expositio super librum Boethii de Trinitate*, qu. 6, a. 1.

Concernant le mode « *intellectualiter* », Thomas parvient, comme à petites touches, à l'orienter du côté d'une connaissance des principes. De tels principes s'étendent en effet à tout, ou bien par mode de prédication, ou bien par mode de causalité (d'après Avicenne). Tous les étants possèdent les mêmes principes par analogie, sans compter l'un des premiers réemplois thomasiens de la supposée causalité du maximum d'Aristote : tout ce qui est pour tous un principe d'être (*principium essendi*) doit être aussi l'étant maximum (*maxime ens*)[1].

Toujours est-il que les principes de toutes choses sont aussi ce qui est commun à tous les étants et qui a pour sujet l'étant en tant qu'étant. La transition est habile : Thomas passe d'un sujet à l'autre, de celui qu'il refuse à celui qu'il défend, de Dieu à l'étant en tant qu'étant, par le biais des principes supérieurs en tant qu'ils sont communs à tout ce qui est étant[2]. Les choses les plus universelles sont aussi les plus communes, ajoute-t-il plus loin, cette fois en utilisant à son profit une affirmation aristotélicienne. Ce regard à la fois principiel, (supposé) théologique et commun, se répand sur tous les étants, sujet de la « philosophie première » qui s'appelle aussi, ajoute Thomas, « métaphysique », car elle se présente après la physique. Ainsi la soudure est-elle faite du côté de la bipolarité des sujets de la science[3].

Quant à la matière, exclue par Boèce de la troisième science, « la partie théologique », Thomas, dès ce même *Commentaire*, la réintègre. Tout d'abord, il charge une

---

1. *Ibid.*, qu. 5, a. 4, réponse. *Commentaire de la Métaphysique*, au lieu-dit du texte à commenter, fait de ce premier une « cause de l'être (*causa essendi*) », ce qui est une tentante surinterprétation, n°298.

2. *Ibid.*

3. *Ibid.*, qu. 6, a. 1, rép. III, fin.

objection de rappeler, au nom d'Aristote, qu'il appartient
à une science de considérer son sujet mais aussi les parties
et les propriétés de son sujet. Si l'étant est le sujet de la
science divine, il appartient à cette science de considérer
tous les étants ; or la matière et le mouvement sont des
étants. La métaphysique doit considérer aussi matière et
mouvement : la science divine n'abstrait donc ni matière
ni mouvement[1]. Pertinente objection, où l'on constate le
glissement d'un sujet à l'autre de la science, de Dieu à tout
l'étant et, à cause de cela, la considération de la matière
et son mouvement, ce que la définition de la théologie
entendue comme traitant de Dieu comme sujet n'impliquait
pas.

   Thomas répond ainsi à cette objection :

> Le métaphysicien considère aussi les étants singuliers,
> non selon des raisons propres, par lesquelles ils sont tel
> ou tel étant, mais selon qu'ils participent à la raison
> commune d'étant ; c'est ainsi qu'appartiennent à sa
> considération la matière et le mouvement[2].

Bien plus tard, dans son *Commentaire de la Métaphysique*,
Thomas reprend cette assertion avec à peu près cet
argument, après avoir dit que la métaphysique traite de ce
qui est séparable de la matière selon l'être :

> Il faut prendre garde au fait que, bien qu'appartiennent
> à la considération de la philosophie première les choses

---

1. Thomas, *Expositio super librum Boethii de Trinitate*, qu. 5, a. 4,
obj. 6.
2. *Ibid.*, qu. 5, a. 4, ad 6ᵐ, éd. Léonine, t. L, Paris-Rome, Cerf, 1992,
p. 156 : « Ad sextum dicendum, quod metaphisicus considerat etiam de
singularibus entibus, non secundum proprias rationes, per quas sunt tale
uel tale ens, set secundum quod participant commune rationem entis ; et
sic etiam pertinet ad eius considerationem materia et motus ».

qui sont séparées, selon l'être et selon la raison, de la matière et du mouvement, ce ne sont pas les seules ; les réalités sensibles aussi, en tant qu'elles sont des étants (*sed etiam de sensibilibus, inquantum sunt entia*), sont l'objet de la sollicitude du philosophe. À moins peut-être d'affirmer avec Avicenne que les réalités communes de ce genre, que cette science a pour objet d'étudier, soient dites séparées selon l'être, non parce qu'elles seraient toujours sans matière ; mais parce que ce n'est pas de toute nécessité qu'elles ont l'être dans la matière, comme [c'est le cas pour] les objets mathématiques[1].

De même, plus loin :

La vérité de cette question est que cette science traite des substances sensibles, en tant qu'elles sont des substances, non en tant qu'elles sont sensibles et mobiles. En effet, cela revient en propre au [philosophe] de la nature. Mais la considération propre de cette science porte sur les substances, lesquelles ne sont ni des idées, ni des réalités mathématiques séparées, mais des premiers moteurs, comme on le montrera plus bas[2].

Peut-être l'argument et l'inclination qu'il traduit s'originent-ils à Averroès, quoique Thomas n'en fasse pas état :

C'est ainsi qu'il faut comprendre la solidarité de ces deux sciences, la Physique et la Métaphysique, dans l'étude des principes de la substance. Je veux dire que la Physique explique leur existence en tant qu'ils sont principes d'une substance mobile, tandis que la Métaphysique les étudie

---

1. *Commentaire de la Métaphysique*, n°1162-65, ici n°1165.
2. *Ibid.*, n°2159.

en tant qu'ils sont principes de la substance comme telle, non substance mobile[1].

Thomas tourne donc par trois fois autour de la même idée : la matière est une préoccupation du métaphysicien. Plus rigoureusement, elle appartient elle aussi au sujet de la métaphysique, en tant qu'elle aussi est de l'étant : la matière participe à la raison commune d'étant / en tant que les choses sensibles sont des étants / et en tant que les substances sensibles sont des substances.

Bien sûr, il ne s'agit pas d'étudier la matière en tant que telle, ce serait redoubler la physique, mais en tant qu'elle est de l'étant. Les conséquences d'une telle inflexion de la répartition aristotélico-boécienne sont décisives pour l'identité de la métaphysique. Selon Thomas, la métaphysique ne consiste pas en une considération dématérialisée des choses qui nous entourent, et supposée plus intellectuelle et plus pénétrante à cause de cela. Si tel était le cas, la métaphysique reviendrait à étudier les êtres quand ils ne sont plus dans leur intégrité, mais seulement et au mieux avec une part d'eux-mêmes. Elle procèderait par abstraction, ce qui reviendrait à ne conserver que les formes, et elles-mêmes appauvries puisqu'elles ne seraient plus, dans la considération qu'il s'agirait d'en prendre, des formes substantielles devant comporter, comme l'un des deux principes qui les constituent, la matière.

Un tel débat préoccupa au XXᵉ siècle les exégètes de Thomas sur le mode de la métaphysique dans le *Commentaire de la Trinité de Boèce*. Ce mode, par une variante textuelle invalidée naguère (Louis-Bertrand Geiger), consistait en une troisième forme d'*abstraction*,

1. A. Martin, *Averroès. Grand commentaire de la Métaphysique* d'Aristote, Livre Lambda, T. 5, C. 5, 1426, Paris, Les Belles Lettres, 1984, trad. fr., p. 63.

cette forme consistant en effet à se passer de la considération de toute matière. D'où aussi la tradition, incarnée longtemps par Jean de Saint-Thomas et ses successeurs (dont Maritain), de *trois degrés d'abstraction* pour qualifier les modes propres aux trois sciences spéculatives. Il en découle un mode d'abstraction en physique et un autre en métaphysique, d'où deux sortes de définition pour définir une même chose, l'une physique et l'autre métaphysique[1].

Chez Thomas en revanche, pour la troisième science il ne s'agit pas d'*abstraction* mais de *séparation* : la « théologie » traite de ces étants qui sont en eux-mêmes séparés de la matière ou qui peuvent l'être, et non pas considérés sans matière par une abstraction de l'esprit. Dans ce *Commentaire*, par égard pour Boèce, Thomas fait droit à tout ce qui se rapproche de Dieu lui-même : les principes, etc. Il n'empêche qu'il manœuvre pour intégrer dans le sujet de la métaphysique l'étant en général, l'étant commun, même la matière, et pas seulement les êtres supérieurs.

C'est toujours vrai dans le *Commentaire de la Métaphysique*. À notre sens, Thomas infléchit le sujet de la métaphysique d'une façon aussi considérable qu'homogène au reste de la doctrine. Si la métaphysique porte sur l'étant en général et donc sur les étants en particulier, selon la tradition d'Avicenne reprise par Albert et à laquelle il adhère d'emblée, elle se tromperait de perspective à ne considérer que les formes, en excluant la matière, même si celle-ci est alors considérée comme un principe constitutif de la substance. Sous ce rapport, Thomas s'éloigne d'un modèle plus proche du platonisme, qui au contraire fonde tout sur les formes, les essences, dont aussi sur l'abstraction pour les traduire.

---

1. Jean de Saint-Thomas, *Logica*, II, qu. 27, a. 1.

Toutefois, Thomas n'entend pas dialectiser sa propre position contre Boèce ou même en partie contre Aristote. Il cherche plutôt à concilier, d'où la saveur renouvelée de déclarations comme celles-ci, où coexistent – mais jusqu'à un certain point – dans la même métaphysique, Dieu et l'étant en général :

> En effet, la science est la même du premier étant et de l'étant commun, comme on l'a établi au début du livre IV[1].

SUBSTANCE ET MODE DANS LE *COMMENTAIRE DE LA MÉTAPHYSIQUE D'ARISTOTE*

Thomas suit ligne à ligne la *Métaphysique* d'Aristote, avec le tour de force d'en offrir un commentaire mûri, aussi littéral qu'assumé selon ses propres convictions. Trois motifs s'y entrelacent : le premier est d'exposer l'étant comme *substance*. Le deuxième, de faire de la substance le principe de distribution du *mode* de la science. Le troisième motif, de relier les deux premiers, en étudiant l'*étant par soi*, qui est en-dehors de l'âme, et c'est l'identité même de la substance. C'est en effet ce en quoi réside la principale considération de cette science[2]. En témoignent le commencement et la fin de son *Commentaire* sur le livre Z/VII, où se concentre sa doctrine de la substance, mais pas seulement dans ces pages.

---

1. *Commentaire de la Métaphysique*, n°1170 : « Eadem enim est scientia primi entis et entis communis, ut in principio quarti habitum est ». De même, *SCG* I, chap. 70, § 8, trad. cit., p. 311 : « La Philosophie première étend sa considération du premier étant jusqu'à l'étant en puissance, qui est le dernier des étants ». *Commentaire de la Génération et de la Corruption*, prologue : « C'est ainsi que le Philosophe dans la *Métaphysique* détermine en même temps et l'étant commun et l'étant premier, qui est séparé de la matière ».

2. *Commentaire de la Métaphysique*, n°1245.

Le début du livre IV chez Thomas correspond à Gamma, 1 chez Aristote, avec son exergue :

Il y a une science qui étudie l'étant en tant qu'étant[1].

Thomas, pour marquer l'articulation du livre III (le livre Bêta des apories) avec celui-ci, pose, comme souvent dans le *Commentaire de la Métaphysique*, un cadre de divisions intelligibles, plus qu'il y en a dans l'ouvrage d'Aristote, dont la critique moderne n'a pas de mal à montrer au contraire les coutures et les obscurités. Thomas, donc, dit marquer le passage d'un mode disputatif à un mode démonstratif. Dans le précédent livre, une dispute portait en effet sur le mode de cette science : il convient ici de déterminer ce point, dans la mesure où le sujet d'une science est nécessaire à l'établissement des choses qui appartiennent à celle-ci. Pour Thomas, l'affirmation est d'autant plus possible qu'elle s'appuie sur l'énoncé d'Aristote : la science a l'étant en tant qu'étant pour sujet[2].

L'étant ainsi envisagé ne l'est certes pas en tant qu'il touche à des étants particuliers, mais à « l'étant universel », parce que cette science est la « science commune »[3]. Se dessine une distribution du contenu de cette science : son sujet, l'étant, mais aussi tout ce qui lui est rapporté, ce qui lui appartient par soi, à savoir les accidents. *Les accidents sont de l'étant par soi, à la différence de l'étant par accident*[4].

1. Aristote, *Métaphysique*, Γ, 1, 1003a21.
2. *Commentaire de la Métaphysique*, n°529.
3. *Ibid.*, n°530 et 532.
4. *Commentaire de la Métaphysique*, n°529-531. Selon Aristote, *Métaphysique*, D, 7, 1017a7 *sq.*, les accidents sont de l'étant par soi, ils ont un lien nécessaire à leur substance, ils subsistent par elle. En revanche, l'*étant par accident* désigne tout ce qui s'ajoute à quelque accident mais sans lien touchant à l'essence (le juste musicien).

Thomas saisit une phrase d'Aristote pour ajouter que la recherche des principes et des causes de l'étant fait partie de l'étude :

> Dans cette science, nous cherchons donc les principes de l'étant en tant qu'étant : donc l'étant est le sujet de cette science, parce que c'est le fait de n'importe quelle science de chercher les causes propres de son sujet[1].

Nous avons insisté plus haut sur l'importance de cette distinction du sujet de la science et de ce qui lui est rattaché, les principes et les causes de la science, sans pour autant appartenir à son sujet. Thomas extrapole Aristote. Il parle en son nom propre et, n'en doutons point, une telle assertion fait partie des thèses majeures du *Commentaire de la Métaphysique* : elle permet de *ne pas* situer Dieu dans le sujet, mais de lui reconnaître un lien avec le sujet, l'étant commun, à titre de principe et de cause. Cela autorise la science à chercher « les principes et les causes des étants, en tant qu'ils sont des étants »[2].

Toutefois, il apparaît maintenant aussi que cette articulation subtile du sujet de la science, l'étant en général, et du rapport de celui-ci à Dieu, comme sa cause transcendante et donc extérieure au sujet, ne dit pas tout du sujet lui-même. Thomas présente celui-ci comme l'ensemble de ce qui a trait aux substances et aux accidents, et selon un discours qui n'est « pas univoque mais analogue ». C'est ainsi que l'étant se prédique de tous les étants :

---

1. *Commentaire de la Métaphysique*, n°533. *Cf.* n°1145, 1167, 1170, 2267.
2. *Ibid.*, n°1145.

> C'est pourquoi tous les étants conviennent à la considération d'une seule science, qui considère l'étant en tant qu'étant, à savoir autant les substances que les accidents[1].

La distribution de l'étant est donc elle aussi analogue, cette fois d'une analogie horizontale (et non plus verticale, comme entre les créatures et Dieu), immanente aux substances elles-mêmes, à ce qui dépend d'elles et à la façon d'en parler. La prédication analogique, en ce sens, manifeste les différents rapports des accidents à la substance, et donc des « raisons en partie diverses et en partie non diverses », toutes référées à un centre, à une réalité unique, « en nombre et pas seulement selon la raison, c'est-à-dire unique selon les natures »[2].

C'est ainsi, écrit Thomas, que « la philosophie première est la science de la substance »[3]. Cela d'autant que la substance existe « comme par soi (*quasi per se*) »[4].

C'est à compter de la substance que l'ordre de la science (de type aristotélicien) se construit : ordre entre les types de substances (immatérielles ou matérielles)[5], ordre entre les accidents d'une substance[6], ordre aussi de ses modalités.

Cet élan qui porte de l'étude de la substance à tout ce qui l'affecte et qui la concerne s'opère *selon un certain ordre de priorité et de postériorité*, à partir de ce qui est

---

1. *Ibid.*, n°534.
2. *Ibid.*, n°535-536. La multiplicité est « d'analogie (*multiplicitas analogiae*) » : n°224.
3. *Ibid.*, n°391.
4. *Ibid.*, n°543.
5. *Ibid.*, n°398.
6. *Commentaire de la Métaphysique*, n°951 : c'est ainsi que la substance est antérieure selon l'être.

antérieur selon l'être, selon un référencement qui est celui de l'analogie immanente aux étants[1]. Le binôme antérieur-postérieur est d'Aristote, mais c'est Avicenne qui en a fait le premier l'application à l'ordre interne de la substance[2]. Thomas reprend cette nomenclature, si déterminante pour décrire l'ordre analogique dans l'étant.

De ce point de vue, les traités de la *Métaphysique* d'Aristote qui s'enchaînent le mieux sont ceux qui étudient tour à tour les différentes modalités de l'étant : substance et accidents (livre Z), acte et puissance (livre H), un et multiple (livre θ). Thomas ne perd pas l'occasion, pour une fois assurée, de manifester l'ordre aristotélicien de l'être, de la substance à ce qui se prédique d'elle : c'est aussi un ordre d'étude, un mode de procéder en train de se déployer.

Thomas traduit même Aristote en forme de syllogisme :

> Ce qui est par soi et absolument dans chaque genre, est premier en regard de ce qui est par un autre et relativement. Mais la substance est l'étant de façon absolue et par elle-même (*substantia est ens simpliciter et per seipsam*) ; or tous les autres genres que la substance sont de l'étant relativement et par la substance : donc la substance est première parmi les autres étants[3].

La substance est donc dite étant « en raison d'elle-même (*ratione suiipsius*) », car elle signifie la quiddité, à la différence des autres étants, qui tirent d'elle leur

1. *Commentaire de la Métaphysique*, n°584 ; n°749, 875, 936.
2. Aristote, *Métaphysique*, Δ, 11, 1018b, 8 *sq.* ; Θ, 8, 1049 *sq.* Avicenne, *Liber...*, I, 4, A26, p. 29 : « secundum prius et posterius ». De même A34, p. 40 ; IV, 1, A164, p. 184 (avec la convenance « secundum ambiguitatem », étape vers l'analogie).
3. *Commentaire de la Métaphysique*, n°1248, sur Aristote, *Métaphysique*, Z, 1, 1023a10 *sq.*

signification[1]. Les autres, donc les accidents, inhèrent en elle, ils tirent d'elle leur raison d'étant : la dépendance vaut donc à la fois au plan existentiel et au plan intelligible[2]. C'est ainsi que, du plan de l'être à celui du connaître, plans qui en l'occurrence se correspondent, c'est par la substance que le reste est aussi connu :

> De même en effet que les autres prédicaments n'ont l'être que parce qu'ils inhèrent dans la substance, de même ils ne sont connus qu'en tant qu'ils participent à quelque chose du mode de connaître la substance, lequel est de connaître le ce qui est[3].

Thomas renchérit sur l'injonction d'Aristote (« l'objet éternel de toutes les recherches, présentes et passées, la question toujours posée (…) : "qu'est-ce que la substance ?" »[4]). C'est donc la substance qu'il faut étudier, et, insiste Thomas, « à titre principal »[5].

Reprise d'Avicenne disions-nous, la distribution des accidents et propriétés de la substance s'opère « selon le plus et le moins, ou selon l'antérieur et le postérieur »[6]. Tout cela, selon Thomas qui tisse les fils aristotéliciens de la façon qui convient le mieux à sa propre toile, « de façon analogue et par rapport à une réalité unique », comme il en va des réalités médicales diverses qui ont rapport à la médecine[7]. L'exemple aristotélicien de la médecine,

---

1. *Ibid.*, n°1251.
2. *Ibid.*, n°1255, 1334.
3. *Ibid.*, n°1259.
4. Aristote, *Métaphysique*, Z, 1, 1028b3-4, trad. cit., vol. 1, p. 239.
5. *Commentaire de la Métaphysique*, n°1262 : « Et hoc inquam maxime, quia adhoc principaliter intendimus ».
6. *Ibid.*, n°1336.
7. *Commentaire de la Métaphysique*, n°1337. Cet enracinement analogique depuis l'« *ens simpliciter* » qu'est la substance est repris au

typique de cette construction des sens multiples de l'étant
autour d'une nature unique qui chez Aristote n'a pas reçu
le nom d'analogie, le porte chez Thomas. La fixation est
faite avant lui de ce modèle d'analogie pour lire Aristote
lui-même.

Parallèle à cette analogie, Thomas nomme une certaine
participation des accidents à la substance, participation
qu'il sait honnie par Aristote[1]. Une telle participation vaut
au plan de l'être et, à cause de lui, sur le plan du connaître.
De même que les accidents existent grâce à la substance,
de même sont-ils connus grâce à elle[2]. C'est ainsi que
Thomas, outrepassant Aristote en fait de recherche de
rationalité, thématise une déduction des accidents à partir
de la substance, ajoutant ainsi la nécessité à l'exhaustivité.
Il les distribue selon leurs différents rapports à la substance,
du plus essentiel au plus extérieur, avec cette précision
que ces modes de prédication sont consécutifs à leurs
modes d'être respectifs[3].

La substance n'est pas principe de distribution et
d'intelligibilité de l'étant seulement à cause du rapport
que les accidents entretiennent avec elle. Il en va de même
des autres modalités de l'étant : acte et puissance, un et
multiple. Chez Aristote, ces binômes descriptifs autant

n°2137.
   1. *Ibid.*, n°1334 : « Propter hoc enim quod omnia alia praedicamenta
habent rationem entis a substantia, ideo modus entitatis substantiae,
scilicet esse quid, participatur secundum quamdam similitudinem
proportionis in omnibus aliis praedicamentis ».
   2. *Ibid.*, n°1259 : « Sicut enim alia praedicamenta non habent esse
nisi per hoc quod insunt substantiae, ita non habent cognosci nisi
inquantum participant aliquid de modo cognitionis substantiae, quae est
cognoscere quid est ».
   3. *Ibid.*, n°889-896.

qu'explicatifs avaient pour fonction de rendre compte de la part de perfection des étants, autant que de leur part d'imperfection, du devenir et de la stabilité. Thomas ne peut que suivre une telle démarche. Tout se structure du même côté : parce que la forme est acte, *c'est la substance elle-même* qui comporte une part d'acte et de puissance, au point que l'un est convertible avec l'étant[1]. Pour l'un et le multiple, Thomas fait siennes les distributions de sens qui, selon Aristote, en découlent ; toujours selon l'antérieur et le postérieur[2]. Surtout, l'un et l'étant ne sont pas des substances, car une chose est dite étant par sa substance[3].

Tout se distribue et s'unifie à partir de ces modalités de l'étant qui sont celles de la substance. Par exemple, plusieurs sortes de puissance reviennent à une seule, qui est première, à avoir la puissance active : ainsi une telle multiplicité se distribue-t-elle, dit Thomas, « non pas comme une équivocité mais selon l'analogie »[4]. De son côté, l'acte est déclaré fin dans l'ordre du mouvement naturel. Aristote l'a dit, Thomas le souligne, tant pour décrire la nature comme une fin, que la forme ou bien l'opération[5].

Aristote achève le livre Z en affirmant que la substance est un principe et une cause ; que la cause, c'est la forme ; donc, que la substance est la forme[6]. Lorsqu'il conclut en disant que la substance de chaque chose est « la cause

---

1. *Ibid.*, n°1768-69 (pour la deuxième division de l'étant selon puissance et acte) ; n°1920 (pour la convertibilité de l'étant et de l'un).

2. *Ibid.*, n°1999 *sq.*

3. *Ibid.*, n°1637.

4. *Ibid.*, n°1780.

5. *Commentaire de la Métaphysique*, n°1860.

6. Aristote, *Métaphysique*, Z, 17, 1041a6-1041b9.

première de son être »[1], Thomas commente à l'identique,
mais l'on se demande si sa phrase rend le même son :

> En effet la substance qui est le ce-qu'est la chose est
> première cause d'être[2].

La causalité exercée par la substance, selon Thomas, tire
vers l'être plus que vers l'essence, même si la substance
ne cause l'être qu'à son propre plan, celui de la
substantialité.

Dans ce *Commentaire*, Thomas demeure donc discret sur
la question de l'acte d'être. La métaphysique comme
science porte d'abord sur l'étant, donc sur la substance ;
et non, comme s'il était un point de départ existant par soi,
sur l'acte d'être. Thomas mentionne celui-ci :

> Ce nom d'étant est imposé à partir de l'acte d'être[3].

Toutefois, hors du contexte d'un rapport des étants à la
cause qui les produit dans l'être, il en a moins besoin.
Toutefois, quant à cette causalité productrice, voici un
passage à propos de la perpétuité du mouvement du ciel,
déclarée telle à partir d'une convenance de nature touchant
au corps céleste,

> Mais cela ne présage pas de la volonté divine, dont
> dépendent le mouvement du ciel et son être[4].

La différence entre le logicien et le « philosophe
premier », écrit Thomas, est que le logicien étudie les

---

1. *Ibid.*, 1041b27.
2. *Commentaire de la Métaphysique*, n°1678 : « Substantia enim quae est quod quid erat esse, est prima causa essendi ».
3. *Ibid.*, n°553 : « Hoc nomen ens imponitur ab actu essendi » ; et n°558.
4. *Ibid.*, n°1879.

choses qui sont soumises à la raison selon leur intention d'universalité, au lieu que le métaphysicien les étudie selon qu'elles sont des étants[1]. Il insiste plus loin en disant que le « logicien » considère le mode de prédication (*modum praedicandi*), et non l'existence de la chose (*existentiam rei*). Le « philosophe » qui, lui, cherche l'existence des choses, inclut sous la nature même de l'étant (*quod quid est*) la matière et la forme en tant qu'elles lui sont intrinsèques, mais n'y inclut pas la fin et l'agent, lesquels lui sont extrinsèques[2]. Il n'est pas difficile de deviner que, dans l'esprit de Thomas, si fin et agent ne sont pas des principes immanents à la substance, c'est parce qu'ils exercent aussi une causalité de type transcendant, et que celle-ci n'est pas éduite de la forme des étants : cela, à condition de ne pas réduire la fin à la forme ou nature des étants eux-mêmes, comme l'envisage le physicien.

Une déclaration comme celle-là renseigne sur le choix thomasien de faire de la métaphysique une science de l'étant, et donc une science des étants en tant qu'ils sont des étants ; d'où, comme on l'a vu, sa réinsertion de la matière en métaphysique, contre Boèce et pour une part aussi contre Aristote. Si Thomas avait privilégié la logique, il aurait étudié des universels abstraits, des natures et non des substances, et n'aurait pas réintégré la matière.

LA VÉRITÉ EST QUE…

Les premières pages du livre XI du *Commentaire* de Thomas (Kappa chez Aristote, d'authenticité douteuse) sont disposées d'une façon inhabituelle, avec une scansion des apories du texte qui s'achève à chaque fois par une

1. *Ibid.*, n°1576.
2. *Ibid.*, n°1658.

conclusion commençant avec : « La vérité est que... (*Est autem veritas*) »[1].

Une telle récapitulation peut se réclamer de celle du livre K, mais elle relève d'un souci supérieur de synthèse. Dix-huit fois, Thomas scande cette manière de conclure un point, de telle sorte que l'ensemble se présente comme un résumé de la *Métaphysique* d'Aristote et aussi comme une leçon de méthode. Or c'est toujours celle-là qui intéresse notre propos. L'essentiel des positions que nous avons exposées y sont comme reprises, et placées dans un certain ordre, au moins par dégagement successif de leurs idées, mais sans construction déductive des propositions entre elles. En voici l'essentiel.

Vérité n°1 : « La vérité est que la sagesse est une seule science, qui cependant considère de nombreux principes, en tant qu'ils se réduisent à un seul genre »[2].

Vérité n°2 : « La vérité est qu'une seule science considère à titre principal les principes de démonstration dont la considération se porte sur les plus communs, qui sont les termes des autres principes, comme l'étant et le non-étant, le tout et la partie et les autres du même genre ; et c'est de cette science que les autres du même genre reçoivent leurs principes »[3].

Vérité n°3 : « La vérité est que cette science traite de toutes les substances, bien que de certaines à titre principal, à savoir des substances séparées, en tant que toutes conviennent dans un seul genre, qui est l'étant par soi »[4].

---

1. *Commentaire de la Métaphysique*, n°2146-2193.
2. *Ibid.*, n°2149.
3. *Ibid.*, n°2151.
4. *Ibid.*, n°2153.

Vérité n°4 : « La vérité est que la sagesse considère les substances et les accidents, en tant que tous conviennent dans l'étant, qui est leur sujet ; mais elle démontre principalement au sujet des substances, au titre d'étants premiers et par soi, et de leurs accidents »[1].

Vérité n°5 : « La vérité est que cette science considère les genres de cause, et surtout la cause formelle et la cause finale. Et le premier moteur qui est la fin ultime est absolument immobile »[2].

Vérité n°6 : « La vérité de cette question est que cette science détermine ce qu'il en est des substances sensibles, en tant qu'elles sont des substances, et non en tant qu'elles sont sensibles et mobiles, car cela convient en propre à la philosophie naturelle. Mais la considération propre de cette science porte sur les substances, lesquelles ne sont pas des idées, ni des réalités mathématiques séparées, mais des premiers moteurs »[3].

Vérités n°7-8 : « La vérité est que les mathématiques ne sont pas séparées des choses sensibles selon soi, mais selon la raison »[4].

Vérité n°9 : « La vérité est que cette science considère surtout les réalités communes ; non point cependant que les réalités communes soient principes, comme le posèrent les Platoniciens. Or elle considère les principes intrinsèques des choses, comme la matière et la forme »[5].

1. *Ibid.*, n°2155.
2. *Ibid.*, n°2157
3. *Ibid.*, n°2159.
4. *Ibid.*, n°2162-64.
5. *Ibid.*, n°2167.

Vérité n°10 : « La vérité est que l'un et l'étant ne sont pas des genres, mais qu'ils sont communs à toutes choses analogiquement »[1].

Vérité n°11 : « La vérité est que les universels sont principes, à savoir du point de vue de la connaissance (*in cognoscendo*); c'est ainsi que les genres sont davantage principes que les réalités plus simples », comme les espèces, mais celles-ci contiennent davantage de choses en acte[2].

Vérité n°12 : « La vérité est que rien n'existe dans la nature des choses au-delà des réalités singulières, mais seulement dans la considération de l'intellect, qui abstrait des réalités communes à partir des réalités propres »[3].

Vérité n°13 : « La vérité de ces questions est qu'il existe une certaine substance séparée des réalités sensibles ; non certes une espèce des réalités sensibles, comme l'ont posée les Platoniciens, mais des premiers moteurs »[4].

Vérité n°14 : « La vérité est que le premier principe de toutes choses est incorruptible »[5].

Vérité n°15 : [Il s'agit de savoir si l'étant et l'un sont des principes immobiles et séparés, ou bien s'ils signifient la substance, et c'est plutôt le cas]. « La vérité de ces questions est que ni l'un ni la ligne, ni la surface, ne sont des principes ». Autrement dit, tout ce qui relève de l'un et qui n'est pas d'ordre mathématique est substantiel[6].

1. *Commentaire de la Métaphysique*, n°2170.
2. *Ibid.*, n°2172.
3. *Ibid.*, n°2174.
4. *Ibid.*, n°2179.
5. *Ibid.*, n°2181.
6. *Ibid.*, n°2182-85.

Vérité n°16 : « La vérité est que, bien que les universels n'existent pas par soi, cependant il est nécessaire de considérer universellement les natures de celles qui subsistent par soi. À ce titre, on admet les genres et les espèces dans le prédicament substance, et on les appelle substances secondes, au sujet desquelles il y a une science. Certaines aussi qui existent par soi sont des principes et, parce qu'elles sont immatérielles, elles conviennent à la connaissance intellectuelle, bien qu'elles excèdent la compréhension de notre intellect »[1].

Vérité n°17 : [À propos de l'hypothèse d'une séparation de la forme de la matière]. « La vérité est que ce qui est au-delà de la matière n'est cependant pas la forme des réalités sensibles »[2].

Vérité n°18 : « La vérité est que, s'il s'agit de parler des principes extrinsèques, ils sont un en nombre, puisque ce qui est le premier principe de toutes choses est agent et fin. Quant aux principes intrinsèques, à savoir la matière et la forme, ils ne sont pas un en nombre au sujet de toutes choses, mais selon l'analogie »[3].

Cette nomenclature, en un sens, offre des réponses brèves et ciblées aux apories du livre XI, dont Thomas perçoit de toute évidence le caractère répétitif par rapport à nombre de notions rencontrées auparavant. Il détermine, tout en acceptant la récapitulation. En un autre sens, quelque chose de la méthode propre à la métaphysique, telle que Thomas la reconnaît, s'exprime à travers cette multiple scansion.

1. *Ibid.*, n°2189.
2. *Ibid.*, n°2191
3. *Ibid.*, n°2192.

Primo, et tel quel, cet ensemble traduit l'architecture de la doctrine. D'un côté, tout est reconduit à la substance, à ce qui dépend d'elle ou bien en découle, ou encore finit par en porter le nom (l'un, c'est de l'étant qui est un, et l'étant un est la substance elle-même). On a vu la force explicatrice et distributrice de l'étant lui-même et donc aussi des modalités qui le détaillent. D'un autre côté, la distinction est souvent rappelée du monde horizontal (prédicamental) et du monde vertical (transcendant), où est à la fois affirmée l'existence du premier principe et moteur de toutes choses, et niée celle des abstractions platoniciennes auxquelles ne faut surtout ni attribuer l'existence, ni reconnaître l'exercice d'une causalité. Sur ce point, Thomas n'est pas plus indulgent qu'Aristote sur le statut des idées séparées des Platoniciens. Les principes universels et communs ne sont tels que selon la connaissance, non selon l'être (n°9, 11, 12).

Secundo, et à prendre un pas de recul, un tel ensemble, – auquel nous ne prétendons pas réduire le *Commentaire* de Thomas de la *Métaphysique d'Aristote*, mais dont il rassemble les idées – , apparaît aussi comme un domaine qui se contraint dans certaines limites. Limites de la *Métaphysique* comme pensée et œuvre d'Aristote ; limites du commentaire médiéval, même compte tenu de son extension latente ou patente selon l'*intentio auctoris*, volonté toutefois d'en traduire la vérité. La doctrine mûrie par mode de thomasification de l'analogie prédicamentale le manifeste, autant que les affirmations, rares mais nettes, sur Dieu.

Avec un peu de recul donc, la métaphysique de Thomas selon les termes de la *Métaphysique* d'Aristote présente un élargissement et un rétrécissement.

LA MÉTAPHYSIQUE EN SES MODALITÉS, ENTRE ÉLARGISSEMENT ET RÉTRÉCISSEMENT

Élargissement, car avec ce *Commentaire* Thomas manifeste la façon dont il reçoit ou oriente Aristote ; serait-il mort avant d'avoir eu la possibilité de l'écrire, quelque chose manquerait de l'idée que nous pouvons nous faire de sa métaphysique, notamment du retour sur la substance.

De plus, avec la *Métaphysique* les commentateurs latins disposent d'un texte dédié, qu'ils tournent certes en traité plus argumentatif que nature, mais qui assoit de façon exceptionnelle le caractère scientifique d'une discipline jusque-là dispersée dans ses notions et dans ses œuvres, les unes et les autres partielles et plutôt néoplatoniciennes, ainsi que dans la répartition de ses utilisateurs, théologiens et philosophes. La métaphysique aristotélicienne s'appuie en outre sur sa physique, tant expérimentale que spéculative, plutôt qu'elle ne duplique sa théologie. Un livre consacré à l'étant par soi, à la substance et à ses propriétés, et non plus seulement au bien qui n'est pas essence mais « au-delà de l'essence », peut donc devenir pour les Latins un accroissement : ainsi en est-il pour Thomas.

Rétrécissement toutefois, car tout ce qui a été exposé dans le présent livre avant d'en venir à ce *Commentaire* offre la possibilité une reprise de l'aristotélisme, mais aussi passe sous silence nombre d'autres thèmes, notamment autour de Dieu, comme être premier ou bien comme cause. Cet effet de rétrécissement trouve sa traduction par la différence entre la première et la deuxième modalités de la métaphysique.

La première modalité traduit la *métaphysique intégrée* par Thomas des philosophes, et ici du Philosophe. Intégrée, cette métaphysique l'est en forme d'aller et retour.

Aller, dans la mesure où Thomas ne fait pas que prendre connaissance de la *Métaphysique* (il n'eût pas eu besoin d'écrire un livre à son sujet, et encore plus gros qu'elle), quoiqu'il en reçoive aussi, par ce moyen, la doctrine même, de telle sorte qu'elle enrichisse et son esprit et son œuvre propre. Thomas commentateur se nourrit de l'Aristote commenté, il expose et même invente quelque chose de sa propre doctrine en déchiffrant de si près la doctrine d'un autre.

Retour, dans la mesure où Thomas lit Aristote selon ses propres convictions, certes au bénéfice d'une sorte d'échange mutuel, mais aussi au nom de l'ensemble de sa doctrine personnelle, philosophique bien sûr mais peut-être surtout théologique. De telle sorte que, malgré la discrétion que s'impose un commentateur littéral, quelque chose de ses propres principes perce parfois lorsque le texte commenté ne suffit pas à conduire jusqu'à eux.

La deuxième modalité de la métaphysique, *la métaphysique constituée*, outrepasse de beaucoup cette dernière démarche de retour du théologien-philosophe sur cette mise au propre de la *Métaphysique* d'Aristote (comme c'est aussi le cas du *Commentaire du Livre des Causes*). Selon notre manière de traduire les choses, la deuxième modalité est la façon d'un docteur chrétien de produire de la métaphysique pour ses besoins propres. Docteur chrétien peut-être plus que théologien, dans la mesure où en lui ce n'est pas seulement la théologie (chrétienne) qui pèse son poids, c'est la philosophie elle-même (ici, la métaphysique) qui s'en trouve affectée. C'est en tant que chrétien qu'il est théologien, ce qui ne pose pas de questions de méthode, mais c'est aussi en tant que chrétien qu'il se mêle de métaphysique – qu'il fait de la philosophie, et avec tous les réquisits rationnels, inductifs et culturels de la discipline.

Or, selon cette deuxième modalité, Thomas d'Aquin assigne à la métaphysique un champ plus large et même plus profond que celui, disons, de la *Métaphysique* d'Aristote. Les partages du champ se fécondent et même se superposent parfois, au point qu'il devient difficile de discerner si tel concept a pour origine la théologie ou bien la philosophie. Cette double origine d'une même science, et donc aussi parfois des mêmes choses, procure à la doctrine une profondeur et une qualité spéculative sans égales, mais ne facilite pas le repérage de la distribution des méthodes.

D'où la tentation symétrique de réduire la métaphysique de Thomas à son socle aristotélicien, supposé plus sûr parce que plus séparé de toute théologie, ou bien au contraire de noyer cette métaphysique dans la perspective plus traditionnellement augustinienne d'une théologie qui comporte une métaphysique mais sans lui accorder l'autonomie d'une science. Toutefois, ce double souci en effets de miroirs pourrait traduire une structuration plus moderne qu'il ne le faut pour comprendre le XIIIe siècle en général et Thomas d'Aquin en particulier. C'est avec Suárez puis Descartes que la philosophie se définit comme antérieure en tous points à la théologie et indépendante d'elle[1].

---

1. Descartes, *Les principes de la philosophie*, Lettre au traducteur-Préface, dans *Œuvres de Descartes*, C. Adam et P. Tannery (éd.), Paris, Vrin, 1996, p. 4 : « Ce souverain bien, considéré par la raison naturelle sans la lumière de la foi, n'est autre chose que la connaissance de la vérité par les premières causes, c'est-à-dire la sagesse, dont la philosophie

Surcroît de rationalité
et certitude mathématique

Il est plus pertinent de retenir chez Thomas d'Aquin la distinction de la raison et de la foi. Ces deux sources de connaissance sont la réflexion de l'homme ou la révélation de Dieu. Si chez Thomas aucune confusion n'est possible entre la raison et la foi, ni quant aux choses dites ni quant à la manière de les dire, il est en revanche plus complexe de démêler la source philosophique ou bien théologique de telle notion ou de telle façon de l'accroître.

Une telle imbrication affecte de plein droit les notions, métaphysiques d'origine ou métaphysiquement rendues, dans des traités théologiques comme celui de Dieu ou bien celui de la création. Elle attire les notions issues de la philosophie, parce que grecques et païennes, comme c'est le cas de nombre de développements aristotéliciens assumés. Pourtant, cela ne signifie en aucune manière que de telles notions perdent leur qualité rationnelle d'être ainsi approchées par un docteur chrétien qui a besoin d'elles aussi dans un édifice qui dépasse les renseignements obtenus par la seule raison. Thomas d'Aquin n'est pas du genre à éliminer le caractère rationnel d'un énoncé ou d'un raisonnement. Au contraire, il a tendance à l'accentuer, et

est l'étude ». F. Suárez, *Disputationes Metaphysicae*, I, 1, Proème et Disp. I, début. J.-L. Marion, *D'ailleurs, la révélation. Contribution à une histoire critique et à un concept phénoménal de révélation*, Paris, Grasset, 2020, p. 98 : [avec Suárez] « Ce stupéfiant renversement de la position traditionnelle (ou du moins thomasienne), qui érige la connaissance naturelle en fondement de la connaissance surnaturelle, ne devrait pourtant pas surprendre : il résulte simplement et logiquement de l'interprétation de la Révélation comme une science, donc comme propositionnelle, interprétation qui doit la soumettre aux caractéristiques et aux critères de la seule science pour nous accessible et définissable – la science de raison naturelle ».

cela en le dégageant ou même en le réécrivant. Il faut alors s'y résoudre : la foi ne contredit pas la raison, c'est pour lui une évidence et une force[1]. Davantage, elle la nourrit autant qu'elle s'en nourrit. La raison philosophique est pour la foi un auxiliaire, indispensable et nullement nécessaire comme le sont les auxiliaires[2]. La foi est pour la raison non pas une chape de plomb, mais au contraire une puissante stimulation. *La foi apporte à la raison un surcroît de rationalité.*

Un tel surcroît n'a pas pour objectif (lequel serait une illusion) d'augmenter la certitude de la foi. Celle-ci repose sur la seule réception de la révélation divine. Aucune intervention rationnelle n'y change quoi que ce soit. Se tromperait quiconque s'imaginerait une rationalité volant au secours d'une doctrine de foi courte de souffle spéculatif. D'ailleurs, selon Thomas d'Aquin, la rationalité de la philosophie elle-même n'est pas inféodée au critère de la *certitude.*

La vérité seule compte, et la vérité est affaire d'énonciation conforme à la réalité. Les arguments ne sont pas d'ordre prospectif, ils n'engrangent pas une vérité nouvelle à laquelle on n'eût pas pensé avant eux. Dans la mesure où le moyen terme qui établit la conclusion d'un raisonnement est présent dès la première proposition, aucun effet de surprise n'est possible. Les syllogismes, en ce sens-là, ne prouvent rien : ils n'apportent pas de neuf, mais ils attestent la rationalité possédée. Leur apport est de rendre manifeste l'ordre et la nécessité du lien entre les prémisses. Même si les arguments énoncent le nécessaire, ils conservent néanmoins un rôle manifestatif. Ils disent

---

1. *SCG* I, chap. 7, § 1 : « Seul le faux est le contraire du vrai ».
2. *SCG* I, chap. 9, § 3.

le connu. S'ils apportent un certain type de certitude, c'est une certitude seconde, subordonnée à la vérité identifiée telle par un jugement. Les raisonnements ne créent pas une certitude, ils rendent visible la nécessité de segments de vérité. Tout dépend des prémisses elles-mêmes, des premiers énoncés, du tissage des principes qui sont requis pour établir une vérité en cours d'étude à partir d'une vérité déjà établie. En philosophie et même en métaphysique – et l'on pourrait en dire autant de la théologie –, c'est moins de certitude qu'il s'agit, que de vérité. Toute raison certaine repose sur un jugement de vérité.

À tel point que Thomas fait remarquer dans son étude emblématique des trois sciences spéculatives que, bien que la mathématique soit placée en intermédiaire entre la science naturelle et la science divine (pour l'étagement des méthodes qui diminue à chaque fois le rapport à la matière), elle est en elle-même *plus certaine* que l'une et l'autre[1].

Pourquoi en est-il ainsi ? Parce que les objets mathématiques tombent sous le sens et sont dépendants de l'imagination. Ils sont donc plus faciles à maîtriser, et donc plus certains que les objets de la science naturelle ou de la science divine qui, eux, ont trait à ce qui est commun aux étants ou à plus forte raison aux substances séparées. Thomas rappelle Ptolémée pour qualifier la science divine d'inévidente et d'incompréhensible, et la science naturelle d'instable du fait de la matière et du devenir, et d'obscure dans son traitement. La mathématique, au contraire, donne aux chercheurs une assurance ferme et stable, et dont le type de démonstration relève de l'indubitable.

---

1. *Super Boetium*, qu. 6, a. 1, resp. II, et Léonine, *op. cit.*, p. 160-161, « Cum enim mathematica sit media inter naturalem et diuinam, ipsa est utraque certior » (p. 160).

Après Thomas d'Aquin, avec la montée du rationalisme, distribué entre le rôle croissant dévolu à la logique, et celui non moins prégnant de la volonté de représentation conceptuelle, le besoin de certitude rationnelle rejoindra la métaphysique. Thomas décèle les trois éléments structurants du mode mathématique : la *maîtrise initiale de l'essence* (de l'objet connu), la *déduction* comme devant assurer la rigueur sur tous les points et, au final, *la certitude* obtenue. Ce n'est pas un vain mot que d'affirmer que le mode mathématique – bien sûr sans la numération – prendra la place du mode métaphysique dans la métaphysique elle-même. Il provoquera un excès de rigueur, renforcé et même suscité par la nature univoque des concepts initiaux, laquelle permet de demeurer unilatéral et donc pauvre en variété de principes. Le tout aboutit à une affectation de rigueur, en fait à un cadavre de métaphysique.

Le mode mathématique, parce qu'il est d'essence univoque et non parce qu'il incarne un idéal de certitude, n'a rien à apporter à la métaphysique de Thomas, bien au contraire. Si ce n'est la certitude qu'il faut chercher du côté de la philosophie, ou du moins un certain type de certitude, qu'est-ce que Thomas d'Aquin déclare y trouver ? L'*ordre* de la raison. On l'a dit, Thomas n'a de cesse, au moment où il commente le corpus aristotélicien, de définir les sujets des sciences, leurs modes, enfin leurs caractéristiques, en elles-mêmes et par manière de contraste.

Le Prologue de son *Commentaire de l'Éthique d'Aristote* est l'une des pages les plus caractéristiques à cet égard[1]. C'est à partir de cette idée d'ordre, s'il est vrai

---

1. Thomas, *Sententia Libri Ethicorum*, Léonine, t. XLVII. II, Rome, 1969, p. 4a : « Et quia consideratio rationis per habitum scientiae perficitur, secundum hos diversos ordines quos proprie ratio considerat, sunt diversae scientiae. Nam ad philosophiam naturalem pertinet

que l'office du sage est d'ordonner (selon un propos reconfiguré d'Aristote), que l'ordre se distribue différemment dans les sciences, selon les divers comportements de la raison dans chacune d'elles. Il est remarquable que ce que Thomas appelle alors la « philosophie naturelle » regroupe mathématique et métaphysique (en fait d'après le souvenir de l'organigramme de l'Université de Paris), et requière pour la raison humaine de considérer l'ordre même des choses, celui qu'elle contemple sans agir sur elles.

Cette désignation est celle des sciences spéculatives, à la différence notamment de l'ordre introduit par la raison dans son acte propre (logique), ou de celui introduit dans les opérations de la volonté et dans l'action humaine (morale, science pratique).

Ce qui compte pour définir les sciences et les distinguer, c'est donc leur sujet, et mieux encore l'ordre de la raison qui préside à son étude. C'est peut-être aussi ce sens de l'ordonnancement rationnel que Thomas reçoit d'Aristote, qu'il lit dans les œuvres de celui-ci (au point même d'y trouver plus d'ordre qu'il y en a), et qu'il transpose aussi dans cette science d'un autre genre qu'est la doctrine sacrée. Toutefois, sous ce rapport d'un ordre rationnel attaché à recevoir l'ordre même des choses sans s'y substituer, métaphysique et doctrine sacrée procèdent d'un même souci. Si le point de départ de leur connaissance, et donc leur constitution respective de science, ne sont point identiques, leur volonté d'attention intellectuelle portée à la contemplation du réel procède d'une même démarche.

considerare ordinem rerum quem ratio humana considerat sed non facit; ita quod sub naturali philosophia comprehendamus et mathematicam et metaphysicam ». Pour une traduction de ce Prologue, Thomas d'Aquin-Boèce de Dacie, *Sur le bonheur*, *op. cit.*, p. 130-133.

C'est la raison pour laquelle cet ordre de la raison préside à toutes les modalités de la métaphysique, alors que chacune des trois, selon nous, s'attache à composer, de façon différenciée, raison et foi.

D'UNE MÉTHODE À L'AUTRE

Il y a moins de métaphysique dans la *Métaphysique* d'Aristote que dans son *Commentaire* thomasien, et il y en a plus dans l'une ou l'autre Sommes que dans ledit *Commentaire* : qu'en est-il de l'ordre pour tout ce qui *dépasse* ?

Considérons l'ordre propre à la métaphysique de trois points de vue successifs, selon les trois modalités que nous avons cru bon de distinguer, comme autant de focalisations, mais selon un ordre inversé, pour aller vers le plus difficile.

1 – Si l'on commence par s'interroger sur le mode de la *Somme contre les Gentils*, que nous appelons la *troisième modalité*, ou métaphysique *manifestée*, certaines complications se trouvent dénouées, d'autres au contraire semblent se nouer.

Ni œuvre missionnaire pour terre d'Islam (légende née au XVIIᵉ siècle), ni œuvre apologétique (elle eût été alors inadaptée) ni *Somme de philosophie* (puisqu'elle commence avec Dieu). Surtout, elle présente elle-même l'intention de l'auteur comme un exposé de la vérité de la foi catholique comprenant une réfutation des erreurs contraires, avec, pour les trois premiers livres, une présentation selon des raisons et avec, pour le quatrième, un exposé selon la foi de tous les mystères qui, eux, ne peuvent pas se manifester selon une attestation rationnelle (Trinité, Christ, sacrements, gloire céleste)[1]. Le point qui importe au propos est

1. *SCG* I, chap. 9, § 1.

d'interroger le caractère métaphysique, ou non, des trois premiers livres (Dieu, la création, la providence).

D'un côté, l'ouvrage entier est à caractère théologique, pour la raison qui vient d'être consignée : l'intention de l'auteur est exprimée, rien n'y dérogera. Les traités se présentent donc selon un ordre descendant, depuis Dieu, comme il se doit, et puis ascendant pour un retour vers Dieu, tant pour les livres I-III que pour le livre IV[1]. Cependant, les trois premiers livres se distribuent *selon des raisons*, selon les raisons des choses. Par exemple, le catalogue des perfections de Dieu; ou bien les différents types de causalité divine impliqués dans la création; ou bien encore, nombre de considérations attachées à la providence entre action divine et participation humaine. Toutes ces notions sont-elles de la métaphysique, autrement dit : sont-elles de la théologie ou bien de la philosophie ?

La question toutefois précontient un élément de son propre ordre de réponse, celui qui suppose qu'à la distinction entre foi et raison corresponde celle de théologie et de philosophie. Il n'est pas sûr qu'elle soit bien posée. Néanmoins, le mieux est d'accorder à toutes ces raisons un statut métaphysique, mais au sens élargi que nous lui accordons : ni philosophique, ni théologique, plutôt celui d'un ensemble de notions développées *selon la raison* dans le cadre, et au service, d'un dessein théologique. Ces raisons sont une façon de rendre manifestes les vérités qui les dépassent, et de s'opposer comme autant de raisons vraies aux raisons fausses de ceux qui s'opposent à la foi. En un sens, elles sont devenues théologie – mais Thomas ne le dit jamais ainsi. En sens contraire, elles se veulent les plus rationnelles et les plus argumentatives possibles

---

1. *SCG* IV, trad. cit., Intro. de D. Moreau, p. 21.

– mais Thomas ne dit pas non plus qu'elles soient philosophie.

Par exemple, ce que le livre I dit des perfections divines pourrait se retrouver presque tel quel dans ses équivalents théologiques (l'*Écrit sur les Sentences*, la *Somme de théologie*), et tout aussi bien s'isoler selon des termes jugés philosophiques. D'où la propension à faire du livre I sur Dieu une sorte de « théologie philosophique ». La *Somme contre les Gentils*, de ce point de vue, emprunte aux deux premières modalités de la métaphysique, sous le double rapport de la réception et aussi de la production de concepts. Elle se différencie toutefois de la première modalité, en tant qu'elle va beaucoup plus loin que l'héritage philosophique, et non moins de la deuxième, en tant qu'elle s'ingénie à traduire en termes rationnels la vérité catholique, au point que l'on pourrait prendre de tels développements rationnels pour de la stricte philosophie, entendons par-là une philosophie qui devrait tout à l'induction rationnelle mais rien aux informations venues de la foi.

En conséquence, la métaphysique vue depuis la troisième modalité est à la fois un élargissement de l'apport philosophique – mais ne peut se réduire à lui – au nom des nécessités de la vérité de la foi et de la théologie, et un resserrement de la théologie, en tant qu'il s'agit moins de présenter la doctrine sacrée avec l'aide de raisons que de manifester sa vérité selon des raisons, sans paraître s'appuyer sur la foi pour disposer les arguments, dans la mesure où la confirmation par la foi biblique de tous les arguments intervient à la fin des chapitres. La *Somme contre les Gentils* (livres I-III) est d'allure à ce point rationnelle qu'elle semble relever de la philosophie, mais ce serait s'abuser que de l'y réduire. La remarque vaut aussi pour toute notion rationnelle qu'un lecteur contemporain pourrait puiser chez Thomas pour en tirer un discours philosophique. Une telle entreprise en fausserait le sens. Elle rationaliserait une œuvre et un auteur qui s'y refusent à chaque instant.

2 – Prenons une position plus centrale et interrogeons le mode de la doctrine sacrée, celui de la *Somme de théologie*, qui illustre la *deuxième modalité* de la métaphysique, ou métaphysique *constituée*.

D'un côté, c'est ce qui la distingue, la doctrine sacrée produit à son profit de la métaphysique, une métaphysique qu'elle ne se contente ni de recevoir des philosophes (première modalité), ni de manifester selon des raisons (troisième modalité). Elle en produit, mais rarement à partir de rien. La métaphysique consiste non pas à se placer à un supposé niveau d'abstraction supérieur, mais à parler des choses mêmes, sous le rapport où elles sont de l'étant.

La doctrine sacrée a donc pour double fonction de *s'enrichir de métaphysique*, pour servir d'auxiliaire à la foi, et *d'enrichir la métaphysique* en la portant au-delà de ce que la philosophie peut en dire. C'est son œuvre que de définir les perfections divines plus loin que la philosophie, en profondeur et aussi en nombre. Thomas déclare que toute-puissance et providence, ainsi qu'un culte exclusif rendu à Dieu, relèvent des articles de foi et non de réalités qui furent accessibles aux philosophes par la seule raison[1]. C'est aussi son œuvre de dépasser le plan

1. *De Veritate*, qu. 14, a. 9, ad 8[m] : « Sed unitas divinae essentiae talis qualis ponitur a fidelibus, scilicet cum omnipotentia et omnium providentia, et aliis huiusmodi, quae probari non possunt, articulum constituit ». IIa-IIae, qu. 1, a. 8, ad 1[m] : « Multa per fidem tenemus de Deo quae naturali ratione investigare philosophi non potuerunt, puta circa providentiam eius et omnipotentiam, et quod ipse solus sit colendus ».

aristotélicien des substances (en acte par leur forme) ou celui, platonicien, de l'être même (pour désigner l'essence), et d'accéder à l'acte d'être par lequel sont les substances ; et de conduire ces mêmes étants à leur finalité par leur propre opération, laquelle est plus parfaite que leur seul acte d'être.

C'est l'œuvre de la doctrine sacrée que d'approfondir à propos de Dieu sa triple causalité exercée sur les créatures, efficiente, exemplaire et finale. Des notions préexistaient et ont été portées plus loin, ou bien au contraire ont été confectionnées pour traduire une vérité nouvelle. En conséquence, la métaphysique vue depuis la deuxième modalité propose le spectre le plus large possible : elle intègre, elle produit, elle préside à la manifestation. Les trois causalités divines se retrouvent en effet dans la troisième modalité, mais pas dans la première. Le docteur chrétien, en tant qu'il fait usage de métaphysique et aussi en tant qu'il la transforme, lui confère un domaine plus vaste que celui que lui lègue la philosophie.

Cela entraîne deux conséquences. La première est que la métaphysique produite par la doctrine sacrée ne gagne en rien à être étudiée en forme de séparation, comme s'il s'agissait d'extraire tel concept pour l'étudier à part, « en soi », pour le réinjecter ensuite. Opération artificielle, qui brise les liens qui l'unissent à l'écosystème qui le suscite ou lui permet de se développer. Il arrive en pareil cas qu'une telle extraction couvre le paradoxe d'une étude se voulant rationnelle (non théologique), mais au profit d'une attestation philosophique de ce qui est chez Thomas d'Aquin relié à la théologie (motif apologétique). Outre les confusions entretenues, l'inconvénient est encore supérieur de fausser la doctrine d'un auteur sur lequel pourtant on revendique de s'appuyer.

La seconde conséquence, symétrique, est que, vue depuis la deuxième modalité, la métaphysique selon la seule première modalité apparaît plus étroite. Lorsque le docteur chrétien revient à l'étude de la métaphysique d'Aristote ainsi que de celle des néoplatoniciens païens (ceux auxquels Thomas lui-même a accès, mais l'exercice vaudrait pour les autres), il s'oblige à ne plus parler de telle notion, ou bien à en parler en mode mineur, sans l'apport, dont il est informé, de la deuxième modalité.

S'agirait-il par hypothèse de présenter au public la métaphysique de Thomas d'Aquin, que faudrait-il y inclure ou au contraire en exclure ? Faut-il en parler depuis son déploiement maximal, mais au prix de l'indépendance de la philosophie sur certains points, ou bien au contraire sacrifier celle-ci pour parler aussi de tout ce dont celle-ci ne parle pas, et qui risque d'être chez Thomas d'Aquin ce qu'il a de plus génial ? La métaphysique qui dépasse déborde l'ordre de la science.

3 – La *première modalité* de la métaphysique demeure peut-être la plus difficile à saisir. Elle désigne tout ce qui, chez Thomas, appartient à la philosophie *intégrée* dans son œuvre et donc aux notions et aux auteurs qui, eux, relèvent d'une philosophie qui n'a rien à voir avec la foi. Thomas fait droit à tout ce qu'ils sont, il pousse le plus loin possible la rationalité à laquelle ils le convient. Il va même parfois plus loin qu'eux en fait d'intelligibilité et d'argumentation.

Si le *Livre des Causes* en sort modifié, Aristote, qui dans l'ensemble n'en a pas besoin, en sort parfois grandi, tout en demeurant la source opératoire de celui qui le commente. L'interaction joue à plein. Toutefois, ce pourquoi nous parlons de trois modalités de la métaphysique, et non, apparemment de façon plus évidente, de répartition entre philosophie et théologie, est que *ces trois modalités comportent chacune une certaine proportion de raison et de foi, même la première.*

En un sens, Thomas d'Aquin reconnaît aux philosophies qu'il intègre tout ce qu'elles comportent de rationalité. Il en épouse les méandres argumentatifs par le biais d'un type de commentaire dont la fonction est de ne rien laisser passer. Cependant, en un autre sens, Thomas juge ces philosophies au nom de la vérité, de la vérité philosophique et aussi de la vérité de la foi. Il arrive donc à Aristote d'être évalué, comparé, voire rectifié, à la lumière de la foi et parfois de la raison. Thomas en donne alors le motif et l'exprime rationnellement.

Même un travail philosophique ne s'affranchit jamais d'une vision plus intégrale de la vérité, du fait que celle-ci est plus étendue et pour une part autrement fondée. C'est pourquoi nous avons préféré parler, à propos de certaines démarches intellectuelles de Thomas d'Aquin, d'un point de vue adopté comme docteur chrétien.

Qu'en est-il de cet ensemble plus vaste de la vérité, y compris philosophique, *vu depuis la première modalité* de la métaphysique ? Si le champ de la métaphysique thomasienne est en priorité celui de la métaphysique païenne issue d'Aristote et au mieux de quelques écrits néoplatoniciens, à l'exclusion des Néoplatoniciens chrétiens puisqu'appuyés sur la foi (Denys, Augustin sous ce rapport, Damascène) ou sur un message religieux (Avicenne, Averroès, Maïmonide), un tel champ apparaît l'effet d'un *rétrécissement*, mais il semble présider plus légitimement à une métaphysique non mêlée de théologie.

Une telle supposition est d'ailleurs mélangée, s'il est vrai que Thomas place les trois derniers auteurs cités au rang de philosophes, quoiqu'ils soient instruits, notamment, d'une certaine idée de la création et de la providence, dont Aristote ne saurait se targuer. Lorsque Thomas parle des « philosophes », il entend tous ceux d'avant le Christ ; pourtant, il place aussi Avicenne, Averroès ou Maïmonide du côté de la philosophie. Passons sur ce point qui montre la complexité de celui vers lequel nous convergeons : à considérer la métaphysique dans les termes de sa première modalité, quel est l'*ordre* auquel elle prétend ?

Si Thomas considère le seul corpus aristotélicien, l'ordre scientifique de la *Métaphysique* ne pose pas de difficultés. Le sujet est déterminé, c'est l'étant en tant qu'étant. Son mode l'est aussi, ce sont les modalités de l'étant par soi : substance et accidents, acte et puissance, un et multiple, et la matière elle-même, en tant qu'elle est de l'étant. S'y ajoutent deux autres points de vue : toutes les sections préparatoires d'Aristote, dites par Thomas de discussion dialectique, censées déboucher sur des exposés plus scientifiques ; et, de son côté et à la fin, Dieu, comme cause transcendante du sujet mais relevant de plein droit de la science.

Ce mode se détermine aussi par contraste avec les autres types de sciences, d'où les exposés sur ces questions dans certains Prologues des Commentaires. L'ordre de la métaphysique, entendue comme cette science-là, donc, ne pose pas de difficultés, même si, en tant qu'il traduit les déroulés des ouvrages d'Aristote ou à plus forte raison ceux d'autres auteurs, il en idéalise la rigueur rationnelle d'exposition. Toutefois, un tel ordre de la métaphysique comme science se limite tout aussi bien au domaine qu'il exprime.

Qu'en est-il toutefois des domaines qui lui échappent ? L'ordre de la métaphysique comme science aristotélicienne n'intègre pas tout ce que Thomas d'Aquin expose comme matériaux métaphysiques. Ce sont ceux produits ou approfondis par la deuxième modalité, ou bien les raisons manifestées par la troisième, qui dépassent. La question est de savoir si et comment des notions comme le Dieu cause efficiente du monde, l'acte d'être des étants, l'opération de ceux-ci, y compris le problème du hasard sous l'action de la providence, ou simplement le bien en tant qu'Aristote ne le thématise pas en métaphysique, trouvent ou ne trouvent pas leur place dans l'ordre de la science tel que les exposés de méthode thomasiens le décrivent.

On forcerait les textes à faire entrer toutes les notions de la métaphysique dans son ordre annoncé. Thomas ne cherche pas à le faire, il ne récuse cependant rien. Chez lui, *les thématisations de méthode ne couvrent pas toute la matière*. L'ordre de la métaphysique comme science, tel qu'il l'expose, correspond à celui de la *Métaphysique* d'Aristote. Toutefois, trop d'apports débordent cette œuvre, à commencer par l'idée, si prégnante chez Denys, de la primauté de Dieu comme bien, d'où celle du bien sur l'être. De deux choses l'une : ou bien Thomas se saisit de ces énoncés mais, du fait de la disparité de leur provenance et donc aussi du sort que lui-même leur réserve, ne cherche pas à les ranger sous la détermination de la science aristotélicienne ; ou aussi, et ce n'est pas exclusif, Thomas élargit son propre domaine métaphysique en doctrine sacrée, avec les thèmes que celle-ci exige, et l'on revient aux trois modalités de la métaphysique, façon de préciser que n'existe pas que la première.

Donc, du côté de la première modalité, les deux autres dépassent de l'ordre de la science. Réciproquement, du côté des deuxième et troisième modalités, la première ne couvre pas l'ordre. Les trois modalités ont voulu exprimer comment la métaphysique déborde son propre territoire, parce qu'elle s'élargit du fait de la théologie et pas seulement en vertu de ses propres principes.

Doit-on, en définitive, parler d'évolution dans la saisie thomasienne des méthodes en métaphysique ? Il n'y a pas d'évolution au sens où Thomas aurait changé de direction. En revanche, il y en a une, si l'on considère qu'il répond successivement à différentes nécessités, et aussi qu'il n'offre pas, sous ce rapport, de synthèse.

1) Confronté dès le début de sa carrière à Boèce et à la nomination de la troisième science spéculative comme « partie théologique », il parvient à dévier le sujet de la science, censé être Dieu, en plaçant celui-ci hors-sujet (mais non hors-science), du fait que, selon lui, le choix est déjà supposé d'une science de l'étant en tant qu'étant.

2) De façon plus dispersée par la suite, il manifeste la production de ce choix, ainsi que les considérants qui sont les siens : relève de la métaphysique et non de la physique le soin de l'origine des choses (*SCG* II, chap. 37, § 1) ; la théologie qui est une partie de la philosophie diffère selon le genre de science de celle qui relève de la doctrine sacrée (Ia, qu. 1, a. 1, ad 2^m), etc.

3) C'est enfin à l'occasion des *Commentaires* d'Aristote que Thomas expose l'organigramme des sciences, et l'ordre de la métaphysique.

Plus qu'évolution, Thomas procède par mode de précisions, comme si l'occasion faisait la doctrine, ou du moins l'obligeait à l'approfondir, peut-être à prendre position. En revanche, Thomas ne cherche pas à répartir certaines notions soit en philosophie, soit en théologie. Il s'intéresse aux choses mêmes et aux énoncés qui les concernent. Dans les œuvres dites philosophiques, les autorités théologiques sont évitées. Dans les œuvres dites théologiques, les concepts et les autorités philosophiques sont sollicités à l'envi, selon un statut d'auxiliaires. Dans les œuvres philosophiques encore, les positions thomasiennes apparaissent et produisent l'équilibre du commentaire lui-même, mais de façon retenue, parfois bridée, sans prendre le pas sur le texte commenté, sauf lors de certaines interventions en faveur de la foi catholique, rares mais caractéristiques, mobilisant alors telle notion portée plus loin par Thomas (Dieu comme cause efficiente à propos d'Aristote).

Chez Thomas d'Aquin, une même notion se nourrit aussi bien de philosophie que de théologie ou, pour mieux dire, de raison que de foi.

CONCLUSION

Les doutes entretenus sur la métaphysique ne se comptent plus. Pourtant, elle fait de la résistance. Dans son discours de réception à l'Académie française, Barbara Cassin déclare : « L'ontologie est une sophistique qui a réussi »[1].

Pierre Aubenque avait déjà réduit la tentative d'Aristote à une pratique du langage, sur fond d'échec de la métaphysique. Ici, avec cette apparente réussite, il ne s'agit plus seulement d'une carence d'analogie de l'être, mais d'un détournement. La sophistique, dans l'art de gagner sa cause, joue avec dextérité de semblances d'universels, d'une sagesse apparente, de paradoxes et de paralogismes, où le verbiage et le trop vite appris remplacent l'argumentation[2]. Cependant, la métaphysique n'est ni de la prestidigitation langagière, ni un fourre-tout des principaux concepts.

Celle de Thomas d'Aquin présente une extension multiple, à trois modalités, mais aussi selon des termes et donc des limites. Elle préside aux autres sciences philosophiques (sans les remplacer) en leur assignant des

1. B. Cassin, *Discours de réception à l'Académie française*, 17 octobre 2019, vidéo sur le site de l'A. F. (à 29'40"), ou Paris, Fayard, 2020, p. 66.
2. Aristote, *Organon* VI, *Les réfutations sophistiques*, *passim*.

principes, toutefois elle cède le pas à la doctrine sacrée (sans être étouffée par elle mais, au contraire, promue). Elle n'a pas réponse à tout, mais elle se trouve partout. Absente, l'équilibre vacillerait.

Trois ultimes questions se posent.

TRANSCENDANTAUX COMMUNS OU BIEN UNIQUE DIEU CAUSAL ?

La métaphysique se refuse chez Thomas au triomphe de ces idées dites universelles mais au socle inductif trop mince pour établir aucune nécessité que ce soit. D'ailleurs, s'agit-il d'établir des universels abstraits dont tout pourrait se déduire, passant ainsi d'un étage noble à des applications trop concrètes pour en être issues ? Au point que l'on est fondé à penser que ces universels présumés sont moins des causes que des effets.

S'il est vrai, selon l'analyse d'Olivier Boulnois sur la refondation de la métaphysique par Duns Scot, que celui-ci érige les concepts communs en réalités premières, inversant ainsi notamment les positions de Thomas d'Aquin, en effet la métaphysique devient une science de l'universel, des concepts surplombant le réel. Elle se structure alors selon les transcendantaux, qui acquièrent une place de premier plan. Une telle place, nous ne l'avons pas trouvée chez Thomas, dans la lignée de ceux (Wippel, Imbach) qui estiment que si, chez lui, les transcendantaux sont spéculativement élaborés, cependant ils ne se présentent pas (pas encore) comme des principes de distribution de la métaphysique elle-même. La Question la plus détaillée de Thomas à leur sujet, à propos du bien, conduit les transcendantaux, d'article en article, de leurs articulations mutuelles à leur dépendance en regard de la cause première (intégrant et dépassant un point de vue plus platonicien :

Augustin, Boèce)[1]. Pour autant que le bien, l'un, la chose, le vrai désignent des réalités assez communes aux étants pour être décrites comme des *modes* de l'étant[2], ces concepts ne sont pas des principes dont tout serait supposé se déduire. Thomas garde à l'expression qu'il réécrit d'après Denys, « le bien est diffusif de soi », son identité d'attribut divin, et non celle d'une causalité qu'exercerait le concept de bonté ; ou bien, précise-t-il, au sens large[3]. C'est Dieu qui est le bien et qui exerce une cause efficiente, exemplaire et finale. Pour le bien en général, c'est la substance qui est bonne et qui exerce à sa mesure une causalité[4].

Les principes eux-mêmes ne sont surtout pas des réservoirs de déduction. Du premier d'entre eux, dit de contradiction, rien ne peut se déduire. Comme le disait Gilson, un tel principe ne produit rien, en revanche il accompagne tout discours et c'est en cela qu'il est principe, car tout discours qui se contredit se condamne lui-même. Ainsi en va-t-il des noms dits transcendantaux : ils sont une manière commune de décrire des substances ou des accidents qui, eux, sont de l'étant, sont bons, uns, vrais, etc. La tentation de l'esprit est de renverser la réalité, et de la faire naître des concepts, fussent-ils au préalable reçus du réel par abstraction[5]. Un pareil effet de simplification satisfait une propension à asseoir une

1. *De Veritate*, qu. 21.
2. *Ibid.*, a. 1, corpus.
3. *Ibid.*, a. 1, ad 4^m ; d'après Denys, *Les Noms divins*, IV, 20.
4. Ia, qu. 5, spéc. a. 4.
5. É. Gilson, *Constantes philosophiques de l'être, op. cit.*, p. 53-84, et p. 100 (pour le principe de contradiction) ; p. 68 : « L'être commun est une abstraction sans plus de réalité qu'un être de seconde intention, objet de la logique. C'est celui qui permet au logicien et au dialecticien de mimer le métaphysicien ».

doctrine sur des principes les plus universels possibles (à défaut d'avoir élargi l'expérience des faits), pour en tirer rigueur et nécessité (alors qu'ils ne sont nécessaires que si les choses dont ils parlent le sont elles-mêmes).

Ce n'est donc pas un hasard si le renversement de Scot a fini par refluer sur la réception de la métaphysique de saint Thomas, malgré l'un et malgré l'autre. Aucun thomiste ne saurait s'avouer sans frayeur une telle crue du scotisme, mais il n'est pas rare que l'examen d'un problème chez Thomas se prévale d'une quête initiale de l'abstraction : outre le *concept* d'étant, censé présider à un traité de métaphysique (mais lorsqu'il tient ce rôle, c'est de Scot à Wolff), autrement dit une antécédence d'un acte de l'esprit sur la considération des êtres, il en va de même d'autres qualifications transcendantalisées. Ainsi peut-on partir du bien en général pour établir un bien particulier (incarner, dans la lumière du bien pris comme principe, telle bonté, alors que c'est d'elle qu'on est parti : le bien commun politique, etc.), ou encore de l'un, ou même du vrai, sans oublier, si l'on y tient, quelques considérations sur le beau. Maladresses historico-spéculatives, certes, mais qui révèlent des carences plus profondes, plus en contradiction avec les projets avoués : si Thomas d'Aquin est choisi comme guide de l'étude, il n'est pas de bon aloi de le scotiser dans l'établissement du mode de démonstration; si c'est Dieu qui est le premier étant, ou le bien le plus parfait, il ne sert à rien réciproquement de laïciser ce Dieu concret en un pseudo-universel (nommé être absolu, bien en soi, etc.), lequel cependant joue le même rôle que lui, un principe de connaissance remplaçant un principe d'être et même le principe de tout l'être, c'est-à-dire *un rôle causal*.

Telle est l'illusion majeure qui menace la métaphysique que l'on prétend puiser chez Thomas d'Aquin : prendre des concepts pour des étants existants, du moins au nom de la fonction qu'ils sont sommés de tenir. Peut-être par goût du philosophe pour l'abstraction, peut-être aussi par une volonté de sécularisation du discours, sur fond de timidité à l'idée d'arrimer des pans de la philosophie au Dieu biblique et créateur.

À la place de Dieu, les universels, ou les principes sollicités pour l'occasion, *jouent le rôle de cause première*, laquelle est chargée de produire des effets, des causes secondes, ou des actions. Comme une telle cause première n'est pas une vraie cause, et prétendue première parce que commune, demeure la sourde impression d'une causalité qui n'est telle que d'un point de vue lui-même conceptuel. Aristote n'avait pourtant pas tort, contre Platon, de rétorquer que la participation n'est qu'un mot vide de sens et une métaphore poétique : car les idées en soi des choses n'existent pas, et ne causent rien[1].

Un tel glissement, appliqué à Thomas d'Aquin, relève du paralogisme. Ainsi grevée, la démarche elle-même finit par ressembler, malgré qu'on en ait, à l'évolution qui fut celle de la métaphysique classique de Scot à Kant, selon une marche à l'essentialisation qui a par degrés remplacé la *cause efficiente* (un Dieu cause première des étants) par la *raison suffisante*, telle que thématisée par Leibniz, laquelle instaure nécessairement des essences devenues les raisons des choses[2]. Le plus piquant est que le goût pour la raison suffisante a infesté certaines reprises du

1. Aristote, *Métaphysique* A, 9, 991a21-23.
2. V. Carraud, *Causa sive ratio, La raison de la cause, de Suarez à Leibniz*, « Épiméthée », Paris, P.U.F., 2002.

thomisme au XXᵉ siècle, notamment celles de la néoscolastique allemande. Il répond au goût de l'esprit pour ses propres productions, avec des universels pour gouverner le concret.

Ce n'est donc pas une mince affaire de revenir à la façon dont Thomas considère la métaphysique, si l'on finit par admettre qu'il ne coche pas toutes les cases d'un certain désir de rationalité, celle-ci envisagée non plus par rapport à la foi, mais plutôt en regard de la saisie des êtres concrets. Thomas refuse de laisser les universels dominer les étants, même en métaphysique, même en théologie, a fortiori ailleurs. La séparation est davantage que l'abstraction, et la contemplation l'emporte sur la spéculation.

MÉTAPHYSIQUE DE THÉOLOGIEN OU MÉTAPHYSIQUE DE PHILOSOPHE?

Les débats parisiens du XIIIᵉ siècle, en particulier le prurit d'indépendance de la faculté des arts face à la faculté de théologie, ont suscité la montée d'une philosophie dépendant le moins possible de la théologie, toutefois dans les termes, aujourd'hui presque inimaginables, d'un monde de clercs, et à propos de thèmes issus pour la plupart de la théologie elle-même. Naissance de la figure de l'intellectuel (comme avec une certaine exagération on a pu la qualifier), cette volonté d'indépendance fut à la fois institutionnelle, thématique et méthodologique. Thomas, qui n'a pas voulu s'engager en ce sens, apparaît toutefois plus riche en philosophie que ne le furent ces purs philosophes, lesquels en retour, comme Siger de Brabant pour ses propres *Questions sur la Métaphysique* (1273), n'ont pas hésité à s'inspirer de lui.

Après les condamnations de 1277, une partie de ce courant se développe loin de Paris, plutôt Outre-Rhin (Dietrich de Freiberg, Maître Eckhart), ou bien choisit au fil des siècles des voies non-universitaires pour échapper à certains contrôles (Dante, Érasme, jusqu'au rire anti-scolastique de Rabelais). Quelque chose de cette sève a irrigué les évolutions de l'histoire de la philosophie médiévale au cours du XXᵉ siècle. Partie de ce qu'on a appelé « le théologisme » de Gilson (consistant à restituer le meilleur de la philosophie dans un projet théologique), elle a évolué vers sa figure inversée, un « philosophisme ». Celui-ci consiste non seulement à valoriser la spécificité de la philosophie, mais aussi à lire la théologie comme une philosophie, soit comme une étape de « l'histoire de la raison » (Vignaux), soit du moins à lire la théologie « en philosophe » (Imbach). De semblables démarches sont profitables, dès lors que le choix d'un angle d'étude n'aboutit pas à une réduction de l'auteur étudié.

S'il fallait interroger Thomas d'Aquin selon ces questions, il en résulterait un réseau de réponses, toutes vraies si elles le sont ensemble :

1) Thomas fait *de la théologie en théologien*. Il appuie la doctrine sacrée sur les fondements qui sont les siens : Écritures, Conciles, Pères. Tout développement théologique est subordonné à ces autorités, de façon proportionnée à chacune. La rationalité est interne à la doctrine sacrée, elle est suscitée par elle.

2) Thomas fait *de la philosophie (et spécialement de la métaphysique) en théologien*. Il accueille, produit et manifeste des développements rationnels en contexte théologique, au point qu'il est souvent difficile de démêler leur identité.

3) Thomas fait *de la philosophie en philosophe*. À l'instar d'Albert le Grand, il assimile l'héritage des anciens philosophes, et les commente philosophiquement, poussant parfois la rationalité plus loin que les philosophes eux-mêmes, quoi qu'il en soit du contrôle chrétien qui est aussi le sien. Tout cela se pondère.

4) En revanche, Thomas fait-il aussi *de la théologie en philosophe*, au sens où il introduirait dans la théologie chrétienne un mode philosophique, une réduction du révélé aux conditions de possibilité de la raison ? Ce serait se tromper de perspective[1].

CE QUE LA MÉTAPHYSIQUE DE THOMAS D'AQUIN NE PEUT PLUS ÊTRE ET CE QU'ELLE POURRAIT INSPIRER

Le lecteur parvenu au terme de ce livre en conçoit peut-être une impression partagée : d'un côté, il prend la mesure de ce dont il ne faut plus créditer Thomas d'Aquin en fait de métaphysique ; de l'autre, il tâche au contraire de se faire une idée de ce à quoi il faut tenir, tant pour restituer cet auteur que, le cas échéant, pour en tirer pour soi-même des leçons d'actualité. D'où, peut-être, l'hésitation qui le saisit.

Un tel partage d'impression n'est pas sans fondement, mais il convient de dire la vérité. La supposée déconstruction de certains modèles métaphysiques – en tant que prêtés sans légitimité à Thomas d'Aquin – ne date pas

---

1. Toujours renaissante, l'accusation de rationalisme adressée à Thomas d'Aquin s'enracine dans une ignorance coupable. Un tel faisceau de contresens relève d'une position idéologique anti-iconique, et n'a plus rien à voir ni avec la théologie, ni avec la philosophie, ni avec Thomas. À moins qu'il s'agisse aussi de règlements de comptes personnels, diversement motivés, plutôt visibles, parfois risibles, mais qui échappent au souci scientifique.

d'aujourd'hui. Si notre conviction est qu'une telle critique préalable est plus que jamais nécessaire, c'est que les modèles rétroactifs perdurent parfois et maintiennent la confusion. Il fallait donc présenter ensemble, et articuler en conséquence, les acquis de la recherche du demi-siècle qui vient de s'écouler : sujet de la science, place de Dieu, identité de l'analogie, structure de l'être, différenciation des auteurs, etc.[1].

Ces notions restituées à leur naturel thomasien, grâce à la dissolution de certaines surcouches, retrouvent leurs couleurs d'origine, comme les fresques du plafond de la Chapelle Sixtine après une campagne de restauration (1984-94) qui avait d'abord fait pousser les hauts cris : « Ils en ont trop enlevé ! ». Le résultat est à ce point convaincant, avec ses jaunes citronnés, ses verts acidulés et autres couleurs rendues à leur éclat, que presque tous les opposants se sont tus. Il en va de même pour les notions principales de la métaphysique thomasienne : elles furent décapées progressivement, par secteurs, heurtant des décennies

---

1. Sur l'éloignement contemporain des médiévistes de tout thomaso-centrisme, de surcroît sous influence gilsonienne : C. König-Pralong, « L'histoire de la philosophie médiévale depuis 1950 : méthodes, textes, débats », Paris, *Annales de l'EHESS* 64 (2009/1), p. 143-169. K. Flasch, *Introduction à la philosophie médiévale*, Paris-Fribourg, Cerf (1992[1]), 2010[2] (avec une nouvelle pagination), Postface de 2002, p. 304 : « Ce qu'il fallait en revanche faire saisir au lecteur de cette *Introduction*, c'est que, contrairement à ce que les thomistes ont dit de lui, Thomas n'était pas un "maître pour tous les temps", mais simplement un auteur parmi d'autres. La position exceptionnelle qu'il occupe, due à des raisons de politique ecclésiale – et qui fut l'œuvre diffusée par une pensée anhistorique, depuis l'Encyclique *Aeterni Patris* du pape Léon XIII jusqu'à *Fides et ratio*, ne fait pas autorité dans le cadre du travail historique. Il n'y a donc chez moi aucun "procès" contre Thomas, mais une simple mise en ordre séquentielle, qui le place après Albert le Grand à côté d'autres philosophes de son temps ».

d'habitudes revêtues du noble titre de tradition. Il s'agissait, le plus souvent, de dégager Thomas de trois modèles structurants postérieurs, autrement fondés et devenus inconscients de leur disparité :

1) Le modèle de Cajetan, au moins pour son « concept analogue », correspondant d'ailleurs à une première période de cet auteur, et dressé contre le concept univoque de Scot. Son *De Nominum analogia* (1498) faisait autorité, du fait d'être un livre dédié au sujet au compte de saint Thomas, mais tiré vers un néo-aristotélisme de type antiscotiste.

2) Le modèle de Suárez, dont l'ordonnancement de la science en forme de déduction à partir du concept d'étant, suivi des transcendantaux, des principes, des causes, des structures de la substance, et puis de Dieu, ont pu fournir un modèle scolaire (catholique ou protestant), jusqu'à Wolff, pour toutes les modernités scolastiques, surtout jésuites, donc par extension chez presque tout le monde.

3) Le modèle d'une métaphysique séparée, plus subtilement, selon lequel la métaphysique peut et doit se constituer entière avant la théologie, en outre dans le but de soutenir celle-ci, distinguant ainsi un « ordre naturel » et un « ordre surnaturel »[1]. Cet « ordre naturel » en tant que revendiqué existe depuis longtemps, on le trouve chez

---

1. Suárez, (*Disputes métaphysiques*, Proème et Dispute I, I, 1, 1 et I, 19, trad. fr. J.-P. Coujou, Paris, Vrin, 1998, p. 47-50) circonscrit la philosophie comme sagesse « à l'intérieur de l'ordre naturel (*intra naturae ordinem*) » et comme « théologie naturelle (*naturalis theologia*) », « puisqu'elle étudie Dieu et les choses divines, à partir du moment où cela est possible à la lumière naturelle (*ex naturali lumine*); c'est pourquoi on l'a appelée aussi métaphysique » (p. 49 et p. 56-57); à la différence de la « théologie surnaturelle (*supernaturalis theologia*) » (p. 47).

Boèce de Dacie, chez lequel il préside à la « vie philosophique »[1].

De tels modèles ont en métaphysique une importance plus radicale que pour d'autres disciplines, parce qu'ils sont placés en amont et gouvernent les principes de la science. Comme la métaphysique se règle presque entière dès les principes, la bifurcation imposée à la matière est donc immédiate.

La métaphysique de Thomas d'Aquin ne peut plus se présenter selon des schèmes qui ne lui conviennent pas, ce que les études de philosophie médiévale ont confirmé de plusieurs façons : confirmations pour Thomas lui-même mais aussi pour les autres Médiévaux, et de façon plus évidente encore sur les auteurs des siècles suivants, de l'époque baroque jusqu'à la modernité classique. Tout ce que l'on a pu ajouter à Thomas se trouve légitimement chez eux, pour des motifs de déplacements doctrinaux, de controverse, d'évolution des idées. L'histoire des scolastiques tardives donne lieu à des études indispensables, mais elle est encore loin de procurer une synthèse des auteurs et des problèmes, tant en philosophie qu'en théologie. Nul n'est tenu de se limiter à l'histoire des idées, mais nul ne pourrait se légitimer sans elle. On se condamne sinon à des attributions aussi naïves que confuses. Pour quiconque puise dans Thomas d'Aquin une vérité et donc une doctrine vivante, son passage en métaphysique gagne à ne pas régresser vers des modélisations ou des extensions qui l'en éloignent au lieu de l'en rapprocher.

---

1. Boèce de Dacie, *Du Souverain Bien*, *op. cit.*, § 37-1, p. 144 (« De summo bono seu de vita philosophica »), et § 31, p. 164 (« secundum rectum ordinem naturae »).

En revanche, s'ouvrent des perspectives de recherche. Tant au plan de l'histoire des doctrines que dans une perspective d'actualisation, bien des domaines limitrophes, ou plutôt communs, entre philosophie et théologie, attendent l'heure d'un nouveau traitement : le statut de l'éthique thomasienne (en son principe et en ses nombreuses applications) ; l'usage des notions issues de la philosophie et reprises en théologie au point d'en être modifiées (substance, nature, accidents, etc.).

Notamment, le champ de la relation, laquelle est un accident c'est-à-dire tout de même de l'étant par soi, caractérise le concept de personne. L'altérité de la personne ne va pas sans son support substantiel et, réciproquement, la personne n'est pas une substance sans ouverture relationnelle. Selon Thomas, la théologie de la Trinité oblige à poser les *relations d'origine*, qui depuis Augustin distinguent et ordonnent entre elles les personnes de la Trinité (Père, Fils, Saint-Esprit), comme des *relations subsistantes*[1]. Elles se fondent sur la simplicité de la substance divine, laquelle en retour permet de pousser au maximum leurs distinctions mutuelles sans rompre l'unité de Dieu. Ces relations trinitaires dites subsistantes se détachent ainsi du statut d'accident des substances intra-mondaines[2].

---

1. Ia, qu. 29.

2. E. Housset, *La vocation de la personne. L'histoire du concept de personne de sa naissance augustinienne à sa redécouverte phénoménologique*, « Épiméthée », Paris, P.U.F., 2007. Retrace la généalogie de l'idée de personne jusqu'à sa reprise contemporaine, avec pour Thomas la manifestation de l'entrelacement de la métaphysique et de la théologie (p. 35, 158, 180 *sq*., 198), l'individuation de la substance humaine par l'acte d'être, l'intellect et la liberté et non par la seule matière (p. 163 *sq*., 227 *sq*.), la compréhension de la substance par celle de la personne plutôt que l'inverse (p. 191), de la substance divine à partir

Métaphysique et théologie, science du nécessaire et science du contingent

Demeure une question, naguère soulevée au bénéfice de la théologie par Marie-Dominique Chenu. Celui-ci établit une différence entre l'héritage métaphysique grec, marqué par la *nécessité* (celle d'une fatalité du monde, ou au minimum celle des essences), au lieu que la foi chrétienne a su en rompre la rigueur, avec la considération de la *contingence* inscrite dans le dessein divin : liberté de Dieu de créer, et de créer tel monde et tels êtres, et surtout contingence de ses propres interventions et révélations successives au cours de la pédagogie biblique, ponctuée suprêmement par l'Incarnation du Christ. Celle-ci marque *un avant et un après*, qu'aucune nécessité ni divine ni humaine ne dicte. Selon un thème qui était cher au P. Chenu, le christianisme a instauré le principe même d'une *histoire*.

Longtemps, on a pu reprocher à Thomas d'Aquin de manquer de sens de l'histoire, du fait de sa théologie supposée préférer les essences. C'était deux fois se tromper. Au-delà d'un recadrage de sa métaphysique, des études plus précises (Torrell) ont au contraire rendu manifeste le sens de la contingence qui est le sien en théologie, lequel se traduit notamment par le soin porté à ses exposés bibliques (notamment, pour la *Somme de théologie*, la création en six jours, la loi ancienne puis nouvelle, les trente-trois questions sur la vie du Christ, et bien sûr les

d'elle-même et non à partir de la personne humaine, d'une analogie qui échappe à toute ontothéologie univoque à venir (p. 197) ; mais aussi, pour sa problématique générale, avec une opposition entre relation et substance (p. 497 *sq.*) qui doit davantage à Heidegger (lequel écarte le concept de personne, p. 377 *sq.*) Pour une reprise thomiste du thème, M. Raffray, *Métaphysique des relations chez Albert le Grand et Thomas d'Aquin*, « Bibliothèque thomiste », Paris, Vrin, 2023.

Commentaires bibliques eux-mêmes). Il se traduit aussi par le poids croissant conféré aux opérations humaines libres à l'intérieur du gouvernement divin, ainsi que par l'importance de la factualité des actions divines liées au salut du genre humain (les motifs de l'incarnation)[1].

Certes, il ne faut pas pousser trop loin chez un Médiéval le thème moderne de l'histoire (lequel inversement peut n'être qu'une exténuation sécularisée de cette théologie du salut), ni le reproche de ne point l'y trouver.

En revanche, la question pourrait se poser de savoir si l'influence de la doctrine sacrée selon Thomas sur sa métaphysique contribue à ouvrir celle-ci au domaine du contingent, sinon au thème de l'histoire du moins à une certaine consistance accordée au concret, aux singuliers, aux actions, ou bien si au contraire elle demeure au plan de la rationalité, du nécessaire, de la science des causes. La prudence s'impose. Toutefois, plusieurs facteurs vont dans ce sens, dès lors que l'on considère la métaphysique dans son extension, selon ses trois modalités et pas seulement selon la première. La volonté divine de donner l'être ouvre un champ de contingence. Elle aboutit à la possession par chaque étant de son acte d'être et de son agir, qui n'ont rien de nécessaire, au lieu que les essences,

---

1. S'explique ainsi la réserve de Thomas sur le caractère immaculé de Marie dès sa conception, dans la mesure où elle aurait ainsi échappé au salut opéré par le Christ, dont l'existence terrestre et les actions salvatrices restaient à venir (IIIa, qu. 27, a. 1-2). Une chronologie rétroprojetée sur elle par le fait d'un concept de rédemption auquel elle serait soumise ne pouvait rendre compte pour Thomas de la vérité des actions divino-humaines du Sauveur. La Vierge est-elle donc préservée du péché originel dès sa conception *en vertu* ou bien *en vue* du Christ ? La formulation dogmatique de 1854, *Ineffabilis Deus*, pourtant créditée d'une influence scotiste, écrit : « en vue ».

auxquelles Thomas n'a aucune raison de renoncer, présentent un certain ordre de nécessité ; mais celle-ci est aussi conditionnelle que postérieure au dessein divin de créer et de gouverner. Les opérations des créatures libres en vue de leur finalité échappent au nécessaire, car la volonté divine est une cause « qui transcende l'ordre de la nécessité et de la contingence dans les créatures »[1]. Thomas s'est suffisamment battu contre le nécessitarisme et l'occasionnalisme, notamment musulmans, s'appuyant notamment sur Maïmonide et son sens biblique de la volonté divine, pour qu'aucun doute demeure à ce sujet.

Il en va de même de la prédestination, volonté divine de sauver tous les hommes, et de la réponse libre de la créature, mais seule la théologie peut alors imposer aux notions philosophiques impliquées un tel équilibre.

Si le hasard désigne chez Aristote un événement advenu selon une cause par accident pour des choses susceptibles d'être produites en vue d'une fin[2], qu'en est-il dès lors que Dieu connaît et gouverne tout ? Pour Thomas, la providence divine n'élimine pas le hasard, mais au contraire l'exige :

> L'ordre de la providence divine demande qu'il y ait un ordre et une gradation dans les causes. Or, plus une cause est d'un rang élevé, plus son pouvoir est grand : aussi sa causalité s'étend-elle à davantage <d'effets>. Or l'intention d'une cause naturelle ne s'étend jamais au-delà de son pouvoir, car ce serait en vain. Il faut donc que

---

1. *Expositio libri Peryermenias*, I, 14, Léonine, t. I*1, p. 78b : « Secundum harum condicionem causarum, effectus dicuntur uel necessari uel contingentes, quamuis omnes dependeant a uolontate diuina sicut a causa que transcendit ordinem necessitatis et contingencie ». La volonté divine n'élimine en rien la part de « nécessité absolue » pouvant se trouver dans les choses créées du fait de leurs principes propres : *SCG* II, chap. 30.

2. Aristote, *Physique*, II, 5-6.

l'intention d'une cause particulière ne s'étende pas à tout ce qui peut arriver. Or, ce qui fait que des choses arrivent par hasard ou fortuitement, c'est que des choses surviennent hors de l'intention des agents. L'ordre de la providence divine exige (*exigit*) donc qu'il y ait du hasard et de la fortune dans les choses[1].

L'approfondissement chez Thomas de l'autonomie des créatures sous la conduite de la causalité divine est tel qu'il en est venu à estomper la mention du schéma de sortie et de retour (*exitus, reditus*) des créatures à partir de Dieu[2].

Ce schéma ouvre *l'Écrit sur les Sentences*, pour clarifier le plan de Pierre Lombard. Il annonce encore les divisions de la *Somme contre les Gentils*. Il disparaît paradoxalement au lieu où Chenu en a le premier thématisé l'importance, à savoir dans la *Somme de théologie*. Thomas le remplace par les causalités divines, efficiente, exemplaire et surtout finale, en tant que Dieu comme fin suscite la participation des créatures à l'acquisition de leur propre bien. En revanche, le schéma de sortie et de retour, d'utilisation néoplatonicienne païenne (Plotin, ce que Thomas ignore, mais il le reçoit par d'autres), décrit une nécessité. Même sa version deux fois christianisée, la première avec son réemploi par Denys, et la seconde interprétée en termes bibliques par Albert (Dieu est l'Alpha et l'Oméga, selon *Apocalypse* 22, 13, ce qui plaide pour une origine chrétienne du schéma lui-même), semble ne plus le satisfaire. Le schéma reste marqué de nécessité, il n'inclut pas assez la contingence des actions divines ni a fortiori celle des opérations humaines. Une confirmation de l'abandon discret par Thomas de la mention du schéma pourrait être

1. *SCG* III, chap. 74, § 6, trad. fr. cit., p. 261 ; « Ordo igitur divinae providentiae exigit quod sit casus et fortuna in rebus ».
2. T.-D. Humbrecht, *Thomas d'Aquin, Dieu et la métaphysique*, *op. cit.*, p. 483-500.

qu'il peut le lire aussi chez Avicenne dans sa *Métaphysique*, pourtant dans une perspective de création, mais marquée de la nécessité propre à Avicenne : il ne le cite jamais[1]. En revanche, Thomas maintient le mouvement de la courbe de descente et de remontée, tel qu'on le devine du plan de la *Somme de théologie*.

Nécessité ou contingence, philosophie ou bien théologie? Selon Aristote, que Thomas ne met nullement en cause, il n'est de science que du nécessaire, il n'y a pas de science du contingent[2]. C'est l'une des raisons pour lesquelles la théologie fondée sur l'Écriture ne relève pas du même genre de science que celle fondée sur la raison[3]. Sans quoi la doctrine sacrée ne serait pas une science du tout, puisqu'elle ne répond pas au critère aristotélicien de la nécessité.

Peut-on alors supposer que la doctrine sacrée et son sens de la contingence ont pu refluer sur la métaphysique, attachée à ce qui est premier et commun? Nous donnons deux suggestions.

La première est que, à parcourir le champ métaphysique thomasien, déployé selon les trois modalités (intégrée, constituée, manifestée), Thomas d'Aquin enrichit ou même renouvelle certaines notions philosophiques d'après des données instruites de doctrine sacrée. Dans cette perspective, si la forme substantielle aristotélicienne conserve la part de nécessité de l'essence comme forme, en revanche l'acte d'être, effet propre de l'acte créateur pour chaque étant, comporte la part de contingence qui est celle de chaque créature posée dans l'être et continuant à se

---

1. Avicenne, *Liber...*, I, 4, A27, p. 30-31.
2. Aristote, *Métaphysique*, K, 1, 1059b26-27; *Seconds Analytiques*, I, 33, 88b, 30-32.
3. Ia, qu. 1, ad 2^m.

développer. Davantage, l'idée même de causalité efficiente, rapportée à l'acte créateur divin, postule suprêmement la volonté libre de Dieu. La *deuxième modalité* de la métaphysique, s'il en est ainsi, fait entrer la contingence en métaphysique.

La seconde suggestion tient au contraire que, à contraindre la métaphysique dans les limites du type de science par lequel elle se définit, l'étude de l'étant en tant qu'étant, la contingence et l'histoire n'y trouvent guère leur place. Thomas le sait, il commente Aristote ou les Platoniciens au mieux de ce qu'ils ont à donner, sans les contraindre, en les qualifiant toutefois de découvreurs de la donation de tout l'être par la volonté divine, ultime équilibrage de la raison par la foi. La *première modalité*, s'il en est ainsi, confère à la métaphysique son statut de science, au risque de la rendre impénétrable au genre de contingence et de singularité qu'apporte le voisinage de la doctrine sacrée.

Ajoutons que la manifestation selon des raisons de la vérité de la foi catholique, propre à la *troisième modalité*, n'aboutit cependant pas à durcir de nécessité les énoncés de la foi, puisqu'elle s'appuie sur eux. La raison est seconde par rapport aux vérités qu'elle traduit. Elle n'est pas fondatrice. C'est pourquoi la réduction de la *Somme contre les Gentils* (I-III) à un ouvrage de philosophie présente un écueil paradoxal de raidissement rationnel vers un certain nécessitarisme des notions, au lieu que cet ouvrage approfondit les raisons de la contingence.

Une telle bipolarité entre nécessité (la rigueur rationnelle attachée au caractère scientifique) et contingence (les événements libres du dessein créateur et sauveur de Dieu) ne fait pas que reconnaître une différence entre raison et foi, elle contribue à renforcer celle-ci entre ce qui va s'appeler philosophie et théologie. Le souci montant qui caractérise la pré-modernité puis la modernité classique de privilégier la raison et donc l'universel (nécessaire a priori, ou même l'étant possible), constitutives d'une science digne de ce nom, va peu à peu infléchir la métaphysique, isolée dans sa première modalité, elle-même entendue selon une scientificité renforcée et la représentation des concepts, et y entraîner la théologie, avant de les faire trébucher l'une et l'autre.

Tout cela montre combien subtil est l'équilibre entre la raison qui refuse d'intervenir sur son objet et celle qui entend le maîtriser.

Ici s'achève cette Introduction, avec trois souhaits : orienter le lecteur vers de plus consistants exposés, surtout vers ceux de Thomas d'Aquin, afin de le connaître avant toute chose.

Pour les plus consistants exposés, elle souhaite aux valeureux qui ont déjà écrit sur lui d'entendre à leur tour, au soir de leur vie, comme ce fut le cas pour Thomas lui-même, la parole du Christ :

– Thomas, tu as si bien parlé de moi, que veux-tu en récompense ?

– Toi seul, Seigneur.

Une telle réponse est peut-être le plus fulgurant résumé par Thomas de sa propre doctrine et, pour tout dire, de son style métaphysique, dédaigneux de soi et absorbé par son objet.

Les livres de métaphysique vieillissent vite, même ceux consacrés à Thomas d'Aquin. Que le lecteur s'attaque sans différer à son œuvre, au moins par questions entières, sans effroi ni fausse pudeur, avec ce qu'il faut de volonté d'en découdre. Qu'il abatte la statue pour animer le marbre.

Que saint Thomas lui devienne familier. Qu'il lui soit le compagnon d'une vie ou bien, s'il préfère, son meilleur ennemi. Thomas en a vu d'autres. Les nains se grandissent presque de fréquenter les géants.

S'agissait-il de savoir ce que saint Thomas a pensé, ou bien de faire de la métaphysique ? Une anecdote à front renversé pourrait éclairer cette alternative. L'affirmation de Thomas est bien connue selon laquelle :

> L'étude de la philosophie n'a pas pour objet de savoir ce que les hommes ont pensé mais comment elle se rapporte à la connaissance de la vérité[1].

Rabâchée, devenue un poncif, sa signification est pourtant plus poivrée que de servir de slogan à la paresse d'étudier les philosophes, au nom présumé d'une pensée neuve. Elle fut pour Thomas une réponse à Siger de Brabant, en écho de la controverse sur l'origine ou l'éternité du monde. Pour Siger, il n'y a « qu'une vérité, la vérité de la foi », au lieu que :

> Philosopher, c'est chercher ce qu'ont pensé les philosophes plutôt que la vérité[2].

Pour Thomas d'Aquin, il n'y a pas que la vérité de la foi. Il faut aussi philosopher en vérité.

---

1. *In De caelo*, n°228 : « Quia studium philosophiae non est ad hoc quod sciatur quid homines senserint, sed qualiter se habeat veritas rerum ».
2. Siger de Brabant, *Tractatus de Anima intellectiva*, cap. VII, « Quaerendo intentionem philosophorum in hoc magis quam veritatem, cum philosophice procedamus ».

BIBLIOGRAPHIE RAISONNÉE

Cette bibliographie se veut un guide de l'étudiant. Elle vise utile, avec selon nous d'excellents titres, au risque d'en omettre injustement d'autres, ou même d'en oublier. Certains sont présents dans les notes mais pas ici, et inversement pour d'autres. Nous portons la responsabilité des commentaires.

Les *** signalent un titre d'intérêt exceptionnel, du moins par rapport au sujet de ce livre.

Les textes de saint Thomas

Les textes latins sont disponibles mais souvent coûteux, à commencer par l'édition critique en cours (Commission Léonine, Cerf, Paris). Le principe universitaire du recours au meilleur texte latin possible pour une étude ou une traduction, vaut en ce qui concerne Thomas d'Aquin.

Pour les œuvres ne bénéficiant pas encore de texte critique (Léonine ou éditions particulières), l'édition manuelle *Marietti* (Turin) reste indispensable.

L'*Index thomisticus* permet la consultation en ligne de l'œuvre intégrale de saint Thomas (en latin) et la recherche des termes. Indispensable pour tout travail de fond, site d'Enrique Alarcón :

http : //www.corpusthomisticum.org/

Traductions françaises :

La *Somme de théologie* présente le cas le plus délicat. Pour le latin, texte de la Léonine, rassemblé en un fort volume sur papier Bible : *Editiones Paulinae*, 1962[2], 1988[2]. Pour le français, l'édition courante est celle du Cerf (encore titrée *Somme théologique*, Paris, 1984-86, 4 vol.), toilettage de celle dite de la *Revue des Jeunes* (69 vol. bilingues, Paris, Cerf, 1925-1981). Utilisable, mais pèche par une insuffisante rigueur pour les termes techniques. Les notes sont de valeur inégale. L'introduction générale offre une initiation à saint Thomas. À signaler une nouvelle présentation de la *Revue des Jeunes*, selon le principe qui consiste à rééditer les meilleurs volumes et à proposer une édition nouvelle des autres (Paris, Cerf).

Une nouvelle traduction de la *Somme de théologie* est en cours.

La *Somme contre les Gentils* est d'accès éditorial commode. À l'édition du Cerf en un volume, (Paris, 1996, qui réédite la traduction des années 1950, mais sans le latin de l'édition d'origine), on préférera de loin ***l'excellente édition : intro., trad. fr. et notes de C. Michon, V. Aubin et D. Moreau, Paris, GF-Flammarion, 1999, 4 vol.
S'il fallait acheter une première œuvre de Thomas, ce pourrait être celle-là.

L'Être et l'Essence, Le vocabulaire médiéval de l'ontologie : *deux traités* De ente et essentia *de Thomas d'Aquin et Dietrich de Freiberg*, A. de Libera et C. Michon (éd.), Paris, Seuil, 1996.

Les raisons de la foi, Intro., trad. fr. de G. Emery, Paris, Cerf, 1999.

Première question disputée, La Vérité (De Veritate), Intro., trad. fr. et notes par C. Brouwer et M. Peeters, Paris, Vrin, 2002.

****Thomas d'Aquin et la controverse sur L'Éternité du monde*, C. Michon (éd.), Paris, GF-Flammarion, 2004 : dossier de d'auteurs traduits et présentés.

Commentaire du Livre des Causes, Intro., trad. fr. et commentaire par B. et J. Decossas, Paris, Vrin, 2005.

Commentaire de la Métaphysique, Paris, L'Harmattan, 2012, 2 vol., trad. fr. G-F. Delaporte (avec des options curieuses de traduction).

Les *Commentaires* thomasiens sur les *Noms divins de Denys* attendent leur traducteur, ainsi que sur les *Sentences*, mais le texte léonin n'est pas prêt non plus.

Excellente série en cours des *Commentaires* thomasiens de l'Écriture (où se nichent des développements métaphysiques), sur saint Jean, les Psaumes, saint Paul (Paris, Cerf, traduits pour ces deux derniers corpus par J.-É. Stroobant de Saint-Éloy et préfacés par G. Dahan), ainsi que du *Compendium Theologiae* : *Abrégé de Théologie*, trad. fr. et notes par J.-P. Torrell, Paris, Cerf, 2007.

Proèmes philosophiques, présentation et trad. fr. de J.-B. Échivard, Paris, Parole et Silence, 2008 (rend justice à des pages essentielles).

« *La perfection c'est la charité. Vie chrétienne et vie religieuse dans le Christ* », (contient : *Contre les ennemis du culte de Dieu et de l'état religieux, La perfection de la vie spirituelle, Contre l'enseignement de ceux qui détournent de l'état religieux*), trad. fr. J.-P. Torrell, Paris, Cerf, 2010.

[Questions disputées] Les créatures spirituelles, trad. fr. J -B. Brenet, Paris, Vrin, 2010.

Questions disputées De Veritate, trad. fr. d'A. Aniorté, Le Barroux (Avignon), Sainte-Madeleine, 2012, 2 vol. (intégrale, bilingue).

Le maître, QD De Veritate XI, trad. fr. B. Jollès, Paris, Vrin, 2016 (***Intro. de R. Imbach sur le cursus médiéval des études).

Questions disputées De Potentia, trad. fr. A. Aniorté, Le Barroux (Avignon), Sainte-Madeleine, 2019 (bilingue).

Ouvrages d'introduction

Petite biographie, ancienne (1932 en anglais) mais succulente, de G. K. CHESTERTON, *Saint Thomas du Créateur*, Poitiers, Dominique Martin Morin, 2011[2].

CHENU M.-D., *Saint Thomas d'Aquin et la théologie*, Paris, Seuil, 1959, pour le contexte médiéval de Thomas.

– ***Introduction à l'étude de saint Thomas d'Aquin*, Paris, Vrin, 1950. D'un accès plus technique, attaché aux genres littéraires et à la façon d'étudier l'œuvre de Thomas. Une référence de médiévisme, mais pour progressants.

Accessible au contraire, le *Vocabulaire de saint Thomas d'Aquin*, à dominante philosophique, de M. NODÉ-LANGLOIS, Paris, Ellipses, 2009[2].

RASSAM J., *La métaphysique de saint Thomas*, Paris, P.U.F., 1968[1] ; Artège-Lethielleux, 2019[2]. Beau petit livre, plutôt dans le sillage de Gilson, tout autant dans celui du pionnier que fut Aimé Forest.

***TORRELL J.-P., *Initiation à saint Thomas d'Aquin, Sa personne et son œuvre*, Paris, Cerf, 1993, 2015[3] ; suivi d'un tome 2, *Saint Thomas, maître spirituel*, Paris, Cerf, 1996, 2017[3]. Présentation scientifique de la vie de Thomas et de la rédaction de ses œuvres. Le tome 2 offre une excellente exposition de la théologie thomasienne.

– *La « Somme de théologie » de saint Thomas d'Aquin*, Paris, Cerf, 1998 (structure, contenu, milieu, destinée historique du XIIIe au XXe siècles).

***BONINO S.-T., *La philosophie au Moyen Âge*, Paris, Cerf, 2022 (excellente introduction, précise et synthétique).

***GILSON É., *Le Thomisme*, Paris, Vrin, 1965[6] (6e éd. requise, l'auteur a passé sa vie à réécrire l'ouvrage). Inégalé pour la philosophie de saint Thomas et en particulier pour la métaphysique : pénétration historique et spéculative, hauteur de vue, écriture vive, avec la verve et le panache de Gilson.

Rend obsolètes quantité de publications plus ou moins thomistes. D'un certain niveau, mais d'une parfaite clarté.

– ***Introduction à la philosophie chrétienne*, Paris, Vrin, 1960[1] (présentation de T.-D. Humbrecht, 2007[2], 2011[3]), épure tardive qui offre une somme des idées de Gilson sur Thomas, dans les domaines croisés de la métaphysique et de la théologie : éblouissant, délectable et profond.

***L'esprit de la philosophie médiévale*, Paris, Vrin, 1932. Un grand livre (la philosophie chrétienne, la métaphysique de l'Exode, l'optimisme chrétien, la providence, le personnalisme, l'intellect et l'amour, la morale, etc.). Comment le christianisme a influencé la philosophie et l'a modifiée. Théoriquement antérieur à la découverte de l'acte d'être par l'auteur (quoique, quand on lit bien…).

Le philosophe et la théologie, Paris, Vrin, 1960. Autobiographie intellectuelle d'un intérêt exceptionnel, avec plusieurs chapitres sur la philosophie chrétienne et « l'art d'être thomiste ».

L'athéisme difficile, Paris, Vrin, 1979[1] (2014[2]), avec un « Plaidoyer pour la servante », la philosophie.

***« Éléments d'une métaphysique thomiste de l'être »*, *AHDLMA* 40, 1973, p. 7-36, Vrin-Reprint : *Autour de saint Thomas*, Paris, Vrin, 1983. Cet article souvent exploité est un fichier raisonné des meilleures citations thomasiennes sur l'être.

Le réalisme méthodique, Paris, Téqui, 1935[1], 2007[2]. Célèbre pour son chapitre V, le *Vade mecum du débutant réaliste*, qui oppose les épistémologies réaliste (aristotélicienne ou thomiste) et critique (kantienne).

Réalisme thomiste et critique de la connaissance, Paris, Vrin, 1939. Reprise du thème précédent, montre l'impossibilité d'un « réalisme critique ». Témoigne de la découverte gilsonienne de l'acte d'être.

Toujours de Gilson, son œuvre rédigée en anglais :

Dieu et la philosophie (*God and Philosophy*, 1941), trad. fr. Fontgombault, Petrus a Stella, 2013. Étudie le Dieu des philosophes grecs, chrétiens, modernes, contemporains. Témoigne de la découverte gilsonienne en 1939 de la primauté de l'acte d'être, du moins est-ce ce souvenir de Harvard qu'il en conservera.

Being and some Philosophers, Toronto, Pontifical Institute of Mediaeval Studies, 1949[1], 1952[2].

Elements of Christian Philosophy, New York, Doubleday & Company, 1960 ; trad. fr., *Éléments de philosophie chrétienne*, Fontgombault, Petrus a Stella, 2018.

Pour porter la contradiction à la thèse gilsonienne d'une fécondation de la philosophie médiévale par la théologie (la « philosophie dans son état chrétien »), au profit d'une *philosophie séparée*, rien ne vaut la persévérance de F. Van Steenberghen, incarnation d'une attraction-répulsion pour son modèle, et médiéviste lui-même : *Maître Siger de Brabant*, Leuven, Publications Universitaires, 1977 ; *Introduction à l'étude de la philosophie médiévale*, Leuven, Peeters, 1974 ; *La philosophie au XIIIe siècle*, Leuven, Peeters, 1991.

Humbrecht T.-D., *Lire saint Thomas d'Aquin*, Paris, Ellipses, 2009[2]. Initiation à la philosophie de Thomas, avec les rapports entre philosophie et théologie.

— (éd.), *Saint Thomas d'Aquin*, « Les Cahiers d'histoire de la philosophie », Paris, Cerf, 2010.

Imbach R. et Oliva A., *La philosophie de Thomas d'Aquin*, « Repères », Paris, Vrin, 2009. Un « guide de voyage » qui offre des repères, des « marques servant à retrouver un lieu » : brève biographie de l'auteur, synthèse des idées et des arguments philosophiques, présentation de treize œuvres. Un ensemble bref mais précis, dans une perspective historique et universitaire.

KRETZMANN N. et STUMP E. (eds.), *The Cambridge Companion to Aquinas*, Cambridge, Cambridge University Press, 1993. Un classique en langue anglaise.

ELDERS L., *La métaphysique de saint Thomas d'Aquin dans une perspective historique*, Paris, Vrin, 1994 ; *La théologie philosophique de saint Thomas d'Aquin, De l'être à la cause première*, Paris, Téqui, 1995 (instruit et équilibré, sauf pour le plan post-suarézien d'une métaphysique indépendante).

MARGELIDON P.-M. et FLOUCAT Y., *Dictionnaire de philosophie et de théologie thomistes*, « Bibliothèque de la Revue thomiste », Paris, Parole et Silence, 2023[3].

PROUVOST G., *Thomas d'Aquin et les thomismes. Essai sur l'histoire des thomismes*, Paris, Cerf, 1996 (trace les façons, anciennes et récentes, de se réclamer de saint Thomas).

BONINO S.-T., « Le thomisme de 1962 à 2012. Vue panoramique », *Nova et Vetera* 87 (4), 2012, p. 419-446. Sur les avatars du thomisme, avec lieux et familles, depuis Vatican II.

Ouvrages d'approfondissement

***GILSON É., *L'être et l'essence*, Paris, Vrin, 1948[1], 1962[2]. Ne porte pas seulement sur Thomas mais sur toute l'histoire de la métaphysique ; offre une puissante lecture de sa propension à l'essentialisme, et de l'exception thomasienne de l'acte d'être. Un des plus grands livres de métaphysique du XXe siècle.

– *Constantes philosophiques de l'être*, Paris, Vrin, 1983. Suite posthume du précédent. Détaille les premiers principes, et revient sur l'être et Dieu, les transcendantaux, le Nom divin.

MARITAIN J., *Distinguer pour unir ou les degrés du savoir*, Paris, Desclée de Brouwer ; 1932. Marqua son époque. Expose les « trois sagesses » et aussi les sciences spéculatives de la philosophie, mais de façon trop formelle et fondée sur une philosophie séparée.

GILSON É. et MARITAIN J., *Correspondance 1923-1971*, G. Prouvost (éd.), Paris, Vrin, 1991. Témoin des débats de deux intelligences thomistes du XXᵉ siècle.

Lettres de monsieur Étienne Gilson au père de Lubac et commentées par celui-ci, Paris, Cerf, 1986[1]; nouv. éd. augmentée, Paris, Cerf, 2013[2], (J. Prevotat, éd.). Documents précieux, notamment sur les avatars du thomisme, la philosophie chrétienne.

LAFONT G., *Structures et méthode de la « Somme théologique » de saint Thomas d'Aquin*, Paris, Cerf, 1960[1], 1996[2]. En théologie, solide présentation de la synthèse thomasienne.

DOIG J. C., *Aquinas on Metaphysics*, *A historical-doctrinal study of the Commentary on the Metaphysics*, The Hague, Martinus Nijhoff, 1972 (sur le débat de Thomas avec Avicenne et Averroès).

***WIPPEL J. F., *The Metaphysical thought of Thomas Aquinas. From Finite Being to Uncreated Being*, Washington, The Catholic University of America Press, 2000; *La métaphysique de saint Thomas d'Aquin. De l'être fini à l'être incréé*, trad. fr. P. Roy, Paris, Cerf, 2022 (une reconstruction de l'ordre philosophique de saint Thomas est possible. Nonobstant cette reprise d'une philosophie séparée, remarquables analyses sur nombres de concepts métaphysiques). Présenté dans cet ouvrage.

BONINO S.-T., *« Celui qui est » (De Deo ut uno)*, « Bibliothèque de la Revue thomiste », Paris, Parole et Silence, 2016[2] (le traité théologique de Dieu selon saint Thomas).

DAVIES B., *Thomas's Aquinas Summa contra Gentiles. A Guide and Commentary*, Oxford, Oxford University Press, 2016 (guide cursif et intégral).

***AUBENQUE P., *Le problème de l'être chez Aristote*, P.U.F., 1962 (présenté dans cet ouvrage).

– *Faut-il déconstruire la métaphysique ?*, Paris, P.U.F., 2009 (les problématiques contemporaines en métaphysique, sous un angle critique et phénoménologique).
Pierre Aubenque In memoriam, dans *Les Études philosophiques*, Nº 141, 2022/2.

Revues spécialisées : *Revue thomiste* (Toulouse), *Revue des sciences philosophiques et théologiques* (Paris), *Nova et Vetera* (Genève), *The Thomist* (Washington), etc.

Ouvrages sur des sujets philosophiques

Trois livres pionniers :

GEIGER L.-B., *La participation dans la philosophie de saint Thomas d'Aquin*, Paris, Vrin, 1942[1], 1953[2]. Distingue deux sortes de participation reçues et critiquées par Thomas, l'une par limitation (d'essence), l'autre par composition (d'essence et d'existence).

***FABRO C., *Participation et causalité selon s. Thomas d'Aquin*, Paris-Leuven, Nauwelaerts-Publications Universitaires, 1961[1] ; (« Bibliothèque de la Revue thomiste », Paris, Parole et Silence, 2015[2], présentation d'Alain Contat). Importance de l'« l'être intensif thomasien » ; à se demander lequel, de Fabro, de Finance ou de Gilson, a commencé à le découvrir.

***MONTAGNES B., *La doctrine de l'analogie de l'être d'après saint Thomas d'Aquin*, Paris, Nauwelaerts, 1963[1] ; (Paris, Cerf, 2008[2], présentation de T.-D. Humbrecht). Le grand livre sur l'analogie, d'une rigueur universitaire exemplaire, auquel il faut rapporter les autres sur le même sujet (présenté dans cet ouvrage).

CAJETAN (THOMAS DE VIO), *De Nominum analogia*, texte, trad. fr. et Intro. dans B. PINCHARD, *Métaphysique et sémantique. Autour de Cajetan*, Paris, Vrin, 1987.

MARION J.-L., *La théologie blanche de Descartes*, « Quadridge », Paris, P.U.F., 1981 (1991[2]) : sur la rupture de Descartes avec l'analogie, équivocité qui se sépare aussi de l'univocité de Suárez.

– *Dieu sans l'être*, Paris, P.U.F., 1982[1] (augmenté, dans l'édition de 2002[3] d'un chap. VIII, ***« Saint Thomas d'Aquin et l'onto-théo-logie », p. 279-332, qui dédouane celui-ci de l'ontothéologie).

***COURTINE J.-F., *Suarez et le système de la métaphysique*, « Épiméthée », Paris, P.U.F., 1990 (passage de la métaphysique thomasienne à sa systématisation par Suárez).

AERTSEN J. A., *Mediaeval Philosophy and the Transcendentals. The case of Thomas Aquinas*, Leiden, E. J. Brill, 1996 (majore quelque peu leur rôle).

– « Transcendantaux », dans *Dictionnaire du Moyen Âge*, sous la direction de C. Gauvard, A. de Libera et M. Zink, trad. fr. d'O. Boulnois, « Quadrige », Paris, P.U.F., 2002.

***ZIMMERMANN A., *Ontologie oder Metaphysik ? Die Diskussion über des Gegenstand der Metaphysik im 13. Und 14. Jahrhundert*, Leuven, Peeters, 1998. Les modèles médiévaux de la métaphysique, et la mutation de la métaphysique en ontologie ; avec textes rares.

***BOULNOIS O., *Être et représentation, Une généalogie de la métaphysique moderne à l'époque de Duns Scot (XIIIe-XIVe siècles)*, « Épiméthée », Paris, P.U.F., 1997 (renversement opéré par Scot de ce qui est commun par rapport à ce qui est premier, du concept représentatif par rapport à l'être, et ce qui s'ensuit).

***CARRAUD V., *Causa sive ratio, La raison de la cause, de Suarez à Leibniz*, « Épiméthée », Paris, P.U.F., 2002 (comment la montée du rationalisme moderne prend la forme d'un glissement de la cause efficiente des Médiévaux à la raison suffisante de Leibniz).

COURTINE J.-F., *Inventio analogiae. Métaphysique et ontothéologie*, Paris, Vrin, 2005 (complément essentiel pour l'histoire de l'analogie, et les étapes de sa perte).

LIBERA A. de, *Raison et foi. Archéologie d'une crise d'Albert le Grand à Jean-Paul II*, Paris, Seuil, 2003 ; *Métaphysique et noétique. Albert le Grand*, Paris, Vrin, 2005 (deux ouvrages pour mesurer les différences d'Albert avec Thomas : son propre rapport à 1277, l'idéal scientifique, Denys comme projet alternatif par rapport aux *Sentences* et aussi à Aristote, la métaphysique du flux, l'univocité d'analogie, la postérité albertinienne, etc.).

HUMBRECHT T.-D., *Théologie négative et noms divins chez saint Thomas d'Aquin*, « Bibliothèque thomiste », Paris, Vrin, 2006.

– *Trinité et création au prisme de la voie négative chez saint Thomas d'Aquin*, « Bibliothèque de la Revue thomiste », Paris, Parole et Silence, 2011.

HOUSSET E., *La vocation de la personne. L'histoire du concept de personne de sa naissance augustinienne à sa redécouverte phénoménologique*, « Épiméthée », Paris, P.U.F., 2007 (l'idée de personne dans sa généalogie, puis aujourd'hui reprise, mais avec une relation sans substance).

KÖNIG-PRALONG C., *Le bon usage des savoirs. Scolastique, philosophie et politique culturelle*, Paris, Vrin, 2011 (panorama chez les auteurs des XIIIe et XIVe siècles de la collusion entre savoir et pouvoir ; réducteur, mais instructif).

PORRO P., *Tommaso d'Aquino. Un profilo storico-filosofico*, Roma, Carocci, 2012 (articule les circonstances des œuvres et la doctrine de celles-ci).

SOLIGNAC L., *La voie de la ressemblance. Itinéraire dans la pensée de saint Bonaventure*, Paris, Hermann, 2014 (en dépit des apparences, Bonaventure fait peu appel à la participation).

CLAVIER P., *Ex Nihilo*, Paris, Hermann, 2011, Vol. 1 : L'introduction en philosophie du concept de création ; Vol. 2 : Scénarios de « sortie de la création » (histoire de ce concept).

***BOULNOIS O., *Métaphysiques rebelles. Genèse et structures d'une science au Moyen Âge*, « Épiméthée », Paris, P.U.F. 2013 (sur la diversité « rebelle » des trois modèles médiévaux de métaphysique, contre la lecture unilatérale de Heidegger sur l'ontothéologie).

BARDOUT J.-C., *Penser l'existence. I. L'existence exposée. Époque médiévale*, Paris, Vrin, 2013 (distingue notamment existence et acte d'être).

CAPELLE-DUMONT P. (éd.), *Métaphysique et christianisme*, Paris, P.U.F., 2015.

AGOSTINI I., *La démonstration de l'existence de Dieu. Les conclusions des cinq voies de saint Thomas d'Aquin et la preuve a priori dans le thomisme du XVIIᵉ siècle*, Paris, Brepols, 2016 (met en scène une foule d'acteurs méconnus de ce siècle-là ; les thomistes sont parfois plus jésuites que dominicains ; contre l'idée d'une preuve *a priori*, à laquelle Cajetan s'était montré trop favorable).

BOULNOIS O. (éd.), *Actualité de Thomas d'Aquin*, , Paris, Parole et Silence, 2018 (collectif).

JEAN DUNS SCOT, *Questions sur la métaphysique*, vol. I (I-III), O. Boulnois et D. Arbib (éd.), « Épiméthée », Paris, P.U.F., 2017 (c'est le commentaire de Scot sur la *Métaphysique* d'Aristote). *Questions sur la Métaphysique*, L. IV à VI, trad. fr. O. Boulnois et al., vol. II, « Épiméthée », Paris, P.U.F., 2020.

PERRIER E., *L'attrait divin. La doctrine de l'opération et le gouvernement des créatures chez saint Thomas d'Aquin*, « Bibliothèque de la Revue thomiste », Paris, Parole et Silence, 2019 (Dieu gouverne les créatures en les faisant agir, et les conduit à leur fin qui est leur progrès dans le bien qu'il est).

MARIE DE L'ASSOMPTION (D'ARVIEU É.), *Nature et grâce chez saint Thomas d'Aquin. L'homme capable de Dieu*, « Bibliothèque de la Revue thomiste », Paris, Parole et Silence, 2020 (établit à partir de l'intégralité du corpus thomasien le désir naturel de voir Dieu, et l'incongruité de parler de puissance obédientielle, concept tardif d'une autre partition entre nature et grâce, et entre raison et foi).

***RAGNI A. et CARRAUD V. (éd.), *Les deux siècles de l'ontologie*, dans *Les études philosophiques*, 2020/3 (dossier sur la notion moderne d'ontologie, confondue à tort avec celle de métaphysique, alors qu'elle en est à l'origine le renversement calviniste, élargissant la science de l'être à la science du pensable).

HUMBRECHT T.-D., *Thomas d'Aquin, Dieu et la métaphysique*, « Bibliothèque de la Revue thomiste », Paris, Parole et Silence, 2021 (dont cet ouvrage reprend certains thèmes).

***BOULNOIS O., *Le désir de vérité. Vie et destin de la théologie comme science d'Aristote à Galilée*, « Épiméthée », Paris, P.U.F., 2022.

BONINO S.-Th., *Dieu, Alpha et Omega. Création et Providence*, « Bibliothèque de la Revue thomiste », 2023.

Sites Internet

Nombreux cycles de conférences en vidéo, parfaits pour une initiation :

Aquinas (sur Youtube, en français et en anglais notamment) : https://www.youtube.com/c/iAquinas/videos

Thomistic Institute, Université dominicaine *Angelicum* de Rome : https://angelicum.it/thomistic-institute/browse/online-series/

INDEX DES NOMS

TABLE DES MATIÈRES

Achevé d'imprimer en juillet 2023
sur les presses de
La Manufacture - Imprimeur – 52200 Langres
Tél. : (33) 325 845 892

N° imprimeur : 230547 - Dépôt légal : juillet 2023
Imprimé en France